Carol Gilligan · Die andere Stimme

Carol Gilligan

DIE
ANDERE STIMME

Lebenskonflikte und Moral der Frau

Piper
München · Zürich

Aus dem Amerikanischen von Brigitte Stein

Die Originalausgabe erschien
unter dem Titel »In a Different Voice«
im Verlag Harvard University Press,
Cambridge 1982.

ISBN 3-492-02852-7
© Carol Gilligan, 1982
Deutsche Ausgabe:
© R. Piper GmbH & Co. KG, München 1984
Umschlag: Federico Luci
unter Verwendung einer Lithographie
von Pablo Picasso
Gesetzt aus der Bembo-Antiqua
Gesamtherstellung: Clausen & Bosse, Leck
Printed in Germany

Für meine Mutter und meinen Vater

Inhalt

Einführung..   9

1 Die Rolle der Frau im menschlichen Lebenszyklus   13
2 Auffassungen von Beziehungen   36
3 Konzepte des Selbst und der Moral   83
4 Krise und Neubeginn   132
5 Frauenrechte und Frauenurteil   158
6 Perspektiven der Reife   185

Danksagung   214
Bibliographie   216
Personen- und Sachregister   220

Einführung

In den letzten zehn Jahren habe ich bewußt zugehört, wie die Leute über sich selbst und über Moral reden. Nach etwa der Hälfte dieser Zeit begann ich Unterschiede in ihren Äußerungen herauszuhören, begann zwei Arten des Sprechens über moralische Probleme zu unterscheiden, zwei Formen der Beschreibung des Verhältnisses zwischen den anderen und dem Selbst. Unterschiede, die in der psychologischen Literatur als Stufen eines entwicklungsbedingten Fortschreitens dargestellt werden, erschienen mir plötzlich eher als kontrapunktische Themen, die in den Lebenszyklus verwoben sind und in den Urteilen, Phantasien und Gedanken der Menschen in wechselnder Form immer wieder auftauchen. Unmittelbarer Anlaß zu dieser Beobachtung war die Auswahl einer Stichprobe von Frauen für eine Untersuchung, die den Zusammenhang zwischen Urteil und Handeln in einer Situation des moralischen Konflikts klären sollte. Gemessen an den psychologischen Darstellungen menschlicher Identität und moralischer Entwicklung, wie ich sie jahrelang selbst gelesen und gelehrt hatte, klangen die Äußerungen dieser Frauen einfach anders. Damals begann ich mir der immer wieder auftretenden Probleme bei der Interpretation der weiblichen Entwicklung bewußt zu werden und diese Probleme mit dem wiederholten Ausschluß der Frauen aus den entscheidenden, der Theoriebildung dienenden Untersuchungen der psychologischen Forschung in Verbindung zu bringen.

In diesem Buch stelle ich verschiedene Denkweisen und Einstellungen gegenüber Beziehungen dar und setze diese Einstellungen in Bezug zu Äußerungen von Männern und Frauen in psychologischen und literarischen Texten und zu Ergebnissen meiner eigenen Forschungstätigkeit. Die Diskrepanz zwischen den Erfahrungen der Frauen und der Darstellung der menschlichen Entwicklung, wie sie in der gesamten psychologischen Literatur vorherrscht, wurde bisher im allgemeinen als Entwicklungsproblem der Frauen interpretiert. Die Tatsache jedoch, daß Frauen nicht mit den bislang formulierten Modellen menschlichen Wachstums übereinstimmen, könnte – so ist meine

These – auf ein Problem einseitiger Darstellung hindeuten, auf eine Beschränktheit in der Wahrnehmung der Conditio humana, auf ein Ausklammern bestimmter Wahrheiten in bezug auf das Leben.

Die andere Stimme, die ich zum Ausdruck bringe, ist nicht an ein Geschlecht gebunden, sondern durch ihre Thematik bestimmt. Daß sie den Frauen gehört, ist ein empirischer Sachverhalt, und ich verfolge ihre Entwicklung überwiegend anhand der Äußerungen von Frauen. Sie ist aber keineswegs ausschließlich an Frauen gebunden. Die Gegensätze zwischen männlichen und weiblichen Stimmen kommen hier zu Wort, um den Unterschied zwischen zwei Denkweisen zu beleuchten und das Augenmerk auf ein Interpretationsproblem zu richten, und nicht, um generalisierende Aussagen über die beiden Geschlechter zu machen. Bei der Beschreibung der psychischen Entwicklung weise ich auf das Wechselspiel dieser Stimmen bei beiden Geschlechtern hin und vertrete die Auffassung, daß ihre Konvergenz Zeiten der Krise und des Umbruchs in der Gesellschaft kennzeichnet. Ich stelle keine Thesen über den Ursprung der beschriebenen Unterschiede oder über ihre Verteilung in einem größeren sozialen Umfeld, in anderen Kulturen oder im Lauf der Geschichte auf. Diese Unterschiede entstehen sichtlich in einem sozialen Kontext, in dem Faktoren des sozialen Status und der Macht einerseits und die biologischen Gegebenheiten der Fortpflanzung andererseits die Erfahrungen von Männern und Frauen und die Beziehungen zwischen den Geschlechtern prägen. Mein Interesse gilt dem Wechselspiel von Erfahrung und Denken, wie es in den verschiedenen Stimmen zum Ausdruck kommt; es gilt den Dialogen, die sie auslösen, der Art und Weise, wie wir uns selbst und anderen zuhören, und den Geschichten, die wir über unser Leben erzählen.

Drei Untersuchungen werden in diesem Buch ständig zitiert, sie haben zu der zentralen These meiner Forschungen geführt:

daß die Art und Weise, wie Menschen über ihr Leben sprechen, von Bedeutung ist, und daß die Sprache, die sie gebrauchen, und die Verbindungen, die sie herstellen, die Welt enthüllen, die sie wahrnehmen und in der sie handeln. Alle drei Studien stützen sich auf Interviews, die denselben Fragenkatalog enthielten – über Selbstkonzept und Moral, über Erfahrungen mit Konflikten und Entscheidungen. Die Methode des Interviewens bestand darin, der Sprache und Logik des Interviewpartners zu folgen und weitere Fragen zu stellen, um die Bedeutung bestimmter Antworten klarzustellen.

In der *Studentenuntersuchung* wurde Identität und moralische Entwicklung in den frühen Erwachsenenjahren untersucht, indem Selbstkonzept und Moralvorstellungen mit Erfahrungen moralischer Konfliktsituationen und dem Treffen von Lebensentscheidungen in Beziehung gesetzt wurden. Fünfundzwanzig Studentinnen und Studenten, per Zufallsstichprobe aus einer Gruppe ausgewählt, die im zweiten Collegejahr einen Kurs über moralische und politische Entscheidungsfindung belegt hatten, wurden zunächst im vierten Studienjahr und dann fünf Jahre nach ihrem Studienabschluß befragt. Bei der Auswahl dieser Stichprobe fiel mir auf, daß von den zwanzig Studenten, die den Kurs nicht weiterbelegt hatten, sechzehn Frauen waren. Auch diese Frauen wurden im vierten Studienjahr kontaktiert und interviewt.

Die *Abtreibungsentscheidungsuntersuchung* (fortan verkürzt als Abtreibungsuntersuchung bezeichnet) galt der Beziehung zwischen persönlicher Erfahrung und moralischem Denken und der Rolle des Konflikts in der eigenen Persönlichkeitsentwicklung. Neunundzwanzig Frauen unterschiedlicher ethnischer Herkunft und sozialer Schichtzugehörigkeit im Alter zwischen 15 und 33 Jahren, einige ledig, andere verheiratet, ein Teil bereits Mütter von Kindern im Vorschulalter, wurden während der ersten drei Monate einer einwandfrei festgestellten Schwangerschaft zu einem Zeitpunkt interviewt, wo sie eine Abtreibung in Erwägung zogen. Der Kontakt zu diesen Frauen wurde durch Schwangerschaftsberatungsdienste und Abtreibungskliniken eines großen städtischen Ballungsgebietes vermittelt; es wurde keine Anstrengung unternommen, einen repräsentativen Querschnitt der Klinikpatientinnen oder der Klientinnen des Beratungsdienstes auszuwählen. Von 24 der befragten 29 Frauen liegen vollständige Interviewergebnisse vor; von diesen 24 wurden 21 am Ende des Jahres, in dem sie ihre Entscheidung getroffen hatten, nochmals interviewt.

Beide Untersuchungen gehen über die üblichen Forschungsziele im Bereich der moralischen Entscheidungen hinaus, indem sie danach fragen, wie Menschen moralische Probleme definieren und welche Erfahrungen als moralische Konflikte erlebt werden, statt sich in erster Linie auf ihre Auffassungen von Problemen zu konzentrieren, die ihnen zur Lösung vorgelegt wurden. Die durch diese Untersuchungen zustandegekommenen Hypothesen bezüglich divergierender Auffassungen von Moral und ihres Zusammenhangs mit divergierenden

Selbstkonzepten wurden durch die *Rechte-und-Verantwortung-Untersuchung* weiter erforscht und verfeinert. Diese Studie galt einer Stichprobe von Männern und Frauen, die unter dem Gesichtspunkt der Vergleichbarkeit in Hinblick auf Alter, Intelligenz, Schulbildung, Beruf und sozialer Schichtzugehörigkeit in neun Abschnitten des Lebenszyklus ausgewählt wurden: im Alter von 6–9, 11, 15, 19, 22, 25–27, 35, 45 und 60 Jahren. Von einer Gesamtstichprobe von 144 (8 Männer und 8 Frauen jeder dieser neun Altersstufen) einschließlich einer intensiver befragten Untergruppe von 36 Personen (2 Männer und 2 Frauen jeder Altersstufe) wurden Angaben über Selbstkonzept und Moral, Erlebnisse moralischer Konflikt- und Entscheidungssituationen und Urteile über hypothetische moralische Dilemmas gesammelt.

Wenn ich Auszüge aus dieser Arbeit präsentiere, berichte ich auch über noch laufende Forschungen. Ihr Ziel ist es, der Psychologie ein klareres Bild vom Entwicklungsprozeß der weiblichen Persönlichkeit zu liefern, das Psychologen und andere befähigt, den Verlauf der einzelnen Studien nachzuvollziehen, und manche der darin verborgenen scheinbaren Rätsel zu verstehen – insbesondere in Hinblick auf die Identitätsbildung der Frauen und ihre moralische Entwicklung in der Adoleszenz und im Erwachsenenalter. Frauen, so hoffe ich, werden in diesem Buch eine Darstellung ihres Denkens finden, die es ihnen ermöglicht, dessen Integrität und Gültigkeit deutlicher zu sehen, die Erfahrungen zu erkennen, die ihr Denken reflektiert, und dessen Entfaltung zu verstehen. Mein Ziel ist es, das Verständnis der menschlichen Entwicklung zu erweitern und zu vertiefen, indem ich die Gruppe der Frauen einbeziehe, die bei der Theoriebildung bisher vernachlässigt wurde. Mir ist der Hinweis auf die buchstäbliche »Halbheit« der Erkenntnisse der traditionellen Entwicklungspsychologie überaus wichtig. Die abweichenden Daten über die Erfahrungen, die Wahrnehmungs- und Erlebniswelt der Frauen liefern uns, so gesehen, eine Grundlage für neue Theorien, die helfen könnten, eine umfassendere Sichtweise des Lebens beider Geschlechter zu gewinnen.

1. Die Rolle der Frau im menschlichen Lebenszyklus

Im zweiten Akt von Tschechows *Kirschgarten* beschreibt Lopahin, ein junger Kaufmann, sein durch harte Arbeit und Erfolg gekennzeichnetes Leben. Da es ihm nicht gelingt, Madame Ranewskaja zu überreden, ihre Kirschbäume zu fällen, um ihr Gut zu retten, wird er es im nächsten Akt selbst kaufen. Er ist der *Selfmademan,* der durch den Kauf des Guts, auf dem sein Vater und Großvater Leibeigene waren, das »widerwärtige, unglückliche Leben« der Vergangenheit ungeschehen zu machen sucht, indem er den Kirschgarten durch Sommerhäuschen ersetzt, in denen kommende Generationen »ein neues Leben führen werden«. Als er diese Zukunftsvision ausmalt, enthüllt er das Menschenbild, das seinem Tun zugrundeliegt und es unterstützt: »Manchmal, wenn ich nicht einschlafen kann, denke ich: Herr im Himmel, Du hast uns riesige Wälder, grenzenlose Felder und den weitesten Horizont gegeben, und da wir inmitten von all dem leben, sollten wir in der Tat Riesen sein.« An diesem Punkt wird er von Madame Ranewskaja unterbrochen: »Sie haben ein Bedürfnis nach Riesen – die taugen nur für Märchen, im übrigen Leben machen sie uns nur Angst.«

Darstellungen des menschlichen Lebenszyklus repräsentieren Versuche, unsere Erlebnisse und Wahrnehmungen, die sich wandelnden Wünsche und Realitäten des täglichen Lebens zu ordnen und im Zusammenhang zu sehen. Aber die Art dieser Darstellungen hängt teilweise vom Standpunkt des Beobachters ab. Der kurze Ausschnitt aus Tschechows Theaterstück deutet darauf hin, daß die Perspektive eine andere sein kann, wenn der Beobachter eine Frau ist. Die Unterschiede im Bild vom Menschen als Riesen – einer, der alles kann; einer, der Angst macht – implizieren unterschiedliche Vorstellungen von menschlicher Entwicklung, unterschiedliche Sichtweisen der menschlichen Befindlichkeit und unterschiedliche Auffassungen davon, was im Leben wertvoll ist.

In einer Zeit, da Anstrengungen unternommen werden, die Diskriminierung zwischen den Geschlechtern auf der Suche nach sozialer Gleichstellung und Gerechtigkeit auszumerzen, werden in den Sozialwissenschaften die Unterschiede zwischen den Geschlechtern wiederentdeckt. Diese Entdeckung geschieht zu einem Zeitpunkt, da sich herausstellt, daß Theorien, die bisher in ihrer wissenschaftlichen Objektivität als geschlechtsneutral galten, vielmehr von einer durchgängigen Voreingenommenheit der Beobachtung und Auswertung zeugen.

Die vermeintliche Neutralität der Wissenschaft wie auch der Sprache selbst wird zunehmend durch die Erkenntnis infrage gestellt, daß die Kategorien des Wissens menschliche Konstrukte sind. Die Faszination von Standpunkten, die die Literatur des 20. Jahrhunderts geprägt haben, und die korrespondierende Erkenntnis der Relativität von Urteilen dringen auch insofern in unser Wissenschaftsverständnis ein, als uns zu dämmern beginnt, wie sehr wir uns daran gewöhnt haben, das Leben durch die Augen des Menschen zu sehen.

Eine jüngere Erkenntnis dieser Art kam durch das scheinbar harmlose, zum Klassiker gewordene Lehrbuch *The Elements of Style* von William Strunk und E. B. White zustande. Das Urteil des Obersten Gerichtshofs zum Thema Diskriminierung in Unterrichtstexten war für eine Englischlehrerin Anlaß, darauf aufmerksam zu machen, daß die Grundregeln der englischen Sprache in dem genannten Buch durch Beispiele vermittelt werden, in denen die Geburt Napoleons, die Schriften von Coleridge und Aussagen wie »Er war ein interessanter Gesprächspartner. Ein Mann, der die ganze Welt bereist und in einem halben Dutzend Ländern gelebt hatte« Sätze gegenüberstehen wie: »Nun, Susanne, du bist ja in einem schönen Schlamassel« oder, weniger drastisch: »Er sah eine Frau, begleitet von zwei Kindern, langsam die Straße entlanggehen«.

Psychologische Theoretiker sind ebenso arglos wie Strunk und White in ihren Beobachtungen derselben Voreingenommenheit zum Opfer gefallen. Implizit das Leben des Mannes zur Norm erhebend, haben sie versucht, Frauen aus männlichem Stoff zu schneidern. Es geht natürlich alles auf Adam und Eva zurück – eine Geschichte, die unter anderem zeigt, daß man zwangsläufig in Schwierigkeiten gerät, wenn man versucht, aus einem Mann eine Frau zu machen. Im menschlichen Lebenszyklus ist die Frau ebenso wie im Garten Eden die Abweichlerin.

Die Neigung von Entwicklungstheoretikern, ein maskulines Bild zu zeichnen, und zwar eines, das Frauen Furcht einjagt, geht mindestens bis auf Freud (1905) zurück, der seine Theorie der psychosexuellen Entwicklung auf den Erfahrungen des männlichen Kindes aufbaute, die im Ödipuskomplex gipfeln. In den zwanziger Jahren bemühte sich Freud, die Widersprüche aufzulösen, die seiner Theorie durch die Unterschiede der weiblichen Anatomie und durch die andere Konstellation der frühen Familienbeziehungen des kleinen Mädchens erwuchsen. Nachdem er versucht hatte, Frauen in seine männliche Konzeption einzupassen, indem er sie als neidvoll auf das ihnen Fehlende darstellte, räumte er nunmehr angesichts der Stärke und Dauerhaftigkeit ihrer präödipalen Bindung an die Mutter einen Entwicklungsunterschied ein. Diesen Unterschied in der Entwicklung der Frauen machte er für das verantwortlich, was ihm als weibliches Defizit erschien.

Freud, der die Bildung des Über-Ich oder Gewissens mit der Kastrationsangst verknüpft hatte, kam zu dem Schluß, daß der Frau von Natur aus der Antrieb für eine gründliche Lösung des Ödipuskomplexes fehle. Entsprechend sei auch das Über-Ich der Frauen – das Erbe des Ödipuskomplexes – kompromittiert: es sei niemals »so unerbittlich, so unpersönlich, so unabhängig von seinen emotionalen Ursprüngen, wie wir das von den Männern fordern.« Aus dieser Beobachtung eines Unterschieds – nämlich daß »Frauen andere Kriterien des ethisch Normalen haben als Männer« – schloß Freud, daß Frauen »weniger Rechtsgefühl (zeigen) als der Mann, weniger Neigung zur Unterwerfung unter die großen Notwendigkeiten des Lebens, sich öfter in ihren Entscheidungen von zärtlichen und feindseligen Gefühlen leiten (lassen«) (1925, S. 29 f.).

So wurde ein Problem der Theoriebildung zu einem Problem der weiblichen Entwicklung umgedeutet, und dieses Problem wurde mit den Erfahrungen der Frauen in Beziehungen verknüpft. Nancy Chodorow (1974) hat den Versuch unternommen, »die Reproduktion bestimmter allgemeiner, ja fast universeller Unterschiede in jeder Generation« zu erklären, »die die männliche und weibliche Persönlichkeit und Rolle kennzeichnen«, und sie führt diese Unterschiede zwischen den Geschlechtern nicht auf die Anatomie zurück, sondern vielmehr auf »die Tatsache, daß Frauen universell weitgehend verantwortlich für die Betreuung der Kleinkinder sind«. Da diese frühe soziale Umwelt bei männlichen und weiblichen Kindern differiert und von ihnen unterschiedlich erlebt wird, prägen sich die grundlegenden Geschlechtsunterschiede erneut in der Persönlichkeitsentwicklung aus. Die Folge ist, daß sich »die weibliche Persönlichkeit in jeder bestehenden Gesellschaft mehr im Hinblick auf und in Verbindung mit anderen Menschen definiert als die männliche« (S. 43 f.).

In ihrer Analyse stützt sich Chodorow in erster Linie auf die Untersuchungen Robert Stollers, aus denen hervorgeht, daß die Geschlechtsidentität, der unwandelbare Kern der Persönlichkeitsbildung, »mit wenigen Ausnahmen bei beiden Geschlechtern fest und irreversibel verankert ist, wenn das Kind etwa drei Jahre alt ist«. Angesichts der Tatsache, daß die Hauptbezugsperson beider Geschlechter in den ersten drei Lebensjahren in der Regel eine Frau ist, muß die interpersonelle Dynamik der Geschlechtsidentitätsbildung für Jungen und Mädchen verschieden sein. Die weibliche Identitätsbildung findet im Kontext einer bestehenden Beziehung statt, da »Mütter dazu neigen, ihre Töchter als ihnen ähnlicher und als eine Fortsetzung ihrer selbst zu erleben«. Entsprechend erleben sich Mädchen, indem sie sich als weiblich identifizieren, als ihren Müttern gleichend und verschmelzen somit das Erlebnis der Bindung mit dem Prozeß der Identitätsbildung. Im Gegensatz dazu »erleben die Mütter ihre Söhne als männlichen Gegenpol«, und die Jungen trennen, indem sie sich als männlich definieren, ihre Mütter von sich selbst ab und beschneiden damit »ihre primäre Liebe und ihr Gefühl der empathischen Verbundenheit«. Entsprechend führt dann auch die männliche Entwicklung zu einer »entschiedeneren Individuation und einer defensiveren Verfestigung der erlebten Ich-Grenzen«. Für Jungen, aber nicht für Mädchen haben sich »Fragen der Differenzierung mit sexuellen Fragen verwoben« (1978, S. 150, 166 f.).

In ihrer Argumentation gegen die männliche Voreingenommenheit der psychoanalytischen Theorie vertritt Chodorow die Auffassung, daß die Existenz geschlechtlicher Unterschiede in den frühen Erfahrungen der Individuation und der Beziehungen »nicht bedeutet, daß Frauen ›schwächere‹ Ich-Grenzen haben als Männer oder anfälliger für Psychosen seien«. Das bedeutet vielmehr, daß »Mädchen aus diesem Lebensabschnitt mit einer in ihr primäres Selbstbild integrierten Basis für ›Empathie‹ hervorgehen, die den Jungen fehlt«. Chodorow ersetzt somit Freuds negative und – vom Knaben als Norm – abgeleitete Darstellung der weiblichen Psychologie durch eine positive und unmittelbare eigene Auffassung: »Mädchen entwickeln eine stärkere Fähigkeit, die Bedürfnisse oder Gefühle eines anderen als ihre eigenen zu erleben (oder zu glauben, daß sie die Bedürfnisse und Gefühle eines anderen so erleben). Außerdem definieren sich Mädchen nicht im selben Maß wie Jungen durch Verleugnung präödipaler Beziehungsmuster wie Jungen. Regression zu diesen Mustern wird von ihnen demnach nicht als eine so grundlegende Bedrohung ihres Ichs erlebt. Mädchen erleben sich demnach von frühester Kindheit an, weil sie von einer Person desselben Geschlechts aufgezogen werden, ... als weniger ungleichartig als Jungen, als mehr im Einklang und in Beziehung mit der äußeren Objektwelt und auch als anders orientiert gegenüber ihrer inneren Objektwelt« (S. 167).

Entsprechend werden auch Beziehungen und insbesondere Probleme der Abhängigkeit von Frauen und Männern anders erlebt. Für Jungen und Männer sind Ablösung und Individuation entscheidend an die Geschlechtsidentität gebunden, da die Ablösung von der Mutter die entscheidende Voraussetzung für die Entwicklung von Männlichkeit ist. Für Mädchen und Frauen hängt die Entwicklung von Weiblichkeit oder weiblicher Identität nicht vom Vollzug der Ablösung von der Mutter oder vom Fortschritt der Individuation ab. Da Männlichkeit durch Ablösung definiert wird, Weiblichkeit hingegen durch Bindung, wird die männliche Geschlechtsidentität durch Intimität bedroht, die weibliche Geschlechtsidentität hingegen durch Trennung. Männer haben deshalb Schwierigkeiten mit Beziehungen, während Frauen Probleme mit ihrer Individuation haben. Das Eingebettetsein in soziale Interaktionen und persönliche Beziehungen, das das Leben der Frauen im Gegensatz zu dem der Männer charakterisiert, bleibt jedoch kein rein deskriptiver Unterschied, sondern wird zu einem Handicap für die Persönlichkeitsentwicklung, wenn die Meilensteine der kindlichen und adoleszenten Entwicklung in der psychologischen Literatur Markierungspunkte zunehmender Ablösung sind. Das Unvermögen der Frauen, sich abzulösen, wird dann per definitionem zu einem Unvermögen, sich zu entwickeln.

Die Geschlechtsunterschiede in der Persönlichkeitsbildung, die Chodorow in der frühen Kindheit beschreibt, tauchen in Untersuchungen von Kinderspielen der mittleren Kindheitsjahre wieder auf. Kinderspiele werden von George Herbert Mead (1934) und Jean Piaget (1932) als Schmelztiegel der sozialen Entwicklung während der Schuljahre betrachtet. In ihren Spielen lernen die Kinder, die Rolle des anderen einzunehmen und sich mit den Augen eines anderen zu sehen. Im Spiel lernen sie Respekt für Regeln und begreifen nach und nach, wie Regeln aufgestellt und verändert werden können.

Janet Lever (1976), welche die Peer Group in den Grundschuljahren als Vermittler der Sozialisation und das Spiel als wichtige Aktivität der Sozialisation in dieser Periode betrachtet, suchte herauszufinden, ob es Geschlechtsunterschiede in den Spielen gibt, die die Kinder spielen. Sie studierte 181 weiße Mittelschichtkinder im Alter von zehn und elf Jahren, Schüler der fünften Klasse, und analysierte die Organisation und Struktur ihrer Freizeitaktivitäten. Sie beobachtete die Kinder bei ihrem Spiel in den Schulpausen und im Turnunterricht und führte außerdem Tagebuch über ihre Berichte, wie sie ihre freie Zeit außerhalb der Schule verbrachten. Aufgrund dieser Untersuchung berichtet Lever folgende Geschlechtsunterschiede in der Spielorganisation: Jungen spielen öfter im Freien als Mädchen; Jungen spielen häufiger in großen und altersmäßig gemischten Gruppen; sie spielen häufiger konkurrenzorientierte Spiele, und die Spiele dauern länger als die der Mädchen. Die letzte Erkenntnis ist in gewisser Weise die interessanteste. Die Spiele der Jungen schienen nicht nur deshalb länger zu dauern, weil sie ein höheres Maß an Geschicklichkeit erforderten und deshalb weniger rasch langweilig wurden, sondern auch weil Jungen, wenn es im Lauf eines Spiels zu Streitigkeiten kam, ihre Differenzen besser beilegen konnten als Mädchen: »Im Laufe dieser Untersuchung sahen wir die Jungen ständig streiten, aber kein einziges Mal wurde ein Spiel wegen eines Streits abgebrochen, und kein Spiel wurde länger als sieben Minuten unterbrochen. Bei den hitzigsten Debatten lautete das letzte Wort immer: ›Wiederholen wir die Runde!‹ gewöhnlich gefolgt von dem Aufschrei: ›Weil ihr gemogelt habt!‹ (S. 482). Tatsächlich schienen die Jungen die »juristischen« Debatten ebenso zu genießen, wie das Spiel selbst, und auch Randfiguren von geringerer Größe oder Gewandtheit nahmen gleichberechtigt an diesen häufigen Auseinandersetzungen teil. Im Gegensatz dazu beendete der Ausbruch von Streitigkeiten in der Regel das Spiel bei den Mädchen.

Lever erweitert und bestätigt somit die Beobachtungen von Piaget in einer Studie über Spielregeln, in der er feststellt, daß Jungen im Laufe der Kindheit zunehmend fasziniert von der Aufstellung von Spielregeln und der Ausarbeitung eines fairen Verfahrens für die Beilegung von Konflikten sind, eine Faszination, die, wie er bemerkt, bei

Mädchen nicht vorhanden ist. Mädchen, stellt Piaget fest, haben eine »pragmatischere« Einstellung zu Spielregeln, d. h. »sie betrachten eine Regel als gut, solange sie sich im Spiel bewährt« (S. 83). Mädchen sind toleranter in ihrer Einstellung zu Spielregeln, immer bereit, Ausnahmen zu machen, und finden sich leichter mit Innovationen ab. Die Folge ist, daß das Rechtsgefühl, das Piaget als wesentlich für die moralische Entwicklung betrachtet, »bei den kleinen Mädchen weitaus geringer entwickelt ist als bei Jungen« (S. 77).

Die Voreingenommenheit, die Piaget dazu verführt, männliche Entwicklung mit kindlicher Entwicklung schlechthin gleichzusetzen, färbt auch die Arbeit von Lever. Ihre Erörterung der Ergebnisse prägt die Annahme, daß das männliche Modell das bessere ist, da es die Erfolgsrituale der modernen Industriegesellschaft einübt. Im Gegensatz dazu haben Feinfühligkeit und Rücksichtnahme auf die Gefühle anderer, wie sie Mädchen in ihren Spielen entwickeln, nur einen geringen Marktwert, ja können dem beruflichen Erfolg sogar im Wege stehen. Lever fordert unausgesprochen, daß Mädchen angesichts der Realitäten des Erwachsenenlebens, wenn sie nicht von Männern abhängig bleiben wollen, lernen müssen, wie Jungen zu spielen.

Piagets Beobachtung, daß Kinder den für die moralische Entwicklung nötigen Respekt für Spielregeln durch das Spiel regelgebundener Spiele erlernen, wird von Lawrence Kohlberg (1969) durch die Bemerkung ergänzt, daß diese Lektionen am wirksamsten durch Gelegenheit zur Übernahme von Rollen erlernt werden, wie sie sich im Laufe der Schlichtung von Streitigkeiten ergibt. Das Spiel der Mädchen scheint also weniger trächtig für moralische Lektionen zu sein als das der Jungen. Traditionelle Mädchenspiele wie Schnurspringen und Tempelhüpfen sind Spiele, bei denen man der Reihe nach drankommt und die Konkurrenz indirekt ist, da der Erfolg des einen nicht notwendigerweise den Mißerfolg des anderen bedeutet. Die Folge ist, daß Streitigkeiten, die der Beilegung bedürfen, seltener auftreten. Tatsächlich behaupteten die meisten Mädchen, die Lever interviewte, daß sie das Spiel beendeten, wenn ein Streit ausbräche. Statt ein System zur Lösung von Streitigkeiten zu entwickeln, ordnen die Mädchen die Fortsetzung des Spiels der Fortsetzung der Beziehungen unter.

Lever kommt zu dem Schluß, daß Jungen durch ihre Spiele sowohl die Unabhängigkeit als auch die organisatorischen Fertigkeiten lernen, die zur Koordination der Aktivitäten großer und heterogener

Menschengruppen nötig sind. Durch ihre Teilnahme an kontrollierten und sozial gebilligten Konkurrenzsituationen lernen sie in relativ offener und ehrlicher Weise mit Konkurrenz umzugehen – mit ihren Feinden zu spielen und mit ihren Freunden zu konkurrieren –, alles in Einklang mit den Spielregeln. Im Gegensatz dazu vollzieht sich das Spiel der Mädchen in der Regel in kleineren, intimeren Gruppen, oft in der Zweierbeziehung mit der besten Freundin, und in privaten Räumen. Dieses Spiel ahmt insofern das soziale Muster der menschlichen Primärbeziehungen nach, als es kooperativer organisiert ist. Es zielt somit in Meads Formulierungen weniger darauf ab, die Rolle des »generalisierten anderen« zu übernehmen, und tendiert weniger zur Abstraktion menschlicher Beziehungen. Aber es fördert die Entwicklung der Empathie und Sensibilität, die notwendig sind, um die Rolle des »bestimmten anderen« zu übernehmen, und zielt eher darauf ab, den anderen als unterschieden vom Selbst zu erkennen.

Die Geschlechtsunterschiede in der Persönlichkeitsbildung der frühen Kindheit, die Chodorow aus ihrer Analyse der Mutter-Kind-Beziehung ableitet, werden somit durch Levers Beobachtungen der Geschlechtsunterschiede der Spielaktivitäten der mittleren Kindheit erweitert. Zusammengenommen deuten diese Darstellungen darauf hin, daß Jungen und Mädchen die Pubertät mit einer verschiedenen interpersonellen Orientierung und einer unterschiedlichen Palette sozialer Erfahrungen erreichen. Doch da die Adoleszenz als die entscheidende Periode für die Ablösung betrachtet wird, die Periode »des zweiten Individuationsprozesses« (Blos, 1967), erscheint die weibliche Entwicklung zu diesem Zeitpunkt als stark divergent und somit höchst problematisch.

»Die Pubertät«, sagt Freud, »welche dem Knaben jenen großen Vorstoß der Libido bringt, kennzeichnet sich für das Mädchen durch eine neuerliche *Verdrängungswelle«,* die für die Umwandlung der »männlichen Sexualität« des jungen Mädchens in die spezifisch weibliche ihrer Erwachsenenjahre notwendig sei (1905, S. 122). Freud führt diese Transformation auf die Anerkennung und das Akzeptieren »des Faktums ihrer Kastration« durch das Mädchen zurück. Für das Mädchen, erklärt Freud, bringe die Pubertät ein erneutes Bewußtwerden der »Verwundung ihres Narzißmus« mit sich und bewirke, daß sie »ein Minderwertigkeitsgefühl wie eine Narbe« entwickle. Da die Adoleszenz – in Erik H. Eriksons Fortführung von Freuds psychoanalytischer Darstellung – die Zeit ist, da die Entwicklung von der gelungenen Identitätsbildung abhängt, erreicht das Mädchen diesen Wendepunkt mit Wahrscheinlichkeit psychisch gefährdet.

Das Problem, das die weibliche Adoleszenz für Theoretiker der menschlichen Entwicklung darstellt, wird aus Eriksons Schema deutlich. Erikson (1950) unterscheidet acht Stadien der psychosozialen Entwicklung, von denen die Adoleszenz das fünfte bildet. Die Aufgabe in diesem Stadium ist es, ein kohärentes Selbstgefühl zu entwickkeln, eine Identität zu bekräftigen, welche die Diskontinuität der Pubertät überwölben und die Fähigkeit des Erwachsenen zu lieben und zu arbeiten, ermöglichen kann. Die Vorbereitung auf die erfolgreiche Lösung der adoleszenten Identitätskrise wird in Eriksons Beschreibung der Krisen skizziert, die die vorangehenden vier Stadien charakterisieren. Obwohl die Urkrise der Kindheit – »Vertrauen versus Mißtrauen« – die Entwicklung im Erleben von Beziehungen verankert, ist die spätere Aufgabe eindeutig die der Individuation. Im Mittelpunkt von Eriksons zweitem Stadium steht die Krise »Autonomie versus Scham und Angst«, die das wachsende Gefühl von Abgetrenntheit und Handlungsfähigkeit des nunmehr gehfähigen Kindes kennzeichnet. Das nächste Stadium der Entwicklung durchläuft die Krise »Initiative versus Schuldgefühl«, deren erfolgreiche Lösung einen weiteren Schritt in Richtung auf Autonomie bedeutet. Nach der unvermeidlichen Enttäuschung der magischen Wünsche der ödipalen Periode erkennen die Kinder, daß sie, um mit ihren Eltern konkurrieren zu können, diese zunächst nachahmen und all das erlernen müssen, was diese so gut beherrschen. In den mittleren Kindheitsjahren dreht sich die Entwicklung deshalb um die Krise »Fleiß versus Minderwertigkeit«, da die Demonstration von Kompetenz jetzt entscheidend für die wachsende Selbstachtung des Kindes wird. Dies ist die Zeit, da Kinder danach trachten, die Technologie ihrer Gesellschaft zu erlernen und zu meistern, um sich selbst für fähig halten zu können, Erwachsene zu werden, und von anderen dazu für fähig gehalten zu werden. Als nächstes kommt die Adoleszenz, die Feier des autonomen, initiativen, aktiven Selbst durch das Schmieden einer Identität auf der Grundlage einer Ideologie, die erwachsene Verpflichtungen unterstützen und rechtfertigen kann. Aber von wem spricht Erikson?

Es stellt sich wieder heraus, daß er das männliche Kind im Auge hat. Bei den Mädchen, schreibt Erikson (1968), sei der Ablauf etwas anders. *Sie* hält ihre Identität in der Schwebe, während sie sich darauf vorbereitet, den Mann anzulocken, dessen Namen sie tragen, durch dessen Status sie definiert werden wird, den Mann, der sie vor der Leere und Einsamkeit erretten wird, indem er den »inneren Raum« ausfüllt. Während für Männer im optimalen Zyklus menschlicher Loslösung und Neubindung die Identität vor der Intimität und der Fortpflanzung kommt, scheinen diese Aufgaben bei den Frauen miteinander zu verschmelzen. Intimität begleitet die Identität, da die Frau sich durch das erkennt, wodurch sie auch von anderen erkannt wird, nämlich durch ihre Beziehungen zu anderen.

Doch trotz Eriksons Feststellung geschlechtlicher Unterschiede ändert sich an seinem Schema der Stadien des Lebenszyklus nichts: Die Identität geht weiterhin der Intimität voraus, da die männliche Erfahrung seiner Konzeption des Lebenszyklus weiterhin als Grundlage dient. Aber in diesem männlichen Lebenszyklus gibt es nur wenig Vorbereitung auf die Intimität des ersten Erwachsenenstadiums. Nur das erste Stadium von »Vertrauen versus Mißtrauen« deutet die Art von Gegenseitigkeit an, die Erikson mit Intimität und Generativität meint und die Freud als Genitalität bezeichnet. Alles übrige ist Getrenntsein, mit dem Ergebnis, daß die Entwicklung als solche mit Trennung identifiziert wird und Bindungen als Hindernisse der Entwicklung erscheinen, wie es bei der Beurteilung von Frauen häufig der Fall ist.

Eriksons Darstellung der männlichen Identität als Produkt der Beziehung zur Welt und der weiblichen Identität als Ergebnis einer intimen Beziehung zu einem anderen Menschen ist nicht gerade neu. In den Märchen, die Bruno Bettelheim (1976) analysiert, ist dieselbe Darstellung zu finden. Die Dynamik der männlichen Adoleszenz wird archetypisch durch den Konflikt zwischen Vater und Sohn in »Die drei Sprachen« verdeutlicht. In dieser Geschichte erhält ein Sohn von seinem Vater, der ihn für hoffnungslos dumm hält, eine letzte Chance, etwas zu lernen, indem er für ein Jahr zu einem Meister geschickt wird. Aber als er zurückkehrt, hat er nichts weiter gelernt als »was die Hunde bellen«. Nach zwei weiteren Versuchen dieser Art gibt der Vater angewidert auf und befiehlt seiner Dienerschaft, das Kind in den Wald zu bringen und es zu töten. Aber die Dienstboten, diese ewigen Retter verstoßener und verlassener Kinder, erbarmen sich des Jungen und beschließen einfach, ihn im Wald auszusetzen. Er gerät nun auf seinen Wanderungen in ein Land, das von rabiaten Hunden geplagt wird, deren Gebell niemand ruhen läßt und die gelegentlich einen der Einwohner auffressen. Jetzt stellt sich heraus, daß unser Held genau das Richtige gelernt hat: Er kann mit den Hunden reden und sie beruhigen und dadurch dem Land den Frieden wiedergeben. Da ihm die übrigen Kenntnisse, die er erworben hat, ebensogute Dienste leisten, geht er aus dieser adoleszenten Konfrontation mit seinem Vater als strahlender Sieger hervor, eine Idealfigur der Lebenszykluskonzeption.

Im Gegensatz dazu wird die Dynamik der weiblichen Adoleszenz durch das Erzählen einer ganz anderen Geschichte verdeutlicht. In der Welt des Märchens folgt auf die erste Blutung des Mädchens eine Periode äußerster Passivität, in der nichts zu passieren scheint. Doch im tiefen Schlaf Schneewittchens und Dornröschens sieht Bettelheim jene innere Konzentration, die er für das notwendige Gegenstück zur Aktivität des Abenteuers hält. Da die jugendlichen Heldinnen aus ihrem Schlaf erwachen, nicht, um die Welt zu erobern, sondern, um den Prinzen zu heiraten, ist ihre Identität innerlich und interpersonell definiert. Bei den Frauen ist in Bettelheims wie in Eriksons Darstellung Identität und Intimität eng miteinander verwoben. Die in der Welt des Märchens dargestellten Geschlechtsunterschiede, wie die Phantasie der Kriegerin in Maxine Hong Kingstons (1977) kürzlich erschienenem autobiographischem Roman, die an die alten Geschichten von Troilus und Cressida, Tankred und Chlorinda erinnert, lassen immer wieder erkennen, daß das aktive Abenteuer eine männliche Domäne ist und daß sich eine Frau, wenn sie sich auf solche Unternehmungen einläßt, zumindest wie ein Mann kleiden muß.

Diese Feststellungen über Geschlechtsunterschiede bestätigen die Schlußfolgerung, zu der David McClelland (1975) gekommen ist, daß »sich die Geschlechtsrolle als eine der wichtigsten Determinanten des menschlichen Verhaltens erweist; Psychologen haben in ihren Untersuchungen Geschlechtsunterschiede vom ersten Augenblick ihrer empirischen Forschungstätigkeit an gefunden«. Aber da es schwierig ist, »anders« zu sagen, ohne eine Wertung in »besser« oder »schlechter« vorzunehmen, da die Tendenz vorhanden ist, eine einzige Meßskala zu entwerfen, und da diese Skala im allgemeinen anhand männlicher Interpretationen von Forschungsergebnissen abgeleitet und standardisiert wurde, die überwiegend oder ausschließlich durch das Studium männlicher Kinder und Erwachsener gewonnen worden waren, haben Psychologen »dazu geneigt, männliches Verhalten als die ›Norm‹ und weibliches Verhalten als eine Art von Abweichung von dieser Norm zu betrachten« (S. 81). Wenn Frauen also nicht mit den Standards der psychologischen Erwartung übereinstimmen, dann wurde im allgemeinen der Schluß daraus gezogen, daß mit den Frauen etwas nicht stimme.

Was nach Ansicht von Matina Horner (1972) mit den Frauen nicht stimmt, war die Angst, die sie in bezug auf Leistung in Konkurrenzsituationen zeigen. Von Anfang an litt die menschliche Motivationsforschung, die sich des Thematischen Apperzeptionstests (TAT) bediente, unter unverhofft zutagetretenden geschlechtsspezifischen Unterschieden, die die Datenanalyse zu verwirren und zu komplizieren schien. Der TAT enthält eine doppelsinnige Vorlage, die gedeutet werden muß – ein Bild, über das man eine Geschichte schreiben muß, oder einen Teil einer Geschichte, die zu vervollständigen ist. Solche Geschichten, die die projektive Phantasie reflektieren, enthüllen nach Auffassung der Psychologen die Art und Weise, wie Menschen das deuten, was sie wahrnehmen, das heißt, mit welchen Konzepten und Interpretationen sie an ihre Erfahrungen herangehen und damit auch welchen Sinn sie ihrem Leben geben. Schon vor Horners Arbeit stand fest, daß Frauen Konkurrenzsituationen anders erleben als Männer, daß sie diese Situationen in gewisser Weise anders sehen oder daß diese Situationen bei ihnen andere Reaktionen auslösen.

Auf der Basis seiner Untersuchung von Männern teilte McClelland das Konzept der Leistungsmotivation in seine zwei logisch erscheinenden Komponenten auf, das Motiv, Erfolg zu haben (»Hoffnung auf Erfolg«), und das Motiv, Mißerfolg zu vermeiden (»Angst vor Mißerfolg«). Frauen schienen ein Problem mit Leistungen in Konkurrenzsituationen zu haben, und dieses Problem schien durch einen vermeintlichen Konflikt zwischen Weiblichkeit und Erfolg bedingt zu sein – das Dilemma des jungen Mädchens, das darum ringt, ihre weiblichen Zielsetzungen und die Identifikationen ihrer frühen Kindheit mit der männlicheren Kompetenz zu vereinbaren, die sie in der Schule erworben hat. Aus ihrer Analyse der Vervollständigung einer Geschichte durch Frauen, die mit den Worten beginnt, »Nach den Abschlußprüfungen des ersten Semesters liegt Anne in ihrem Medizinstudium an der Spitze ihrer Kommilitonen«, und aus ihren Beobach-

tungen weiblichen Verhaltens in konkurrenzorientierten Leistungssituationen schließt Horner, daß »junge Frauen ängstlich werden und
ihr positives Leistungsstreben nachläßt, wenn der Erfolg wahrscheinlich oder möglich ist, und daß sie sich durch die negativen Konsequenzen bedroht fühlen, die sie in Zusammenhang mit dem Erfolg erwarten« (S. 171). Sie fügt hinzu, diese Angst »existiert, weil für die meisten Frauen die Antizipation von Erfolg in einer Konkurrenzsituation,
insbesondere gegen Männer, die Erwartung bestimmter negativer
Folgen herruft, beispielsweise die Gefahr der sozialen Ablehnung und
des Verlusts der Weiblichkeit« (1968, S. 125).

Solche Konflikte in bezug auf Erfolg können jedoch auch in einem
anderen Licht gesehen werden. Georgia Sassen (1980) vertritt die Auffassung, daß die von den Frauen geäußerten Konflikte vielmehr von
einer »geschärften Wahrnehmung der ›anderen Seite‹ des Erfolgs im
Wettbewerb zeugen, nämlich des großen emotionalen Preises, um den
der Erfolg im Wettbewerb oft erreicht wird – eine Erkenntnis, die,
wenn auch verschwommen, von der tieferen Einsicht zeugt, daß etwas faul an dem Zustand sei, in dem Erfolg so definiert wird, bessere
Noten als alle anderen zu haben« (S. 15). Sassen weist darauf hin, daß
Horner nur dann Erfolgsangst bei Frauen feststellte, wenn es sich um
Leistungen in einer unmittelbaren Konkurrenzsituation handelte, das
heißt, wenn der Erfolg des einen auf Kosten des Mißerfolgs des anderen zustande kam.

In seinen Ausführungen über Identitätskrisen führt Erikson (1968)
das Leben George Bernard Shaws als Beispiel dafür an, wie sich ein
junger Mensch vorzeitig durch den Erfolg in eine Karriere hineinge-
drängt fühlen kann, die er nicht aus ganzem Herzen zu billigen ver-
mag. Als Shaw im Alter von 70 Jahren über sein Leben nachdachte,
erklärte er, seine Krise im Alter von zwanzig sei weder durch einen
Mangel an Erfolg oder das Fehlen von Anerkennung ausgelöst worden, sondern durch ein Übermaß an beidem: »Ich reüssierte gegen
meinen Willen und stellte zu meiner Beklemmung fest, daß mich die
Geschäftswelt, statt mich als den nichtsnutzigen Hochstapler auszu-
stoßen, der ich war, in ihre Fänge bekam und keine Absicht zeigte,
mich wieder loszulassen. Stellen Sie sich deshalb mich im Alter von 20
Jahren vor, mit einer wirtschaftlichen Ausbildung, in einem Beruf,
den ich aus tiefstem Herzen so verabscheute, wie jeder vernünftige
Mensch alles verabscheut, dem er nicht entrinnen kann. Im März 1876

riß ich mich davon los« (S. 143). Damals begann Shaw, ein anderes Leben zu führen, indem er studierte und schrieb, wie es ihm gefiel. Erikson sieht keinen Anlaß, Shaws Verweigerung als Anzeichen neurotischer Leistungs- und Konkurrenzangst zu deuten; er sieht darin vielmehr »die außergewöhnlichen Manifestationen einer außergewöhnlichen Persönlichkeit, die sich hier Bahn brechen« (S. 144).

Vor diesem Hintergrund könnten wir zu fragen beginnen, nicht, warum Frauen Konflikte in Zusammenhang mit Erfolg in Konkurrenzsituationen haben, sondern, warum Männer eine solche Bereitschaft zeigen, sich mit einer ziemlich engen Vorstellung von Erfolg zufriedenzugeben, ja diese zu glorifizieren. Eingedenk der von Lever bestätigten Beobachtung Piagets, daß Jungen in ihren Spielen größeren Wert auf Regeln legen, während Mädchen Beziehungen wichtiger sind, häufig auf Kosten des Spiels, und angesichts der Schlußfolgerung Chodorows, daß die soziale Orientierung der Männer positionsbezogen, die der Frauen hingegen persönlichkeitsbezogen ist – beginnen wir zu verstehen, warum die Furcht vor Erfolg verschwindet, wenn in Horners Geschichte vom Erfolg in der Konkurrenz »Anne« durch »John« ersetzt wird und Männer die Geschichte zu Ende schreiben. Von John nimmt man an, daß er sich nach den Spielregeln verhalten und gewonnen hat. Er hat das *Recht*, sich über seinen Erfolg zu freuen. In seinem eigenen Identitätsgefühl bestätigt durch die Unterscheidung von denjenigen, die im Vergleich zu ihm weniger kompetent sind, hat sein positionsbezogenes Selbstwertgefühl eine Bekräftigung erfahren. Bei Anne ist es hingegen möglich, daß sie die Position, die sie als Klassenbeste in ihrem Medizinstudium erreichen könnte, de facto vielleicht gar nicht will. »Es liegt auf der Hand«, sagt Virginia Woolf, »daß sich die Werte von Frauen sehr häufig von den Werten unterscheiden, die vom anderen Geschlecht festgelegt wurden« (1929, S. 76). Dennoch, fügt sie hinzu, »geben die männlichen Werte den Ton an«. Die Folge ist, daß Frauen die Normalität ihrer Gefühle in Frage zu stellen beginnen und ihre Urteile aus Rücksicht auf die Meinung anderer abändern. In den von Frauen verfaßten Romanen des 19. Jahrhunderts sieht Woolf »einen Geist am Werk, der sich etwas von der Wahrheit abbringen läßt und dessen klare Sicht durch Unterwerfung unter äußere Autoritäten getrübt ist.« Die gleiche Unterordnung unter die Werte und Meinungen anderer ist in den Urteilen von Frauen des 20. Jahrhunderts zu bemerken. Die Schwierigkeiten, die Frauen haben, ihre eigene Stimme zu finden oder sich öffentlich mit ihr zu äußern, zeigen sich häufig in Form von Einschränkungen und Selbstzweifeln, aber auch in der Neigung zu widersprüchlichen Urteilen, einer öffentlichen und einer privaten Auffassung, die im Grunde miteinander unvereinbar sind.

Doch die Unterordnung und Verwirrung, die Woolf bei Frauen kritisiert, rühren von den Werten her, die sie als deren Stärke betrachtet. Die Unterordnung der Frauen wurzelt nicht nur in ihrer gesellschaftlichen Zweitrangigkeit, sondern auch im Wesenskern ihrer Moralbegriffe. Sensibilität gegenüber den Bedürfnissen anderer und ihre Bereitschaft zur Verantwortung für andere veranlassen Frauen, auch auf andere Stimmen zu hören als ihre eigenen und andere Standpunkte in ihr Urteil einfließen zu lassen. Die moralische Schwäche der Frauen, manifest in einer scheinbaren Diffusion und Konfusion des Urteils, ist somit untrennbar von der moralischen Stärke der Frauen, der vorrangigen Bedachtnahme auf Beziehungen und Verantwortungen. Das Zögern, ein Urteil zu fällen, könnte als solches ein Indiz der Fürsorge (*care*) und Rücksichtnahme auf andere gewertet werden, die die Entwicklungspsychologie der Frauen kennzeichnen und jene Aspekte bewirken, die darin gemeinhin als problematisch betrachtet werden.

So definieren sich Frauen nicht nur in einem Kontext menschlicher Beziehungen, sondern beurteilen sich auch selbst nach ihrer Fähigkeit der Anteilnahme (*care*). Die Rolle der Frauen im Lebenszyklus des Menschen ist die der Nährenden, Pflegenden und Helfenden gewesen, der Weberin jener Netzwerke von Beziehungen, auf die sie sich ihrerseits stützt. Aber während Frauen solcherart für Männer gesorgt haben, haben Männer sowohl in ihren Theorien psychologischer Entwicklung als auch in ihren ökonomischen Arrangements dazu geneigt, diese Fürsorge auf ihr Konto zu buchen oder sie abzuwerten. Wenn die Individuation und individuelle Leistungen bis ins Erwachsenenleben im Mittelpunkt stehen und Reife mit persönlicher Autonomie gleichgesetzt wird, dann erscheint die Rücksichtnahme auf Beziehungen als eine Schwäche der Frauen statt als eine menschliche Stärke (Miller, 1976).

Die Diskrepanz zwischen Frausein und Erwachsensein tritt nirgends krasser zutage als in den Untersuchungen über Geschlechtsrollenstereotypen, über die Broverman, Vogel, Broverman, Clarkson und Rosenkrantz (1972) berichten. Der immer wieder auftauchende Befund dieser Studien ist, daß die Eigenschaften, die für das Erwachsensein als notwendig erachtet werden – die Fähigkeit zu autonomem Denken, zu klaren Entscheidungen und zu verantwortlichem Handeln – mit Männlichkeit assoziiert werden und als Attribute des weiblichen Selbst nicht als wünschenswert gelten. Die Stereotypen zeugen von einer Aufspaltung von Liebe und Arbeit, wobei den Frauen expressive Fähigkeiten zugesprochen werden, während instrumentelle Fähigkeiten in der Domäne des Mannes verbleiben. Doch aus einer anderen Perspektive betrachtet spiegeln diese Stereotypen eine Konzeption des Erwachsenseins, die als solche unausgewogen ist, da sie der Abgetrenntheit des individuellen Selbst den Vorzug vor der Verbindung mit anderen gibt und ein autonomes Leben voll Arbeit höher einschätzt als die Interdependenz der Liebe und Anteilnahme.

Die Entdeckung der Wichtigkeit von Intimität, von Beziehungen und Zuwendung, die Männer in der Lebensmitte jetzt als eine Offenbarung empfinden, ist etwas, das Frauen von Anfang an gewußt haben. Da dieses Wissen bei Frauen jedoch als »intuitiv« oder »instinktiv« betrachtet wurde, als eine Funktion der Anatomie, die man als Schicksal bezeichnete, haben es Psychologen unterlassen, seine Entwicklung zu beschreiben. In meiner Forschungsarbeit habe ich festgestellt, daß die Erweiterung dieses Wissens im Mittelpunkt der moralischen Entwicklung der Frauen steht und somit eine wesentliche Linie der psychologischen Entwicklung im Leben beider Geschlechter darstellt. Das Thema der moralischen Entwicklung veranschaulicht nicht nur in eklatanter Weise, welches Schema sich bei der Beobachtung und Bewertung von Geschlechtsunterschieden in der Literatur über menschliche Entwicklung ständig wiederholt, sondern läßt auch genauer erkennen, warum Natur und Bedeutung der weiblichen Entwicklung so lange Zeit in rätselhaftes Dunkel gehüllt blieben.

Die Kritik, die Freud am Gerechtigkeitssinn der Frauen übt, wenn er ihn durch ihre Verweigerung blinder Unparteilichkeit als kompromittiert betrachtet, taucht nicht nur im Werk Piagets, sondern auch in dem Kohlbergs wieder auf. Während in Piagets Darstellung (1932) der moralischen Urteilsfähigkeit des Kindes die Mädchen eine Fußnote bilden – eine Kuriosität, der er vier kurze Bemerkungen in einem Index gönnt, in dem »Jungen« überhaupt nicht vorkommen, weil »das Kind« automatisch ein Knabe ist –, existieren in den Forschungen, von denen Kohlberg seine Theorie ableitet, die Frauen von vornherein nicht. Die sechs Stadien Kohlbergs (1958, 1981), die die Entwicklung der moralischen Urteilsfähigkeit von der Kindheit bis zum Erwachsensein beschreiben, basieren empirisch auf einer Untersuchung von 84 Jungen, deren Entwicklung Kohlberg über einen Zeitraum von mehr als 20 Jahren verfolgt hat. Obwohl Kohlberg für sein Schema Universalität beansprucht, erreichen die Gruppen, die in seiner ursprünglichen Stichprobe nicht enthalten sind, selten seine höheren Stadien (Edwards, 1975; Hohlstein, 1976; Simpson, 1974). Unter denjenigen, die gemessen an Kohlbergs Skala in ihrer moralischen Entwicklung defizitär zu sein scheinen, stechen vor allem die Frauen heraus, deren Urteile dem dritten Stadium seines sechsstufigen Schemas zu entsprechen scheinen. In diesem Stadium wird die Moral in zwischenmenschlichen Begriffen definiert, und Gutsein wird mit Helfen und Anderen-eine-Freude-Machen gleichgesetzt. Diese Konzeption des Guten bestimmt nach Auffassung Kohlbergs und Kramers (1969) insofern das Leben erwachsener Frauen, als sich dieses im eigenen Heim abspielt. Kohlberg und Kramer implizieren, daß Frauen nur dann, wenn sie die traditionelle Arena männlicher Aktivität betreten, die Unzulänglichkeit dieser moralischen Perspektive erkennen und wie Männer zu höheren Stadien fortschreiten werden, in denen Beziehungen Regeln untergeordnet werden (viertes Stadium) und Regeln universellen Prinzipien der Gerechtigkeit (fünftes und sechstes Stadium).

Doch hierin liegt ein Paradox, denn genau die Züge, die traditionell die »Güte« der Frauen ausmachten, ihre Fürsorge für andere und ihre Einfühlsamkeit in deren Bedürfnisse, sind dieselben, die sie als defizitär in ihrer moralischen Entwicklung ausweisen. In dieser Version der moralischen Entwicklung wird der Begriff der Reife vom Studium des Lebens von Männern abgeleitet und zeugt von der Wichtigkeit der Individuation in ihrer Entwicklung. Piaget (1970), der den verbreiteten Eindruck in Frage stellt, daß eine Entwicklungstheorie wie eine Pyramide von ihrem Fundament in der Kindheit aus aufgebaut werde, weist darauf hin, daß eine Konzeption der Entwicklung statt dessen am Scheitelpunkt ihrer Reife ansetzen sollte, an dem Punkt, zu dem hin der Fortschritt verfolgt wird. Eine Änderung der Definition von Reife ändert somit nicht bloß die Beschreibung des höchsten Stadiums, sondern faßt das Verständnis der Entwicklung in neue Begriffe und ergibt schließlich eine völlig andere Bedeutung.

Wenn man mit dem Studium von Frauen beginnt und Entwicklungstheorien aus ihrem Leben ableitet, treten die Umrisse von Moralvorstellungen zutage, die sich von denen Freuds, Piagets oder Kohlbergs unterscheiden und zu einer anderen Darstellung der Entwicklung führen. In dieser Konzeption entsteht das Moralproblem aus einander widersprechenden Verantwortlichkeiten und nicht aus konkurrierenden Rechten, und es setzt zu seiner Lösung eine Denkweise voraus, die kontextbezogen und narrativ und nicht formal und abstrakt ist. Diese Konzeption der Moral, bei der es um *care* (Fürsorge, Pflege, Zuwendung) geht, stellt das Gefühl für Verantwortung und Beziehungen in den Mittelpunkt, während die Konzeption der Moral als Fairness die moralische Entwicklung vom Verständnis von Rechten und Spielregeln abhängig gemacht hatte.

Diese andere Auffassung des Moralproblems durch Frauen kann als der entscheidende Grund für ihr Versagen angesehen werden, sich innerhalb der Grenzen des Kohlbergschen Systems zu entwickeln. Kohlberg, der alle Konstruktionen von Verantwortung als Beweis eines konventionellen Moralbegriffs betrachtet, vertritt die Auffassung, die höchsten Stadien der moralischen Entwicklung zeugten von einem reflektierten Verständnis der Menschenrechte. Daß sich die Moral des Rechts von der Moral der Verantwortung durch ihre Betonung der Trennung anstelle der Verbundenheit unterscheidet und dadurch, daß sie das Individuum an die erste Stelle setzt, anstatt die Beziehung, wird durch zwei Antworten deutlich. Die erste stammt von einem 25jährigen Mann, einem der Teilnehmer an Kohlbergs Untersuchung:

Was bedeutet das Wort Moral für Sie? Niemand in der Welt weiß die Antwort. Ich glaube, es ist das Anerkennen der Rechte des einzelnen, der Rechte anderer Personen, daß man diese Rechte nicht beeinträchtigt. Man handle so fair, wie man von den anderen behandelt werden will. Ich glaube, es ist im Grunde die Wahrung des Existenzrechts des Menschen. Ich glaube, das ist das Wichtigste. Zweitens, das Recht des Menschen zu tun, was er will, wiederum ohne die Rechte anderer zu schmälern.

Wie haben sich Ihre Ansichten über Moral seit dem letzten Interview verändert? Ich glaube, ich bin mir jetzt der Rechte des einzelnen bewußter. Früher habe ich die Sache ausschließlich von meinem Standpunkt aus betrachtet, bloß für mich. Ich glaube, ich bin mir jetzt deutlicher bewußt, worauf der einzelne ein Anrecht hat.

Kohlberg (1973) zitiert die Antwort dieses Mannes als beispielhaft für die auf Prinzipien gegründete Konzeption der Menschenrechte, die sein fünftes und sein sechstes Stadium auszeichnet. Kohlberg kommentiert diese Antwort folgendermaßen: »Er nimmt einen außerhalb seiner Gesellschaft liegenden Standpunkt ein und identifiziert Moral mit Gerechtigkeit (Fairneß, Rechte, die Goldene Regel) unter Anerkennung der Rechte anderer, wie sich diese für das natürliche Empfinden quasi von selbst ergeben. Das Recht des Menschen zu tun, was ihm gefällt, ohne die Rechte anderer zu beeinträchtigen, ist eine Formel, die die Menschenrechte *vor* der gesellschaftlichen Gesetzgebung definiert« (S. 29 f).

Die zweite Antwort stammt von einer Frau, die an der Rechte-und-Verantwortung-Untersuchung teilnahm. Sie war damals ebenfalls 25 Jahre alt und studierte im dritten Jahr Jura:

Gibt es wirklich eine richtige Lösung für moralische Probleme oder ist die Meinung jedes einzelnen gleichermaßen richtig? Nein, ich glaube nicht, daß die Meinung jedes einzelnen gleichermaßen richtig ist. Ich glaube, daß es in manchen Situationen Meinungen geben kann, die gleichermaßen gültig sind, und daß man guten Gewissens mehrere Wege einschlagen könnte. Aber es gibt andere Situationen, in denen es meiner Ansicht nach richtige und falsche Antworten gibt, die quasi durch die Natur unserer Existenz bedingt sind, nämlich daß wir alle miteinander leben müssen, um zu überleben. Wir sind voneinander abhängig, und es ist zu hoffen, daß dies nicht nur eine physische Notwendigkeit ist, sondern ein Bedürfnis nach innerer Erfüllung, das heißt, daß das Leben des einzelnen durch die Zusammenarbeit mit anderen Menschen und durch sein Streben, in Harmonie mit allen anderen zu leben, bereichert wird, und im Hinblick auf dieses Ziel gibt es richtig und falsch, es gibt Dinge, die dieses Ziel fördern, und andere, die einen davon entfernen, und insofern ist es möglich, in bestimmten Fällen unter verschiedenen Handlungsweisen zu wählen, die diesem Ziel offensichtlich nützen oder schaden.

Hat es in der Vergangenheit eine Zeit gegeben, da Sie anders über diese Dinge gedacht haben? O ja, ich glaube, es hat eine Zeit gegeben, in der ich dachte, alles sei ziemlich relativ, ich kann dir nicht sagen, was richtig ist, und du kannst es mir nicht sagen, denn du hast dein Gewissen, und ich habe das meine.

Wann war das? Als ich in der Oberschule war. Ich glaube, es hat mir damals gedämmert, daß sich meine eigenen Ideen veränderten, und da sich mein eigenes Urteil änderte, hatte ich das Gefühl, über die Urteile anderer nicht urteilen zu können. Aber jetzt glaube ich, selbst wenn nur mein Gegenüber davon betroffen ist, sagen zu können, eine Handlungsweise ist falsch, sofern sie nicht mit dem übereinstimmt, was ich über die menschliche Natur und was ich über mein Gegenüber weiß, und bloß aufgrund dessen, was ich über den Lauf der Welt zu wissen glaube, könnte ich sagen, ich glaube, du machst einen Fehler.

Was hat Ihrer Ansicht nach die Veränderung bewirkt? Einfach, daß ich mehr vom Leben gesehen habe, daß ich erkannt habe, daß es sehr viele Dinge gibt, die alle Menschen miteinander gemein haben. Es gibt bestimmte Dinge, die, wie man lernt, ein besseres Leben und bessere Beziehungen und mehr persönliche Erfüllung ermöglichen als andere Dinge, die eher das Gegenteil bewirken, und die Dinge, die das Genannte fördern, die könnte man als moralisch richtig bezeichnen.

Diese Antwort repräsentiert ebenfalls eine persönliche Neugestaltung des Moralbegriffs nach einer Periode des Hinterfragens und Zweifelns, aber diese Neufassung des Moralbegriffs basiert nicht auf dem Primat und der Universalität persönlicher Rechte, sondern vielmehr auf etwas, das sie als »sehr starkes Gefühl der Verantwortung gegenüber der Welt« beschreibt. In dieser Konstruktion wird aus dem moralischen Dilemma, wie man seine Rechte ausüben kann, ohne die Rechte anderer zu beschneiden, die Frage, »wie man ein moralisches Leben führt, das Verpflichtungen gegenüber mir selbst und meiner Familie und den Menschen im allgemeinen einschließt«. Das Problem besteht hier darin, die Verantwortungen zu limitieren, ohne moralische Rücksichten aufzugeben. Die Aufforderung, sich selbst zu beschreiben, beantwortet diese Frau damit, daß sie Wert darauf lege, »andere Menschen zu haben, an die ich gebunden bin, und auch Menschen zu haben, denen gegenüber ich verantwortlich bin. Ich habe ein sehr starkes Gefühl der Verantwortung gegenüber der Welt, daß ich nicht bloß zu meinem Vergnügen leben kann, sondern daß mir allein die Tatsache meiner Existenz in dieser Welt eine Verpflichtung auferlegt zu tun, was ich kann, damit die Welt ein lebenswerterer Ort wird, so klein der Beitrag auch sein mag, den ich dazu leisten kann«. Während sich Kohlbergs Proband also darüber Sorgen macht, daß die Menschen sich gegenseitig ihre Rechte beschneiden könnten, sorgt sich diese Frau über »die Möglichkeit des Versäumnisses, daß man anderen nicht hilft, wenn man ihnen helfen könnte«.

Die Frage, die diese Frau anschneidet, wird auch in Jane Loevingers fünftem »autonomem« Stadium der Ich-Entwicklung aufgegriffen, wo Autonomie, in den Kontext von Beziehungen gestellt, so definiert wird, daß sie ein übertriebenes Gefühl der Verantwortung durch die Erkenntnis eindämmt, daß andere Menschen für ihr eigenes Schicksal selbst verantwortlich seien. Das autonome Stadium in Loevingers Darstellung (1970) ist gekennzeichnet durch ein Abrücken von moralischen Dichotomien und ihre Ersetzung durch »ein Gefühl für die Komplexität und den vielschichtigen Charakter realer Menschen und realer Situationen« (S. 6). Während die Rechte-Konzeption der Moral, die Kohlbergs auf Prinzipien gegründete Stufe (fünftes und sechstes Stadium) auszeichnet, darauf abzielt, eine objektiv faire oder gerechte Lösung moralischer Dilemmas zu erreichen, auf die sich alle rationalen Menschen einigen könnten, konzentriert sich die Verantwortung-Konzeption statt dessen auf die Begrenztheit jeder spezifischen Lösung und zeigt die noch verbleibenden Konflikte auf.

Es wird somit klar, warum eine Moral des Rechts und der Nichteinmischung wegen der in ihr ruhenden Möglichkeit, Gleichgültigkeit und mangelnde Anteilnahme zu rechtfertigen, Frauen erschreckend erscheinen kann. Gleichzeitig wird klar, warum aus männlicher Perspektive eine Moral der Verantwortung angesichts ihres auf den Zusammenhang verweisenden Relativismus vage und unüberzeugend erscheint. Die moralischen Urteile von Frauen erhellen somit das Muster, dem wir bei der Beschreibung der entwicklungsbedingten Unterschiede zwischen den Geschlechtern begegnen, aber sie liefern auch einen alternativen Reifebegriff, anhand dessen diese Unterschiede bewertet und ihre Implikationen verfolgt werden können. Die Psychologie der Frauen, die sich nach allgemeiner Auffassung von der der Männer stets durch ihre stärkere Konzentration auf Beziehungen und Interdependenz unterschieden hat, verrät eine kontextbezogenere Art des Urteilens und einen anderen Moralbegriff. Aufgrund der unterschiedlichen Auffassungen der Frauen vom Selbst und von der Moral gehen Frauen von einem anderen Standpunkt aus an den Lebenszyklus heran und ordnen die menschlichen Erfahrungen aufgrund anderer Prioritäten. Der Mythos von Demeter und Persephone, den McClelland

(1975) als beispielhaft für die weibliche Einstellung zur Macht zitiert, war ein Bestandteil der Eleusinischen Mysterien, die im antiken Griechenland mehr als zweitausend Jahre lang gefeiert wurden. Die Geschichte Persephones, die Homer in seinem *Hymnus an Demeter* erzählt, zeugt von der Stärke der Interdependenz, vom Sammeln und Geben von Kräften und Mitteln, die, wie McClelland bei seiner Erforschung der Machtmotivation feststellte, den reifen weiblichen Verhaltensstil kennzeichnen. »Obwohl es Mode ist zu sagen, niemand wisse, was bei den Mysterien vor sich ging«, schreibt McClelland, »ist es bekannt, daß sie wahrscheinlich die wichtigsten religiösen Zeremonien, nach allem, was uns historisch bekannt ist, waren, die, speziell zu Beginn, von und für Frauen organisiert wurden, bevor die Männer durch den Dionysos-Kult die Leitung übernahmen«. McClelland betrachtet den Mythos deshalb als »ein spezielles Produkt der weiblichen Psyche« (S. 96). Er ist darüber hinaus eine Lebenszyklusgeschichte par excellence.

Persephone, die Tochter Demeters, erblickt, als sie mit ihren Freundinnen auf einer Wiese spielt, eine schöne Narzisse und läuft hin, um sie zu pflücken. In diesem Augenblick öffnet sich die Erde, und sie wird von Hades gepackt, der sie in sein unterirdisches Reich entführt. Demeter, die Göttin der Erde, trauert so sehr um ihre Tochter, daß sie sich weigert, etwas wachsen zu lassen. Die Pflanzen, von denen das Leben auf der Erde abhängt, verdorren, und Mensch und Tier sterben, bis Zeus sich der leidenden Menschen erbarmt und seinen Bruder überredet, Persephone ihrer Mutter wiederzugeben. Aber bevor sie geht, ißt Persephone einige Granatapfelkerne, die bewirken, daß sie einen Teil jedes Jahres mit Hades in der Unterwelt verbringen wird.

Das schwer faßliche Mysterium der weiblichen Entwicklung liegt in der Erkenntnis der andauernden Bedeutung der Bindung im menschlichen Lebenszyklus. Die Aufgabe der Frau im menschlichen Lebenszyklus ist es, diese Erkenntnis wachzuhalten, während die Litaneien der Entwicklungspsychologie den Wert der Ablösung, der Autonomie, der Individuation und der naturgegebenen Rechte preisen. Der Mythos von Persephone wendet sich direkt gegen die Fragwürdigkeit dieser Auffassung, indem er uns daran erinnert, daß Narzißmus zum Tod führt, daß die Fruchtbarkeit der Erde auf geheimnisvolle Weise an das Fortbestehen der Mutter-Tochter-Beziehung geknüpft ist und daß der Lebenszyklus als solcher durch ein Pendeln zwischen der Welt der Frauen und der der Männer zustandekommt. Erst wenn die Lebenszyklustheoretiker ihre Aufmerksamkeit teilen und mit Frauen zu leben beginnen, wie sie mit Männern gelebt haben, wird ihre Sicht die Erfahrungen beider Geschlechter einschließen und ihre Theorien werden entsprechend fruchtbarer werden.

2. Auffassungen von Beziehungen

Im Jahre 1914 überwindet Freud in seinem Essay »Über Narzißmus« seine Abneigung gegen den Gedanken, »die Beobachtung zugunsten der sterilen theoretischen Kontroverse« aufzugeben, und erweitert seine Kartographie der menschlichen Seele. Er verfolgt die Entwicklung der Liebesfähigkeit, die er mit Reife und psychischer Gesundheit gleichsetzt, und lokalisiert ihren Ursprung im Gegensatz zwischen der Liebe zur Mutter und der Liebe zum eigenen Selbst. Aber durch diese Aufteilung der Welt der Liebe in Narzißmus und »Objekt«-Beziehungen, so stellt Freud fest, wird die Entwicklung der Männer klarer, die der Frauen jedoch zunehmend undurchsichtig. Das Problem entsteht, weil der Kontrast zwischen Mutter und Selbst zwei verschiedene Bilder von Beziehungen ergibt. Freud, der sich bei seiner Darstellung des Verlaufs der menschlichen Entwicklung auf die Vorstellungswelt männlicher Lebensläufe stützt, gelingt es nicht, bei Frauen die Entwicklung von Beziehungen, Moral oder einem klaren Selbstbild aufzuspüren. Diese Schwierigkeit, die Logik seiner Theorie mit den Erfahrungen der Frauen zur Deckung zu bringen, veranlaßt ihn zuletzt, die Frauen beiseite zu lassen, ihre Beziehungen wie ihr Sexualleben als »einen ›dunklen Kontinent‹ der Psychologie« zu bezeichnen (1926).

Das Interpretationsproblem, welches das Verständnis der weiblichen Entwicklung überschattet, kommt somit durch die unterschiedliche Art und Weise zustande, wie Frauen Beziehungen erleben. Obwohl Freud in einer Umgebung von Frauen lebte und sonst so hellsichtig war, erschienen ihm die Beziehungen von Frauen immer geheimnisvoller, schwierig zu verstehen und ebenso schwierig zu beschreiben. Diese Rätselhaftigkeit zeigt einerseits, wie eine Theorie die Beobachtungsfähigkeit neutralisieren kann, und deutet andererseits darauf hin, daß der Blick auf die weibliche Entwicklung durch eine bestimmte Auffassung von menschlichen Beziehungen getrübt wird. Da die Vorstellungen von Beziehungen die Geschichte der menschlichen Entwicklung formen, hat eine Veränderung dieser Vorstellungen eine Veränderung der ganzen Geschichte zur Folge.

Die Andersartigkeit der Vorstellungen, die das Problem bei der Interpretation der weiblichen Entwicklung darstellt, wird aus den moralischen Urteilen zweier elfjähriger Kinder, eines Jungen und eines Mädchens, deutlich, die im gleichen Dilemma zwei sehr verschiedene moralische Probleme sehen. Während nach der herrschenden Theorie Argumentationsweise und Logik des Jungen einleuchtend sind, bleiben die des Mädchens ziemlich im Dunkel. Die Wahl eines Mädchens, deren moralisches Urteil sich den vorhandenen Kategorien der Entwicklungsbewertung entzieht, soll weniger die Geschlechtsunterschiede als solche exemplifizieren, als vielmehr das Interpretationsproblem verdeutlichen. Die Einführung einer neuen Interpretationsweise, basierend auf der Vorstellungswelt des Mädchens, ermöglicht es nicht nur, eine Entwicklung zu sehen, wo vorher keine wahrgenommen wurde; sie erlaubt auch, Unterschiede im Verständnis von Beziehungen in Betracht zu ziehen, ohne diese Unterschiede in eine Skala von »besser« bis »schlechter« einzuordnen.

Die beiden Kinder besuchten in der Schule dieselbe sechste Klasse und nahmen an der Rechte-und-Verantwortung-Untersuchung teil, die zum Ziel hatte, verschiedene Auffassungen von Moral und vom Selbst zu untersuchen. Die für diese Studie ausgewählte Stichprobe wurde in Hinblick auf die Variablen Geschlecht und Alter ausgesucht, während das Entwicklungspotential maximiert wurde, indem man die Faktoren Intelligenz, Bildung und soziale Schichtzugehörigkeit konstant hielt, die – zumindest gemessen an den existierenden Skalen – mit moralischer Entwicklung assoziiert werden. Die zwei Kinder, um die es geht, Amy und Jake, waren beide intelligent und redegewandt und entzogen sich zumindest in ihren elfjährigen Zielvorstellungen einer oberflächlichen Geschlechtsrollenstereotypisierung, da Amy Wissenschaftlerin werden wollte, während Jake Englisch lieber hatte als Mathe. Doch ihre moralischen Urteile scheinen zunächst die üblichen Vorstellungen von Geschlechtsunterschieden zu bestätigen und darauf hinzudeuten, daß der Vorsprung in der moralischen Entwicklung, den die Mädchen in den ersten Schuljahren haben, in der Pubertät mit der Überlegenheit der Jungen im formalen, logischen Denken verlorengeht.

Das Dilemma, das diese Elfjährigen lösen sollten, stammte aus der von Kohlberg entwickelten Serie zur Messung der moralischen Entwicklung in der Adoleszenz durch Präsentation eines Konflikts zwi-

schen moralischen Normen und Bewertung der Logik, mit der er gelöst wurde. In diesem speziellen Dilemma überlegt ein Mann namens
Heinz, ob er ein Medikament stehlen soll, das zu kaufen er sich nicht
leisten kann, um das Leben seiner Frau zu retten. Bei der üblichen
Verfahrensweise mit Kohlbergs Interviewtechnik folgt auf die Schilderung des Dilemmas – Heinz' Notlage, die Krankheit seiner Frau, die
Weigerung des Apothekers, den Preis zu senken – die Frage: »Sollte
Heinz das Medikament stehlen?« Die Gründe für oder gegen das Stehlen werden dann durch eine Reihe von Fragen näher erforscht, die die
Parameter des Dilemmas dergestalt abwandeln und erweitern, daß die
zugrundeliegenden Strukturen des moralischen Denkens zutage treten.

Der elfjährige Jake tritt von Anfang an klar dafür ein, daß Heinz das
Medikament stehlen sollte. Er versteht das Dilemma, ebenso wie
Kohlberg, als einen Konflikt zwischen den Werten Eigentum und Leben, erkennt die logische Priorität des Lebens und benutzt diese Logik,
um seine Entscheidung zu rechtfertigen:

> Zunächstmal ist ein Menschenleben mehr wert als Geld, und wenn
> der Apotheker nur tausend Dollar verdient, kann er immer noch
> davon leben, aber wenn Heinz das Medikament nicht stiehlt, wird
> seine Frau sterben. *Warum ist Leben mehr wert als Geld?* Weil der Apo-
> theker später tausend Dollar von reichen Leuten bekommen kann,
> die Krebs haben, aber Heinz kann seine Frau nicht wieder bekom-
> men. *Warum nicht?* Weil die Menschen alle verschieden sind, und
> deshalb könnte man Heinz' Frau nicht noch einmal finden.

Auf die Frage, ob Heinz das Medikament auch dann stehlen sollte,
wenn er seine Frau nicht liebe, antwortete Jake, ja, es bestehe nicht nur
»ein Unterschied zwischen Hassen und Töten«, sondern wenn Heinz
erwischt würde, »wäre wahrscheinlich auch der Richter der Ansicht,
daß er das Richtige getan habe«. Auf die Frage, ob Heinz durch seinen
Diebstahl gegen das Gesetz verstoße, antwortet er: »Das Gesetz enthält auch Fehler, und man kann nicht für alles Gesetze machen, was
man sich vorstellen kann.«

Während Jake also das Gesetz in Betracht zieht und seine Funktion
zur Aufrechterhaltung der gesellschaftlichen Ordnung anerkennt (der
Richter, sagt Jake, »sollte Heinz die geringstmögliche Strafe geben«
sieht er das Gesetz auch als vom Menschen gemacht und deshalb Irrtü-
mern und Veränderungen unterworfen an. Doch sein Urteil, daß

Heinz das Medikament stehlen sollte, beruht ebenso wie seine Ansicht, daß das Gesetz fehlerhaft sei, auf der Annahme einer Übereinstimmung, eines gesellschaftlichen Konsensus in bezug auf moralische Werte, der es einem gestattet, zu wissen und anderen die Erkenntnis zuzutrauen, »welche Handlungsweise richtig ist«.

Fasziniert von der Macht der Logik, vermutet dieser elfjährige Junge die Wahrheit in der Mathematik, die, wie er sagt, »das einzige ist, was total logisch ist«. Er betrachtet das moralische Dilemma als »eine Art mathematisches Problem mit Menschen«, stellt es wie eine Gleichung dar und macht sich daran, die Lösung zu suchen. Da seine Lösung rational abgeleitet ist, nimmt er an, daß jeder, der sich von der Vernunft leiten läßt, zu der gleichen Lösung gelangen müsse und daß deshalb auch ein Richter zustimmen würde, daß Heinz mit dem Diebstahl richtig gehandelt habe. Doch er ist sich auch der Grenzen der Logik bewußt. Auf die Frage, ob es eine richtige Antwort auf moralische Probleme gebe, antwortet Jake, daß es »bei einem logischen Urteil nur ›richtig‹ und ›falsch‹ geben könne«, da die Parameter des Handelns variabel und komplex sind. Als Beispiel dafür, wie Handlungen, die aus den besten Absichten unternommen werden, zu den schrecklichsten Folgen führen können, sagt er: »Wenn man beispielsweise einer alten Dame in der Straßenbahn den Sitz überläßt und es dann zu einem Zusammenstoß kommt und der Sitz durchs Fenster fliegt, dann kann das der Grund sein, daß die alte Dame stirbt.«

Die Theorien der Entwicklungspsychologie beleuchten gut den Standpunkt dieses Kindes, das sich auf der Schwelle zwischen Kindheit und Adoleszenz befindet und das am Gipfel der Kindheitsintelligenz, wie Piaget es nennt, mittels seines Denkens eine größere Welt der Möglichkeiten entdeckt. Das Moment der Präadoleszenz ist gekennzeichnet durch das Zusammentreffen von formalem, operationalem Denken mit einem Selbstbild, das noch in den faktischen Parametern einer kindlichen Welt verankert ist – sein Alter, seine Stadt, der Beruf seines Vaters, seine Vorlieben, Abneigungen und Überzeugungen. Doch so wie seine Selbstbeschreibung das Selbstvertrauen eines Kindes ausstrahlt, das in Eriksons Begriffen ein günstiges Übergewicht der Aktivität gegenüber seiner Unterlegenheit erzielt hat – kompetent, selbstsicher und wohlvertraut mit den Spielregeln –, so befreit ihn auch seine wachsende Fähigkeit zum formalen Denken; seine Fähigkeit, über das Denken nachzudenken und Probleme in logischer Weise zu lösen, lockert seine Abhängigkeit von Autoritäten und gestattet ihm, selbst Lösungen für Probleme zu finden.

Diese wachsende Autonomie folgt den Bahnen, die Kohlbergs sechs Stadien der moralischen Entwicklung beschreiben, einem in drei Stufen verlaufenden Fortschreiten von einem egozentrischen Begriff von Fairneß, basierend auf individuellen Bedürfnissen (erstes und zweites Stadium), über einen Begriff der Fairneß, der in Konventionen wurzelt, auf die sich die Gesellschaft geeinigt hat (drittes und viertes Stadium), und schließlich zu einem auf Prinzipien beruhenden Verständnis von Fairneß, die auf der freistehenden Logik von Gleichberechtigung und Wechselseitigkeit fußt (fünftes und sechstes Stadium). Während die Urteile dieses Jungen im Alter von elf Jahren auf Kohlbergs Skala als konventionell eingestuft werden, eine Mischung des dritten und vierten Stadiums, zeugt seine Fähigkeit, deduktive Logik auf die Lösung moralischer Dilemmas anzuwenden, zwischen Moral und Gesetz zu unterscheiden und zu begreifen, daß Gesetze fehlerhaft sein können, von einer prinzipienorientierten Auffassung von Gerechtigkeit, die Kohlberg mit moralischer Reife gleichsetzt.

Im Gegensatz dazu vermittelt Amys Reaktion auf das Dilemma einen ganz anderen Eindruck, das Bild einer Entwicklung, die durch einen Mangel an Logik, eine Unfähigkeit, selbständig zu denken, gehemmt scheint. Auf die Frage, ob Heinz das Medikament stehlen sollte, antwortet sie in einer Weise, die ausweichend und unsicher wirkt:

Nein, ich glaube nicht. Ich glaube, es gibt andere Möglichkeiten, als es zu stehlen. Beispielsweise könnte er sich das Geld ausborgen oder einen Kredit oder sowas aufnehmen, aber er sollte das Medikament wirklich nicht stehlen – aber seine Frau sollte auch nicht sterben.

Auf die Frage, warum er das Medikament nicht stehlen sollte, führt sie weder Eigentum noch Gesetz an, sondern spricht von der Wirkung, die der Diebstahl auf die Beziehung zwischen Heinz und seiner Frau haben könnte:

Wenn er das Medikament stiehlt, könnte er seine Frau retten, aber vielleicht müßte er dann ins Gefängnis, und seine Frau würde dann vielleicht noch kränker werden, und er könnte ihr das Medikament nicht mehr verschaffen, und das wäre nicht gut. Sie sollten deshalb darüber sprechen und eine andere Möglichkeit finden, um das Geld zu beschaffen.

Amy betrachtet das Dilemma nicht als ein mathematisches Problem mit Menschen, sondern als eine Geschichte von Beziehungen, die sich über einen längeren Zeitraum erstreckt, und sie stellt sich vor, daß die Frau ihren Mann auch später noch brauchen und der Mann sich auch weiterhin um seine Frau kümmern wird. Sie versucht, auf die Wünsche des Apothekers in einer Weise zu reagieren, die die Verbindung nicht abbrechen, sondern aufrechterhalten würde. So wie sie das Überleben der Frau von der Aufrechterhaltung der Beziehungen abhängig macht, so betrachtet sie auch den Wert, den das Leben der Frau hat, in einem Kontext von Beziehungen, wenn sie erklärt, daß es falsch wäre, sie sterben zu lassen, denn »wenn sie stirbt, so ist das schlecht für viele Menschen und schlecht für sie«. Da Amys moralisches Urteil auf der Überzeugung beruht, »wenn jemand etwas hat, das einen anderen am Leben erhalten würde, dann ist es nicht richtig, es ihm nicht zu geben«, findet sie, das Problem in dem Dilemma entstehe nicht dadurch, daß der Apotheker seine Rechte geltend macht, sondern dadurch, daß er sich den Appellen verschließt.

Als der Interviewer mit der Reihe von Fragen fortfährt, die sich aus Kohlbergs Konstruktion des Dilemmas ergeben, bleiben Amys Antworten im wesentlichen unverändert, und die verschiedenen Vorstöße führen weder zu einer Klärung noch zu einer Modifizierung ihrer ursprünglichen Antwort. Ob Heinz seine Frau liebt oder nicht, er sollte jedenfalls weder stehlen noch sie sterben lassen; wenn an ihrer Stelle eine Fremde stürbe, meint Amy, »wenn die Fremde keine Angehörigen oder Bekannten hätte«, dann sollte Heinz versuchen, ihr Leben zu retten, jedoch sollte er das Medikament nicht stehlen. Als aber der Interviewer durch die Wiederholung seiner Fragen den Eindruck vermittelt, daß ihre Antworten entweder nicht gehört wurden oder nicht richtig waren, beginnt Amys Selbstvertrauen zu schwinden, und ihre Antworten werden gezwungener und unsicherer. Auf die erneute Frage, warum Heinz das Medikament nicht stehlen sollte, antwortet sie einfach, »weil es nicht richtig ist«. Als man sie auffordert zu erklären, warum, sagt sie wieder, daß Diebstahl keine gute Lösung wäre, und fügt lahm hinzu, »wenn er es klauen würde, wüßte er vielleicht nicht, wie er es seiner Frau geben soll, und seine Frau könnte also immer noch sterben«. Sie begreift das Dilemma nicht als in sich geschlossenes Problem moralischer Logik und entdeckt auch nicht die innere Struktur seiner Lösung; da sie selbst das Problem anders sieht, kommt ihr Kohlbergs Auffassung gar nicht in den Sinn.

Da sie statt dessen von einer Welt ausgeht, die nicht aus alleinstehenden Menschen, sondern aus Beziehungen besteht, eine Welt, die durch menschliche Bindungen und nicht durch ein System von Regeln zusammengehalten wird, meint sie, das Problem in dem Dilemma liege in der Weigerung des Apothekers, der Frau entgegenzukommen. Sie erklärt, »es ist nicht richtig, daß jemand stirbt, wenn sein Leben gerettet werden könnte«, und nimmt an, wenn der Apotheker die Folgen seiner Weigerung, den Preis zu senken, erkennen könnte, dann würde er begreifen, daß er der Frau das Medikament einfach geben müsse und daß er sich das Geld später vom Mann zurückzahlen lassen könne. Sie sieht also die Lösung des Dilemmas darin, dem Apotheker den Zustand der Frau deutlicher vor Augen zu führen, oder, wenn das nichts nützt, an andere zu appellieren, die in der Lage sind zu helfen.

So wie Jake zuversichtlich ist, daß der Richter zustimmen werde, der Diebstahl sei für Heinz die richtige Handlungsweise gewesen, so ist Amy überzeugt, daß »Heinz und der Apotheker eine andere Lösung außer dem Diebstahl finden könnten, wenn sie lang genug über die Sache reden würden.« Während er meint, das Gesetz sei »fehlerhaft«, betrachtet sie den ganzen Konflikt als falsch, da sie überzeugt ist, »in dieser Welt sollte man die Dinge mehr miteinander teilen, dann brauchten die Leute nicht zu stehlen.« Beide Kinder erkennen somit die Notwendigkeit einer Einigung, sehen sie aber in verschiedener Weise vermittelt – er unpersönlich durch Systeme der Logik und der Gesetze, sie persönlich durch die Kommunikation in Beziehungen. So wie er sich auf die Konventionen der Logik stützt, um daraus die Lösung für dieses Dilemma abzuleiten, wobei er davon ausgeht, daß diese Konventionen von allen geteilt werden, so hofft sie auf einen Kommunikationsprozeß, wobei sie von Bindungen ausgeht und daran glaubt, daß ihre Stimme gehört werden wird. Doch während seine Annahmen über eine Einigung durch die Konvergenz der Logik zwischen seinen Antworten und den gestellten Fragen bestätigt werden, werden ihre Annahmen durch das Scheitern der Kommunikation, die Unfähigkeit des Interviewers, ihre Antworten zu verstehen, desavouiert.

Obwohl die Frustration des Interviewers bei Amy bereits durch die Wiederholung der Fragen und das schließliche Im-Kreise-Drehen deutlich wird, tritt das Interpretationsproblem erst durch die Bewertung ihrer Antworten zutage. Im Lichte von Kohlbergs Definition der Stadien und der Sequenz der moralischen Entwicklung betrachtet, scheint ihr moralisches Urteil im Reifegrad um eine ganze Stufe tiefer zu stehen als das des Jungen. Als Mischung des zweiten und dritten Stadiums klassifiziert, scheinen ihre Antworten ein Gefühl der Machtlosigkeit in der Welt zu verraten, eine Unfähigkeit, systematisch über Moral- oder Rechtsbegriffe nachzudenken, ein Zögern, Autorität infragezustellen oder die Logik vorgegebener moralischer Wahrheiten zu untersuchen, sogar von einem Unvermögen, sich ein aktives Handeln vorzustellen, um ein Leben zu retten, oder zu erwägen, daß ein solches Handeln möglicherweise eine Wirkung haben könnte. Während ihre Inanspruchnahme von Beziehungen eine fortbestehende Abhängigkeit und Verwundbarkeit zu verraten scheint, wirkt ihr Glaube an Kommunikation als Weg zur Lösung moralischer Dilemmas naiv und kognitiv unreif.

Doch Amys Selbstbeschreibung vermittelt einen ganz anderen Eindruck. Auch in diesem Fall zeigen die Merkmale der Präadoleszenz ein Kind mit sicherem Selbstwertgefühl, überzeugt von der Substanz ihrer Auffassungen wie auch von ihrer Fähigkeit, etwas Wertvolles in der Welt zu leisten. Sie beschreibt sich mit elf Jahren als »wachsend und sich verändernd« und sagt, sie »sehe jetzt manche Dinge anders, einfach, weil ich mich jetzt wirklich gut kenne und viel mehr über die Welt weiß«. Doch die Welt, die sie kennt, ist eine andere Welt als die, die sich in Kohlbergs Konstruktion des Heinzschen Dilemmas abzeichnet. Ihre Welt ist eine Welt von Beziehungen und psychologischen Wahrheiten, in der ein Gewahrsein der Verbundenheit zwischen den Menschen zu der Erkenntnis der gegenseitigen Verantwortung füreinander führt, zur Einsicht in die Notwendigkeit der Anteilnahme. In diesem Licht gesehen, erscheint ihr Verständnis von Moral als Ergebnis der Anerkennung von Beziehungen, ihr Glauben an Kommunikation als Weg zur Konfliktlösung und ihre Überzeugung, daß sich die Lösung des Dilemmas durch seine an das Mitgefühl appellierende Darstellung ergeben wird, keineswegs naiv oder kognitiv unreif. Amys Urteil enthält vielmehr die zentralen Einsichten einer Ethik der Anteilnahme (*care*), so wie Jakes Urteil die Logik des Gerechtigkeitsdenkens reflektiert. Ihr beginnendes Verständnis für die »Methode der Wahrheit«, das zentrale Postulat der gewaltfreien Konfliktlösung, und ihr Glaube an die heilende, aufbauende Wirkung des Füreinanderdaseins (*care*) lassen sie die Akteure des Dilemmas nicht als Gegenspieler in einer Konkurrenz von Rechten sehen, sondern als Angehörige eines Netzwerks von Beziehungen, von dessen Fortbestand alle abhängen. Ihre Lösung des Dilemmas liegt in einer entsprechenden Aktivierung des Netzwerks durch Kommunikation, wobei die Rettung der Frau nicht durch einen Abbruch, sondern durch eine Stärkung der Verbindungen gesichert wird.

Aber die andere Logik von Amys Antwort lenkt die Aufmerksamkeit auf die Interpretation des Interviews. Als Befragung konzipiert, scheint es vielmehr ein Dialog zu sein, der selbst moralische Dimensionen annimmt, nämlich in Hinblick auf den Machtgebrauch des Interviewers und seine Bezeugungen von Respekt. Durch diese Verschiebung in der Konzeption des Interviews wird sofort klar, daß die Schwierigkeit, die der Interviewer mit dem Verständnis von Amys Antwort hat, dadurch zustandekommt, daß Amy eine andere Frage beantwortet als nach Auffassung des Interviewers gestellt wurde. Amy überlegt nicht, *ob* Heinz in dieser Situation handeln sollte (»*Sollte Heinz das Medikament stehlen?*«), sondern *wie* Heinz angesichts der Lage seiner Frau handeln sollte (»Sollte Heinz das Medikament *stehlen?*«). Der Interviewer betrachtet die Handlungsweise als selbstverständlich, er nimmt sie einfach als gegeben an; Amy geht von der Notwendigkeit zu handeln aus und überlegt, welche Form es annehmen sollte. Das Unvermögen des Interviewers, sich eine Antwort vorzustellen, von der sich Kohlbergs Moralphilosophie nichts hat träumen lassen, hat zur Folge, daß er Amys Frage nicht hört und die Logik in ihrer Antwort nicht sieht, daß er nicht merkt, daß das, was aus einer Perspektive als ein Ausweichen vor dem Dilemma erscheint, unter anderen Vorzeichen ein Erkennen des Problems und eine Suche nach einer adäquateren Lösung bedeutet.

Diese beiden Kinder erblicken somit im Heinzschen Dilemma zwei sehr unterschiedliche Moralprobleme – Jake einen Konflikt zwischen Leben und Eigentum, der durch logische Deduktion gelöst werden kann, Amy ein Abreißen einer menschlichen Beziehung, die wieder mit ihrem eigenen Faden geknüpft werden muß. Nachdem die Kinder unterschiedliche Fragen stellen, die sich aus unterschiedlichen Konzeptionen von Moral ergeben, gelangen sie zu Antworten, die grundlegend voneinander abweichen. Die Einordnung dieser Antworten in aufeinanderfolgende Stadien einer Skala zunehmender moralischer Reife, gemessen an der Logik der Antwort des Jungen, muß also die andere Wahrheit verfehlen, die im Urteil des Mädchens zutage tritt. Auf die Frage »Was sieht er, das sie nicht sieht?« liefert Kohlbergs Theorie eine flinke Antwort, was sich in der Einstufung von Jakes Urteil um eine ganze Stufe höher im Hinblick auf moralische Reife als Amys Antwort manifestiert. Auf die Frage »Was sieht sie, das er nicht sieht?« bleibt Kohlbergs Theorie die Antwort schuldig. Da die meisten ihrer Antworten durch das Sieb von Kohlbergs Bewertungssystem fallen, scheinen ihre Antworten aus seiner Perspektive außerhalb der moralischen Sphäre zu liegen.

Doch so gewieft Jake die Logik der Rechtfertigung beherrscht, so klug ist Amys Verständnis der Dialektik des Wählens. Sie hat erkannt, »wenn zwei Wege in völlig verschiedene Richtungen führen, wird man, wenn man sich für einen entscheidet, nie wissen, was geschehen würde, wenn man den anderen einschlüge«, und sie erklärt, »das ist das Risiko, das man eingehen muß, und wie ich gesagt habe, im Grunde ist es eine Rateroi«. Um ihre Auffassung »durch ein einfaches Beispiel« zu erläutern, beschreibt sie ihre Entscheidung, den Sommer in einem Ferienlager zu verbringen:

Ich werde nie wissen, was geschehen wäre, wenn ich hier geblieben wäre, und wenn im Lager etwas schiefgeht, werde ich nie wissen, ob es besser gewesen wäre, wenn ich hiergeblieben wäre. Es gibt wirklich keinen Ausweg, denn man hat keine Möglichkeit, beides gleichzeitig zu tun, aber man wird nie wissen, was man versäumt.

Diese beiden elfjährigen Kinder, die beide sehr intelligent sind und einen erstaunlichen Einblick in das Leben haben, wenn auch auf unterschiedliche Weise, manifestieren somit verschiedene Formen moralischen Verständnisses und verschiedene Betrachtungsweisen in bezug auf Konflikte und Entscheidungen. Zur Lösung des Heinzschen Dilemmas wählt Jake den Diebstahl, um eine Konfrontation zu vermeiden, und wendet sich an die Justiz, um den Streit beizulegen. Aus einer Machthierarchie eine Werthierarchie bildend, entschärft er einen potentiell brisanten Konflikt zwischen Menschen, indem er ihn zu einem unpersönlichen Konflikt von Ansprüchen umfunktioniert. Auf diese Weise abstrahiert er das moralische Problem von der zwischenmenschlichen Situation, indem er die Logik der Fairneß als objektive Methode entdeckt, um zu entscheiden, wer den Streit gewinnen wird.

Diese hierarchische Ordnung mit ihrer Vorstellung von Gewinnen und Verlieren und dem Gewaltpotential, das sie enthält, weicht dagegen in Amys Deutung des Dilemmas einem Netzwerk von Verbindungen, einem Geflecht von Beziehungen, das durch einen Kommunikationsprozeß aufrechterhalten wird. Durch diese Verlagerung wird aus dem Moralproblem, bei dem es um unfaire Vorherrschaft, die Höherstellung von Eigentum über Leben geht, ein Problem einer unnötigen Verweigerung, nämlich dem Versäumnis des Apothekers, der Frau zu Hilfe zu kommen.

Dieselbe Differenz in der Formulierung des moralischen Problems und der damit einhergehende Unterschied in den Auffassungen von Beziehungen zeichnet sich auch in den Antworten von zwei achtjährigen Kindern ab, Jeffrey und Karen, die aufgefordert wurden, eine Situation zu schildern, in der sie nicht sicher waren, was das richtige Verhalten sei.

Jeffrey:
Wenn ich eigentlich zu meinen Freunden gehen möchte und meine Mutter den Keller sauber macht, dann denke ich an meine Freunde und dann denke ich an meine Mutter, und dann überlege ich, was richtig wäre. *Aber wie weißt du, was richtig ist?* Weil manche Dinge Vorrang haben vor anderen.

Karen:
Ich habe viele Freunde, und ich kann nicht immer mit allen spielen, deshalb müssen die der Reihe nach abwechseln, weil sie alle meine Freunde sind. Aber wenn beispielsweise einer ganz allein ist, dann spiele ich mit ihm. *Was überlegst du, wenn du diese Entscheidung zu treffen versuchst?* Hm, jemand ist ganz allein. Einsamkeit.

Während Jeffrey eine hierarchische Rangfolge aufstellt, um einen Konflikt zwischen Pflicht und Neigung zu lösen, beschreibt Karen ein Netz von Beziehungen, das alle ihre Freunde einschließt. Beide Kinder befassen sich mit der Frage des Ausschließens und der durch eine Wahl geschaffenen Priorität, aber während Jeffrey überlegt, was den Vorrang hat, konzentriert sich Karen auf die Frage, wer ausgeschlossen ist.

Die kontrastierenden Vorstellungen von Hierarchie und Beziehungsnetz im Denken der Kinder über moralische Konflikte und Wahlmöglichkeiten beleuchten zwei Moralauffassungen, die einander ergänzen und nicht in Widerspruch zueinander stehen oder aufeinanderfolgenden Entwicklungsstufen zuzuordnen sind. Aber diese Betrachtungsweise der Unterschiede verstößt gegen die Neigung der Entwicklungstheorie, die Unterschiede hierarchisch zu gliedern. Die Korrespondenz zwischen dem Schema der Entwicklungstheorie und der Denkstruktur des Jungen steht in Kontrast zur Diskrepanz zwischen der vorhandenen Theorie und der Struktur, die sich im Denken der Mädchen äußert. Doch in keinem der beiden Vergleiche erscheint das Urteil eines Kindes als Vorläufer der Position des anderen. Es erheben sich somit Fragen hinsichtlich der Relation zwischen diesen Perspektiven: Welche Bedeutung hat dieser Unterschied, und wie hängen diese beiden Denkweisen miteinander zusammen? Einer Antwort auf diese Fragen kommt man näher, wenn man die Beziehung zwischen dem Moralverständnis der elfjährigen Kinder und den Beschreibungen ansieht, die sie von sich selbst geben.

Jake:

Amy:

Wie würdest du dich selbst beschreiben?

Perfekt. Das ist meine eingebildete Seite. Was wollen Sie - ich kann mich beschreiben, wie ich will?

Meinen Sie meinen Charakter? *Was meinst du?* Hm, ich weiß nicht. Ich würde mich beschreiben als, hm, was *meinen* Sie?

Wenn du deine eigene Person in einer Weise beschreiben solltest, daß du dich wiedererkennst, was würdest du dann sagen?

Ich würde zunächst sagen, daß ich elf Jahre alt bin. Jake (Familienname). Ich müßte hinzufügen, daß ich in (Stadt) lebe, weil das ein wichtiger Teil von mir ist, und auch, daß mein Vater Arzt ist, weil ich glaube, daß mich das etwas beeinflußt, und daß ich nicht an Verbrechen glaube, außer, wenn man Heinz heißt; daß ich die Schule langweilig finde, weil ich glaube, daß das auch den Charakter etwas beeinflußt. Ich weiß eigentlich nicht, wie ich mich beschreiben soll, denn ich kann nicht in mich hineinschauen. *Wenn du beschreiben soll-*

Nun, ich würde sagen, daß ich jemand bin, der die Schule und das Lernen mag, und das will ich in meinem Leben machen. Ich möchte eine Art Wissenschaftlerin werden und Dinge tun, und ich möchte Menschen helfen. Und ich glaube, daß ich so ein Mensch bin oder zu sein versuche. Und so würde ich mich wahrscheinlich selbst beschreiben. Und ich möchte etwas tun, um anderen Menschen zu helfen. *Warum?* Nun, weil ich glaube, daß es in dieser Welt viele Probleme gibt, und ich finde, jeder sollte versuchen, jemand ande-

test, wie du eigentlich bist, was wür- *dest du dann sagen?* Ich mag alberne Witze. Ich strenge mich nicht gern an, aber ich kann das alles, was man in der Schule können muß. Jede Aufgabe, die wir in der Schule bekamen, habe ich lösen können, außer denjenigen, die Wissen voraussetzen, und sobald ich etwas darüber gelesen habe, habe ich auch diese lösen können. Aber manchmal habe ich keine Lust, meine Zeit mit leichten Hausaufgaben zu verschwenden. Außerdem betreibe ich unheimlich gern Sport. Zum Unterschied von vielen anderen Menschen glaube ich, daß es noch Hoffnung für die Welt gibt … Die meisten Menschen, die ich kenne, mag ich, und ich habe ein gutes Leben, mindestens so gut wie die meisten anderen, die ich kenne. Und ich bin groß für mein Alter. rem in irgendeiner Weise zu helfen, und der Weg, den ich wähle, ist die Wissenschaft.

In den Äußerungen des elfjährigen Jungen taucht eine vertraute Form der Selbstdefinition auf, ein Echo der Inschrift des jungen Stephen Daedalus in seinem Geographiebuch: »Er, sein Name und wo er war«, ein Echo auch der Beschreibungen in *Unsere kleine Stadt,* in denen auf den Koordinaten von Zeit und Raum eine hierarchische Ordnung verzeichnet wird, in der man seinen eigenen Platz findet. Jake beschreibt sich, indem er seine spezielle Position in der Welt lokalisiert, und er hebt sich von dieser Welt durch seine Fähigkeiten, seine Überzeugungen und seine Größe ab. Obwohl auch Amy ihre Vorlieben, ihre Wünsche und ihre Überzeugungen aufzählt, definiert sie sich in Beziehung zu dieser Welt und beschreibt sich durch Handlungen, die sie in Verbindung zu anderen bringen; sie schafft Bande durch ihre Fähigkeit, anderen zu helfen. Jakes Ideal der Perfektion, an dem er seinen eigenen Wert mißt, setzt Amy ein Ideal der Hilfsbereitschaft entgegen, an dem sie den Wert ihres Handelns mißt. Während sie sich in Bezug zur Welt setzt und sich dafür entscheidet, anderen durch Wissenschaft zu helfen, setzt er die Welt in Bezug zu sich selbst, indem er seinen Charakter, seine Position und die Qualität seines Lebens definiert.

Der Kontrast zwischen einem Selbst, charakterisiert durch Abgrenzung, und einem Selbst, bestimmt durch Verbundenheit, zwischen einem Selbst, das an einem abstrakten Ideal der Perfektion gemessen wird, und einem Selbst, das seinen Wert aus einem Handeln voll Hilfsbereitschaft bezieht, wird damit klarer. Die Implikationen dieses Kontrasts vergrößern sich, wenn man die unterschiedliche Art und Weise betrachtet, in der diese Kinder einen Konflikt zwischen Verantwortung gegenüber anderen und Verantwortung gegenüber dem eigenen Selbst lösen. Die Frage der Verantwortung folgte aus einem Dilemma, das sich durch den Konflikt einer Frau zwischen ihren beruflichen Verpflichtungen und den familiären Aufgaben ergab. Während Amy in ihrer Antwort auf die Einzelheiten dieses Konflikts eingeht, abstrahiert Jake das Problem der Verantwortung von dem Zusammenhang, in dem es auftritt. Er setzt an die Stelle des Themas der intimen Beziehung seine eigenen Vorstellungen einer prekären Bindung.

Jake: Amy:

Wie sollte man sich in einem Konflikt zwischen der Verantwortung gegenüber sich selbst und der Verantwortung gegenüber anderen entscheiden?

Man geht den anderen etwa ein Viertel und sich selbst zu drei Vierteln entgegen.

Nun, das hängt eigentlich von der Situation ab. Wenn man jemand anderem gegenüber eine Verantwortung hat, dann sollte man sie auf ein bestimmtes Ausmaß beschränken, aber wenn einem etwas wirklich schadet oder wenn es davon abhält, etwas zu tun, was man sehr, sehr dringend tun möchte, dann glaube ich, daß man sich vielleicht selbst an die erste Stelle setzen sollte. Aber wenn es die Verantwortung für jemanden ist, der einem wirklich nahesteht, dann muß man in der betreffenden Situation entscheiden, was wichtiger ist, man selbst oder dieser andere, und wie ich schon sagte, es hängt wirklich davon ab, welche Art von Mensch man ist und was man gegenüber dem anderen oder den anderen empfindet.

Warum?
Weil die wichtigste Person für die eigene Entscheidung man selbst ist, sollte man sich nicht ganz von anderen Leuten leiten lassen, aber man muß sie berücksichtigen. Wenn man sich also mit einer Atombombe in die Luft sprengen möchte, sollte man vielleicht aus Rücksicht auf die Nachbarn, die auch sterben würden, statt dessen eine Handgranate nehmen.

Nun, manche Leute setzen sich selbst und ihre eigenen Angelegenheiten vor andere Menschen, und manche Leute nehmen wirklich Anteil an anderen. So glaube ich zum Beispiel, daß der Beruf nicht so wichtig ist wie jemand, den man wirklich liebt, etwa der Ehemann oder die Eltern oder ein sehr enger Freund. Wenn es bloß die Verantwortung gegenüber dem Job ist oder gegenüber jemandem, den man kaum kennt, dann ist man selbst vielleicht wichtiger. Aber wenn es jemand ist, den man wirklich liebt und vielleicht so sehr oder noch mehr liebt als sich selbst, dann muß man sich entscheiden, wen man denn nun mehr liebt, diesen Menschen oder diese Sache oder sich selbst. *Und woher weißt du das?* Nun, man muß darüber nachdenken und man muß an beide Seiten denken und man muß überlegen, was besser für alle wäre oder besser für einen selbst, was wichtiger ist und was alle glücklicher machen würde. Beispielsweise, wenn die anderen Menschen jemand anderen finden können, der das macht, was immer das sein mag, oder wenn sie einen nicht persönlich brauchen, dann ist es vielleicht besser zu tun, was man will, denn die anderen Leute werden genauso zufrieden mit jemand anderem sein und werden deshalb nicht weniger glücklich sein, und dann ist man auch selbst glücklich, weil man tun kann, was man will.

Was bedeutet Verantwortung?
Es bedeutet, doch auch an andere zu denken, wenn ich etwas tue, beispielsweise, wenn ich einen Stein werfen will, ihn nicht in ein Fenster zu werfen, weil ich an die Leute denke, die dieses Fenster bezahlen müssen, es bedeutet, etwas nicht bloß für sich selbst zu tun, weil man mit anderen Menschen und mit seiner Gemeinschaft zusammenleben muß, und wenn man etwas tut, das allen schadet, dann leiden viele Leute darunter, und das ist irgendwie falsch, das sollte man nicht machen.

Daß andere Leute erwarten, daß man etwas tut, und daß man nicht einfach sagen kann: »Nun, ich möchte lieber dies oder das tun.« *Gibt es andere Arten von Verantwortung?* Nun, gegenüber sich selbst. Wenn etwas wirklich Spaß zu machen scheint, aber man sich verletzen könnte, wenn man es macht, weil man im Grunde nicht weiß, wie man es macht, und wenn dann die Freunde sagen: »Los, mach es, du kannst es, mach dir keine Sorgen«, wenn man wirklich Angst davor hat, dann hat man die Verantwortung sich selbst gegenüber, es nicht zu tun, wenn man glaubt, daß man sich verletzen könnte, weil man für sich selbst sorgen muß, das ist die Verantwortung, die man sich selbst gegenüber hat.

Wieder betrachtet Jake das Dilemma als eine mathematische Gleichung und leitet eine Formel ab, die die Lösung bestimmt: ein Viertel für andere, drei Viertel für einen selbst. Er beginnt mit seiner Verantwortung gegenüber sich selbst, eine Verantwortung, die er als selbstverständlich betrachtet, und überlegt dann, in welchem Maß er auch gegenüber anderen verantwortlich ist. Da er zwar von einer Prämisse des Getrenntseins ausgeht, aber anerkennt, daß »man mit anderen Menschen leben muß«, sucht er nach Regeln, um Konflikte zu begrenzen und den Schaden dadurch so gering wie möglich zu halten. Nach seiner Auffassung besteht Verantwortung in einer Begrenzung der Aktion, einer Einschränkung der Aggression, gestützt auf die Erkenntnis, daß sich seine Handlungen auf andere auswirken können, so wie deren Handlungen ihn stören können. Regeln machen deshalb das Leben in der Gemeinschaft sicherer, weil sie Konflikte begrenzen und die Autonomie durch das Prinzip der Gegenseitigkeit schützen, das heißt, daß auf andere ebenso Rücksicht genommen wird wie auf einen selbst.

Auf die Frage nach miteinander in Konflikt stehenden Verantwortungen reagiert Amy wieder kontextbezogen und nicht kategorisch: Sie sagt, »es kommt darauf an«, und weist darauf hin, daß die jeweilige Entscheidung von Unterschieden des Charakters und der Umstände beeinflußt werde. Von einer Prämisse der Verbundenheit ausgehend, forscht sie, daß man, »wenn man eine Verantwortung gegenüber jemand anderem hat, sie auch einlösen sollte« und überlegt erst dann, in welchem Maß sie eine Verantwortung gegen sich selbst hat. Die Parameter der Getrenntheit abwägend, stellt sie sich Situationen vor, in denen man vermeiden würde, sich selbst zu schaden, indem man tut, was man will, oder in denen man das Glück der anderen nicht beeinträchtigen würde, indem man so handelt. Verantwortung (*responsibility*) bedeutet für sie Antwort (*response*), eine Erweiterung und nicht eine Beschränkung des Handelns. Es impliziert für sie deshalb einen Akt der Zuwendung (*care*) und nicht eine Hemmung von Aggressivität. Wieder sucht sie nach der Lösung, die den Bedürfnissen jedes einzelnen am ehesten gerecht werden würde, und bemüht sich, das Dilemma in einer Weise zu lösen, »die alle glücklicher macht«. Da es Jake darum geht, Konflikte zu begrenzen, während Amy die Notwendigkeit einer Antwort in den Mittelpunkt stellt, lautet für ihn der einschränkende Grundsatz: »Laß dich nicht völlig von anderen leiten«, für sie hingegen tritt diese Notwendigkeit ein, wenn »andere Menschen etwas von einem erwarten«, in welchem Fall »man nicht einfach sagen kann: ›Nun, ich würde lieber dies oder das tun‹«. Das Wechselspiel zwischen diesen Reaktionen ist insofern klar, als sie, von Verbundenheit ausgehend, die Parameter der Getrenntheit zu untersuchen beginnt, während er, von Getrenntheit ausgehend, die Parameter der Verbundenheit exploriert. Aber der Primat der Getrenntheit oder der Verbundenheit führt zu unterschiedlichen Auffassungen vom Selbst und von Beziehungen.

Der auffallendste Unterschied sind die Gewaltvorstellungen in der Antwort des Jungen, die eine Welt gefährlicher Konfrontation und explosiver Beziehungen verraten, während sie eine Welt des Füreinanderdaseins und des gegenseitigen Schutzes schildert, ein Leben, das man mit anderen teilt, die man »ebensosehr oder noch mehr liebt, als sich selbst«. Da die Moralvorstellungen das Verständnis sozialer Beziehungen widerspiegeln, zeugt dieser Unterschied in den Auffassungen von Beziehungen von einer Differenz der moralischen Gebote als solchen. Für Jake bedeutet Verantwortung, *nicht zu tun,* was er will, weil er an andere denkt; für Amy bedeutet es *zu tun,* was andere von ihr erwarten, ungeachtet ihrer eigenen Wünsche. Beiden Kindern geht es darum, Schaden zu vermeiden, aber sie betrachten das Problem aus verschiedenen Perspektiven – für ihn entsteht Schaden durch das Ausleben von Aggression, für sie durch das Versäumnis, auf Appelle zu reagieren.

Wenn man die Entwicklungslinie durch die Antworten dieser beiden Kinder ziehen würde, dann würden sich zwei verschiedene Wege abzeichnen. Für Jake würde die Entwicklung darin bestehen, den anderen als gleichberechtigt anzusehen und zu entdecken, daß Gleichberechtigung die Möglichkeit eröffnet, die Beziehung gefahrlos zu machen. Für Amy würde Entwicklung bedeuten, daß sie sich selbst in ein expandierendes Netz von Verbindungen einbezieht und dabei entdeckt, daß Loslösung einen Schutz bedeuten kann und keine Isolierung nach sich ziehen muß. Angesichts dieser verschiedenen Entwicklungswege und insbesondere der unterschiedlichen Art und Weise, in der die Erfahrungen von Ablösung und Verbundenheit der Stimme des Selbst zugeordnet werden, schafft die Darstellung der Entwicklung des Jungen als einzig denkbarer Verlauf des Wachstums in der Adoleszenz für beide Geschlechter ein ständiges Problem, wenn es darum geht, die Entwicklung des Mädchens zu interpretieren.

Die Ablösung wird zur Prämisse der Entwicklung gemacht und diese als Kette gescheiterter Beziehungen dargestellt – präödipaler Bindungen, ödipaler Phantasien, präadoleszenter Freundschaften und adoleszenter Liebesbeziehungen – Beziehungen, die vor einem Hintergrund der Trennung zustande kommen, nur nach und nach verklingen und einer zunehmend nachhaltigeren Individuation weichen. Dagegen erscheint die Entwicklung des Mädchens wegen der Kontinuität der Beziehungen in ihrem Leben problematisch. Freud führt das Faktum, daß sich die Mädchen in der Pubertät nach innen kehren, auf eine Intensivierung ihres primären Narzißmus zurück, der von einem Versagen ihrer Liebes- oder »Objekt«-Beziehungen zeuge. Aber wenn man diese Wendung nach innen vor einem Hintergrund fortbestehender Verbundenheit sieht, signalisiert sie eine neue Aufgeschlossenheit für das Selbst, einen Zuwachs an Anteilnahme (*care*) und nicht ein Scheitern von Beziehungen. Auf diese Weise lenken die Mädchen, die nicht in die Beziehungsmuster zu passen scheinen, welche von männlichen Erfahrungen abgeleitet sind, das Augenmerk auf die Annahmen über Beziehungen, die die Darstellung der menschlichen Entwicklung prägten, indem sie die Vorstellungen von explosiver Verbundenheit durch Vorstellungen von gefährlicher Trennung ersetzten.

Die Bedeutung dieses Wandels geht aus einer Untersuchung der Gewaltphantasien hervor, die in Geschichten auftauchen, welche von Studenten zu Bildern des TAT verfaßt wurden, eine Untersuchung, die statistisch signifikante Geschlechtsunterschiede sowohl hinsichtlich der Orte, mit denen Gewalt assoziiert wurde, als auch hinsichtlich des Inhalts der Gewaltphantasien ergab. Die Themen der Getrenntheit und Verbundenheit stehen im Mittelpunkt dieser von Susan Pollak und mir durchgeführten Untersuchung, die auf einer Analyse von Geschichten basiert, welche zuvor als Klassenarbeit von Studenten eines Psychologieseminars über Motivation geschrieben wurden (Pollak und Gilligan, 1982). Der Studie ging die Beobachtung Pollaks voraus, daß die Geschichten, die Männer über eine friedlich wirkende Szene schrieben – das Bild eines Paares, das in der Nähe einer niedrigen Brücke an einem Fluß auf einer Bank sitzt –, bizarr erscheinende Gewaltphantasien enthielten. Mehr als 21 Prozent der 88 männlichen

Teilnehmer dieses Seminars hatten als Reaktion auf dieses Bild Geschichten geschrieben, in denen von Gewalttaten die Rede war – Mord, Selbstmord, Erstechen, Entführung oder Vergewaltigung. Im Gegensatz dazu hatte keine der 50 Frauen dieses Seminars in diese Szene Gewalttaten projiziert.

Dieses Auftreten von Gewalttätigkeit in Geschichten der Männer über Intimität erschien uns als mögliches Gegenstück zu Horners (1968) Bericht über Gewaltvorstellungen in den Geschichten von Frauen über Erfolg in Konkurrenzsituationen. Horner zitiert als Beispiel für ihre Kategorie »bizarrer oder gewalttätiger Vorstellungen«, die davon zeugen, welche negativen Folgen sich Frauen nach einem Erfolg erwarten, eine Geschichte, in der die überglückliche Anne, die soeben Klassenbeste in ihrem Medizinstudium wurde, von ihren eifersüchtigen Kommilitonen körperlich geschlagen und für ihr ganzes Leben verunstaltet wird. Die entsprechende Beobachtung von Gewalt in den Phantasien der Männer über intime Beziehungen wird durch eine Geschichte illustriert, die einer der männlichen Seminarteilnehmer über das Bild mit der Szene am Fluß schrieb:

Nick sah sein Leben vor seinen Augen vorüberziehen. Er spürte, wie die Kälte immer tiefer in seinen Körper eindrang. Wieviel Zeit war vergangen, seit er durch das Eis gebrochen war – dreißig Sekunden, eine Minute? Es würde nicht lange dauern, bis er der eisigen Kälte des Charles River Mitte Februar zum Opfer fallen würde. Wie töricht er gewesen war, sich von seinem Zimmergenossen Sam dazu anstacheln zu lassen, den zugefrorenen Fluß zu überqueren. Er hatte immer schon gewußt, daß ihn Sam haßte. Ihn haßte, weil er reich war, und ihn ganz besonders haßte, weil er mit Mary, Sams Jugendliebe, verlobt war. Aber Nick hatte bis jetzt nicht gewußt, daß ihn Mary auch haßte und in Wirklichkeit Sam liebte. Doch da saßen sie beide ruhig auf einer Bank an der Biegung des Flusses und sahen zu, wie Nick ertrank. Wahrscheinlich würden sie bald heiraten und ihre Hochzeit vermutlich mit der Lebensversicherung finanzieren, deren Nutznießerin Mary war.

Pollak und ich wiesen darauf hin, daß die Wahrnehmung von Gefahr vom Auge des Beobachters abhängt, und stellten die Frage, ob Männer und Frauen Gefahren in unterschiedlichen Situationen vermuten und Bedrohungen unterschiedlich darstellen. Nach der ursprünglichen Beobachtung, daß in den Geschichten von Männern über Intimität

Gewalttätigkeit auftritt, machten wir uns daran zu untersuchen, ob es Geschlechtsunterschiede in der Verteilung von Gewaltphantasien in Erfolgs- und Beziehungssituationen gibt und ob Gewalt von Männern und Frauen unterschiedlich mit Intimität und Erfolg in der Konkurrenz assoziiert wird. Die Ergebnisse unserer Untersuchung über Gewaltvorstellungen bestätigen insofern frühere Berichte über Geschlechtsunterschiede in Hinblick auf Aggression (Terman und Tyler, 1953; Whiting und Pope, 1973; Maccoby und Jacklin, 1974), als sie ein weitaus größeres Quantum an Gewalttätigkeit in den Geschichten von Männern ergaben. Von den 88 männlichen Teilnehmern des Motivationsseminars schrieben 51 Prozent mindestens eine Geschichte, in der Gewalttaten vorkamen, verglichen mit 20 Prozent der 50 Teilnehmerinnen, und keine einzige Frau schrieb mehr als eine Geschichte, in der von Gewalttaten die Rede war. Aber die Untersuchung ergab auch Geschlechtsunterschiede im Hinblick auf die Verteilung und den Inhalt der Gewaltphantasien, aus denen hervorgeht, daß Männer und Frauen unterschiedliche Vorstellungen von Beziehungen haben.

Vier der sechs Bilder, aus denen der Test bestand, wurden zum Zweck dieser Analyse ausgewählt, da es sich um eindeutige Illustrationen von Leistungs- und Beziehungssituationen handelte. Zwei der Bilder zeigen einen Mann und eine Frau in enger persönlicher Verbundenheit – das Paar auf der Bank am Fluß und zwei Trapezkünstler, die einander an den Handgelenken halten, wobei der Mann an den Knien vom Trapez hängt und die Frau durch die Luft schwingt. Zwei Bilder zeigen Leute bei der Arbeit in unpersönlichen Leistungssituationen – ein Mann sitzt in einem hohen Bürogebäude allein an seinem Schreibtisch, und zwei Frauen in weißen Mänteln arbeiten in einem Labor, wobei die Frau im Hintergrund zusieht, wie die Frau im Vordergrund mit den Reagenzgläsern hantiert. Die Studie konzentriert sich auf einen Vergleich zwischen den Geschichten, die über diese beiden Bildpaare geschrieben wurden.

Die männlichen Teilnehmer des Seminars, als Gruppe betrachtet, projizierten mehr Gewalt in Situationen persönlicher Bindung als in unpersönliche Leistungssituationen. 25 Prozent der Männer schrieben gewaltträchtige Geschichten nur über die Beziehungsbilder, 19 Prozent sowohl über die Beziehungs- als auch über die Leistungsbilder und 7 Prozent nur über die Leistungsbilder. Im Gegensatz dazu projizierten die Frauen mehr Gewalttätigkeit in die unpersönlichen Leistungssituationen als in die Beziehungssituationen; 16 Prozent der Frauen assoziierten Gewalttätigkeit mit den Leistungsbildern und nur 6 Prozent mit den Beziehungsbildern.

So wie die von einem Mann verfaßte Geschichte über Nick die Assoziation von Gewalt mit Intimität illustriert, so kann die von einer Frau geschriebene Geschichte über Miss Hegstead als Beispiel für Gewaltprojektionen in Leistungssituationen und die Assoziation von Gefahr mit Erfolg im Wettbewerb dienen:

> Wieder so ein langweiliger Tag im Labor, und die fiese, ewig mekkernde Miss Hegstead piesackt die Schüler ständig. Hegstead ist schon seit vierzig Jahren an der Needham Country High School, und die Chemiestunden sind bei ihr ewig gleich. Sie beobachtet Jane Smith, die Klassenbeste. Sie geht immer zu Jane hin und weist die anderen Schüler daraufhin, daß Jane die Experimente immer richtig mache und Jane die einzige Schülerin sei, die wirklich viel lerne etc. Miss Hegstead ahnt nicht, daß Jane Arsen zusammenbraut, das sie ihr nachmittags in den Kaffee mischen wird.

Wenn man Aggression als eine Reaktion auf die Wahrnehmung von Gefahr betrachtet, dann ergeben die Befunde der Gewaltprojektionen-Untersuchung, daß Männer und Frauen in unterschiedlichen sozialen Situationen Gefahr wahrnehmen und unterschiedliche Vermutungen in bezug auf Gefahr haben – Männer verknüpfen Gefahr häufiger mit enger persönlicher Bindung als mit Leistung und vermuten, daß Gefahr durch Intimität entsteht, Frauen verbinden Gefahr mit unpersönlichen Leistungssituationen und vermuten, daß sie aus Erfolg im Wettbewerb resultiert. Die Gefahr, die Männer in ihren Geschichten über intime Szenen beschreiben, besteht oft darin, in eine Falle zu gehen oder verraten zu werden, sich in eine erstickende Beziehung zu verstricken oder durch Ablehnung und Betrug gedemütigt zu werden. Im Gegensatz dazu ist die Gefahr, die Frauen in ihren Geschichten über Leistungssituationen erzählen, eine Gefahr der Isolierung, eine Furcht, daß sie alleingelassen werden könnten, wenn sie durch ihren Erfolg herausragen oder von den anderen abgesondert werden. In der Geschichte über Miss Hegstead ist die einzige erkennbare Ursache der Gewalttätigkeit das Faktum, daß Jane als beste Schülerin hervorgehoben und dadurch von ihren Mitschülern abgesondert wurde. Sie revanchiert sich, indem sie Arsen herstellt, das sie der Lehrerin in den

Kaffee mischen will; doch das einzige, was ihr Miss Hegstead angetan hat, war, Jane für ihren Fleiß zu loben.

Je enger die Menschen auf den Bildern in Kontakt miteinander sind, desto stärker nehmen die Gewaltprojektionen in den Geschichten der Männer zu, während in den Geschichten der Frauen um so mehr von Gewalt die Rede ist, je mehr Distanz zwischen den Personen vorhanden ist. Die Seminarteilnehmerinnen projizierten Gewalt am häufigsten in das Bild des Mannes am Schreibtisch (das einzige Bild, auf dem eine Einzelperson zu sehen ist), während die männlichen Teilnehmer Gewalt am häufigsten mit der Szene der Akrobaten auf dem Trapez assoziierten (das einzige Bild, auf dem sich Menschen berührten). Es scheint somit, daß Männer und Frauen Zusammensein und Getrenntsein unterschiedlich erleben und daß jedes der beiden Geschlechter Gefahren wahrnimmt, die das andere nicht sieht – Männer im Zusammensein, Frauen im Getrenntsein.

Aber da die Gefahrprojektion der Frauen von den üblichen Erwartungen abweicht, wonach die Akrobaten in weitaus größerer Gefahr zu sein scheinen als der Mann am Schreibtisch, stellt ihre Wahrnehmung auch die übliche Interpretationsweise in Frage. Geschlechtsunterschiede im Hinblick auf Aggression werden gewöhnlich interpretiert, indem man die männliche Reaktion zur Norm erhebt, so daß die fehlende Aggression bei Frauen als das zu erklärende Problem erscheint. Die divergierende Lokalisierung von Gewalt in den von Männern und Frauen verfaßten Geschichten wirft in der Tat die Frage auf, warum Frauen die Situation der Akrobaten als ungefährlich betrachten.

Die Antwort darauf erhalten wir aus der Analyse der Geschichten über die Trapezszene. Obwohl auf dem Bild zu sehen ist, daß die Akrobaten hoch droben in der Luft ohne Netz arbeiten, fügten 22 Prozent der Frauen in der Untersuchung ein Netz in ihre Geschichten ein. Im Gegensatz dazu vermuteten nur 6 Prozent der Männer das Vorhandensein eines Netzes, während 40 Prozent entweder ausdrücklich auf das Fehlen eines Netzes hinwiesen oder dieses implizierten, indem sie einen oder beide Akrobaten zu Tode stürzen ließen. Die Frauen empfanden somit die Szene auf dem Trapez als ungefährlich, weil sie sie durch das Hinzuerfinden von Netzen, die das Leben der Akrobaten im Falle eines Sturzes schützen würden, ungefährlich gemacht hatten. Männer, die sich bei der Trapezszene kein Netz vorstellen, sind, wenn sie die Reaktionen der Frauen interpretieren, schnell dazu bereit, das Fehlen von Gewalt in den Geschichten der Frauen eher auf ein Leugnen von Gefahr oder eine Verdrängung von Aggression zurückzuführen (May, 1981) als auf die Vorsichtsmaßnahme, durch die die Frauen das Leben der Akrobaten schützen. Da sich Frauen das Verhalten vorstellen, durch das Beziehungen geknüpft und Bindungen aufrechterhalten werden, erscheint ihnen die Welt der Intimität – die für die Männer etwas so Geheimnisvolles und Bedrohliches hat – mehr kohärent und gefahrlos.

Wenn Aggressivität, wie Frauen vermuten, mit dem Bruch menschlicher Bindungen einhergeht, dann sind die Akte der Zuwendung, wie aus ihren Phantasien hervorgeht, dasjenige, was die soziale Welt sicher macht, indem es Isolierung vermeidet und Aggression verhindert, statt deren Ausmaß durch Regeln begrenzen zu wollen. In diesem Licht erscheint Aggression nicht mehr als schwer beherrschbarer Impuls, der unter Kontrolle gebracht werden muß, sondern vielmehr als ein Signal des Zusammenbruchs von Bindungen, als Anzeichen des Scheiterns von Beziehungen. Aus dieser Perspektive verrät die Häufigkeit von Gewaltphantasien bei Männern, die von einer Welt zeugen, wo überall Gefahren gewittert werden, ein Problem im Herstellen und Aufrechterhalten von Bindungen, welches bewirkt, daß Beziehungen in die Brüche gehen und Trennungen zu gefährlicher Isolierung führen. Durch die Umkehrung der üblichen Interpretationsweise, die das Fehlen von Aggression bei Frauen auf ein Ablösungsproblem zurückführt, wird es möglich, das gehäufte Auftreten von Gewalt in den Geschichten der Männer, ihre merkwürdige Lokalisierung im Kontext intimer Beziehungen und ihre Assoziierung mit Verrat und Betrug als Anzeichen eines Bindungsproblems zu sehen, das bewirkt, daß Beziehungen als gefährlich empfunden werden und Sicherheit in der Trennung gesucht wird. An Regeln gebundene Konkurrenz- und Leistungssituationen, die für Frauen das Netz der Bindungen bedrohen, bieten Männern einen Beziehungsmodus, der klare Grenzen zieht, Aggressivität einschränkt und dadurch vergleichsweise sicher erscheint.

Eine Geschichte, die eine der Teilnehmerinnen über die Akrobaten auf dem Trapez geschrieben hat, kann als Beispiel dieser Beobachtungen dienen. Denn sie stellt den üblichen Gegensatz zwischen Leistung und Bindung in Frage, indem sie das Fortbestehen der Beziehung als Voraussetzung des Erfolgs darstellt:

Das sind die *Flying Gypsies*, und sie führen eben ihre Nummer im *Ringling Brothers Circus* vor, weil sie hoffen, dort groß herauszukommen. Sie sind das letzte Team, das sich um dieses Engagement bewirbt, und sie bringen eine sehr gute Leistung. Sie haben Angst und Stil, aber sie benutzen ein Sicherheitsnetz, auf das einige der anderen Teams verzichteten. Die Zirkusleitung erklärt, man werde sie engagieren, wenn sie ohne Netz arbeiten, aber die *Gypsies* sind sich einig, daß sie lieber länger leben und auf das Engagement verzichten wollen, als sich auf ein solches Risiko einzulassen. Sie wissen, daß ihre Nummer ruiniert ist, wenn sich einer der beiden verletzt, und sie halten es für sinnlos, ein solches Risiko auf sich zu nehmen.

Für die *Gypsies* in der Geschichte steht nicht das große Engagement bei dem Zirkus an oberster Stelle, sondern das Wohlbefinden der beiden Beteiligten. Sie können sich die Konsequenzen eines Erfolgs vorstellen, den sie nur erreichen, indem sie ihr Leben aufs Spiel setzen, und verzichten daher lieber auf das Engagement als auf das Netz. Sie schützen damit nicht nur ihr Leben, sondern auch ihre Nummer, die »ruiniert wäre, wenn einer von beiden verletzt würde.«

Während Frauen somit die Regeln zu ändern versuchen, um Beziehungen zu bewahren, stellen Männer, die sich an diese Regeln halten, Beziehungen als leicht ersetzbar dar. Sie projizieren die meiste Gewalt in diese Szene und schreiben Geschichten über Untreue und Betrug, die damit enden, daß der männliche Artist die Frau fallen läßt, wobei zu vermuten ist, daß er die Beziehung ersetzen und die Nummer weitermachen wird:

Die Trapezkünstlerin ist mit dem besten Freund des Artisten verheiratet, der gerade (vor der Vorstellung) entdeckt hat, daß sie seinen Freund (ihren Mann) betrogen hat. Er hat sie damit konfrontiert und sie aufgefordert, es ihrem Mann zu sagen, aber sie hat sich geweigert. Da er nicht den Mut hat, es ihm selbst zu sagen, fingiert der Artist einen Unfall, während sie 30 Meter über dem Boden sind, und läßt die Frau mitten im Fluge aus seinen Händen gleiten. Sie wird bei dem Sturz getötet, aber er fühlt sich nicht schuldig, weil er glaubt, seinen Freund gerächt zu haben.

Die Häufigkeit von Gewaltphantasien bei Männern, wie die explosiven Bilder, die im Moralurteil des elfjährigen Jungen auftreten, und seine Befürwortung von Diebstahl als bestes Mittel, um ein Dilemma zu lösen, entspricht der Auffassung, daß Aggression eine beherrschende Rolle in den menschlichen Beziehungen spiele. Aber diese männlichen Phantasien und Vorstellungen enthüllen auch eine Welt, in der Bindungen zerbrechen und die Kommunikation scheitert, in der Verrat droht, weil es keine Möglichkeit zu geben scheint, die Wahrheit zu wissen. Auf die Frage, ob er je darüber nachdenke, ob die Dinge wirklich seien oder nicht, antwortet der elfjährige Jake, daß er sich oft frage, ob Menschen wirklich die Wahrheit sagten, »beispielsweise, wenn einer meiner Freunde sagt, ›O ja, er hat das gesagt‹, und manchmal frage ich mich dann, ›sagt er wirklich die Wahrheit?‹« Überzeugt, daß die Wahrheit in der Mathematik und die Sicherheit in der Logik zu finden sei, sieht er sich »ohne Anhaltspunkte«, um die Wahrheit im Englischunterricht oder in persönlichen Beziehungen herauszufinden.

Obwohl Aggression als angeboren betrachtet wurde und man Ablösung als notwendig zu deren Eindämmung erachtete, scheint die Gewalttätigkeit in den Phantasien der Männer eher auf ein Kommunikationsproblem und eine Unwissenheit in bezug auf menschliche Beziehungen zurückzuführen zu sein. Aber so wie die elfjährige Amy darangeht, Verbindungen herzustellen, wo Kohlberg von deren Scheitern ausgeht, und so wie Frauen Sicherheitsnetze erfinden, wo Männer von Mord und Totschlag phantasieren, so liefern Frauen generell ihren eigenen Kommentar zum Problem der Aggression, mit dem beide Geschlechter konfrontiert sind: Sie lokalisieren das Problem in der Isolierung des Selbst und im hierarchischen Aufbau der menschlichen Beziehungen.

Freud, der in *Das Unbehagen in der Kultur* (1930) zu den Themen von Kultur und Moral zurückkehrt, die ihn in seiner Jugend so stark beschäftigt hatten, beginnt mit der Frage nach den Maßstäben, mit der Frage »was im Leben von wirklichem Wert« sei. Er nimmt Bezug auf einen Brief von Romain Rolland, in dem dieser schrieb, nichts beglücke den Menschen mehr als ein »Gefühl der ›Ewigkeit‹«, ein »ozeanisches« Gefühl. Bei aller Ehrerbietung aber gegenüber seinem Freund weist Freud dieses Gefühl als eine Illusion zurück, da er »dieses ozeanische Gefühl nicht (in sich) entdecken kann«. Er beschreibt dieses Gefühl als »ein unauflösliches Band des Einsseins mit der äußeren Welt als Ganzen« und erklärt: »An meiner Person konnte ich mich von der primären Natur eines solchen Gefühls nicht überzeugen. Darum darf ich aber sein tatsächliches Vorkommen bei anderen nicht bestreiten. Es fragt sich nur, ob es richtig gedeutet wird . . .« (S. 45).

Doch obwohl er das Interpretationsproblem anspricht, verwirft er die von ihm angeschnittene Frage sofort wieder und lehnt den Primat eines Gefühls der Verbundenheit mit der Begründung ab, dieses passe so schlecht in unsere psychische Struktur. Von dieser Behauptung ausgehend unterzieht er dieses Gefühl einer »psychoanalytischen – das heißt einer genetischen Deutung«, indem er dieses Gefühl der Verbundenheit von einem ursprünglicheren Gefühl des Getrenntseins ableitet.

Im Mittelpunkt von Freuds Argumentation steht das »Gefühl unseres Selbst, unseres eigenen Ichs«, das »uns als etwas Autonomes und Einzigartiges, deutlich von allen übrigen Unterschiedenes erscheint«. Obwohl er sofort darauf hinweist, daß »dieser Eindruck täuscht«, liegt die Täuschung, von der er spricht, nicht im Versäumnis, die Verbindung zwischen dem Selbst und den anderen zu erkennen, sondern im Versäumnis, die Verbindung zwischen dem Ich und dem unbewußten Es zu sehen, »für das es als eine Art Fassade dient«. In seiner genetischen Deutung führt er das Gefühl der Verschmelzung auf das Unvermögen des Kindes zurück, sein Ich als Quelle der Empfindungen von der äußeren Umwelt zu unterscheiden. Diese Unterscheidung kommt schließlich durch das Frustrationserlebnis zustande, wenn dem Säugling seine äußeren Reizquellen verlorengehen, »vor allem die Brust seiner Mutter – und erst wiederkehren, nachdem er um Hilfe geschrien hat«. In diesem Schreien um Hilfe erblickt Freud die Geburt des Selbst, die Trennung des Ichs vom Objekt, die bewirkt, daß Empfindungen im Selbst lokalisiert werden, während andere zu Objekten der Befriedigung werden.

Diese Trennung des Selbst von der äußeren Welt setzt jedoch nicht nur den Differenzierungsprozeß in Gang, sondern auch das Streben nach Autonomie, den Wunsch, die Kontrolle über die Lustquellen und -objekte zu erlangen, um die Möglichkeiten des Glücks vor den Gefahren der Enttäuschung und des Verlusts zu schützen. An die Stelle der Verbundenheit – die von Freud mit »kindlicher Hilflosigkeit« und »grenzenlosem Narzißmus«, verbunden mit Illusionen und der Leugnung von Gefahr assoziiert wird – tritt somit die Trennung. Die mit Aggression einhergehende Selbstbehauptung wird somit die Grundlage von Beziehungen. Die primäre Trennung, entstanden durch Enttäuschung und begleitet von Zorn, läßt somit ein Selbst entstehen, dessen Beziehungen zu anderen oder »Objekten« dann durch Regeln geschützt werden müssen, durch eine Moral, die dieses explosive Potential eindämmt und »die wechselseitigen Beziehungen der Menschen in der Familie, im Staat und in der Gesellschaft regelt«.

Freud deutet jedoch an, daß es eine Sensibilität zu geben scheint, die sich von seiner eigenen unterscheidet, einen Geisteszustand, der anders ist als derjenige, auf dem er seine Psychologie aufbaut, eine »einzige Ausnahme« der »primären gegenseitigen Feindseligkeit der Menschen«, der »Aggressivität«, die die »Basis jeder Beziehung der Zuneigung und Liebe zwischen den Menschen bildet«, und diese Ausnahme sei in der Erlebniswelt der Frauen zu finden, im »Verhältnis der Mutter zu ihrem männlichen Kind«. Wieder erscheinen die Frauen hier als die Ausnahme der für Beziehungen geltenden Regel, weil sie eine Liebe beweisen, die nicht mit Zorn vermischt ist, eine Liebe, die weder durch Trennung entsteht, noch durch ein Gefühl des Einsseins mit der gesamten äußeren Welt, sondern vielmehr durch ein Gefühl der Verbundenheit, durch ein primäres Band zwischen dem anderen und dem Selbst. Aber diese Liebe der Mutter kann vom Sohn nicht erwidert werden, sagt Freud, da er sich dadurch »auf höchst gefährliche Weise von einem Teil der äußeren Welt, nämlich seinem erwählten Liebesobjekt abhängig machen würde und äußerstes Leid riskierte, falls er von diesem Objekt abgelehnt würde oder es durch Treulosigkeit oder Tod verlöre«.

Obwohl Freud, der bemerkt, daß »wir nie so wehrlos gegen Leid sind, als wenn wir lieben«, die Entwicklung der Abwehr von Zorn und Gewissen zur Zivilisation und Schuldgefühlen verfolgt, erschiene mir die interessantere Frage doch die, warum die Mutter bereit ist, das Risiko auf sich zu nehmen. Da ihr Lieben ebenfalls mit der Möglichkeit von Enttäuschung und Verlust verbunden ist, dürfte die Antwort vielleicht in einem anderen Erleben von Verbundenheit und einer anderen Reaktionsweise liegen. Im gesamten Werk Freuds bleiben Frauen die Ausnahme in seiner Darstellung von Beziehungen, sie lassen ein durchgehendes Thema erklingen, eine Erlebnisweise der Liebe, die, wie man sie auch nennen mag – narzißtisch oder zivilisationsfeindlich –, nicht Trennung als Grundlage zu haben scheint. Aus

63

dieser alternativen Sicht erscheint das Selbst weder in der Isolierung gestrandet und nach Hilfe rufend noch in einer Verschmelzung mit dem Weltganzen sich verlierend, sondern in eine unauflösliche Form von Beziehung eingebunden, die unverkennbar anders, aber schwer zu beschreiben ist.

Frauen, die angesichts von Trennung und Verlust ein dauerhaftes Gefühl der Verbundenheit beweisen, geben Zeugnis von einer Selbst-Erfahrung, die, so sehr sie sich von Freuds Darstellung unterscheidet, unmittelbar das Aggressionsproblem anspricht, mit dem er sich zuletzt auseinandersetzt, das Problem, »wie man das größte Hindernis für die Zivilisation beseitigen könnte«, die Aggressivität und die Abwehr dagegen, die »ebensoviel Unglück verursacht wie die Aggression als solche«. Freud sieht eine Lösung dieses Problems in einem primären Gefühl der Verbundenheit, nicht einem ozeanischen Gefühl, sondern in einem »altruistischen Impuls«, der zu einer Form von Beziehungen zu anderen führt, die im »Wunsch nach Vereinigung« mit ihnen wurzeln. Obwohl Freud den Drang zur Vereinigung mit anderen als antagonistisch für die individuelle Entwicklung bezeichnet, skizziert er hier einen Entwicklungsweg, der in seiner früheren Darstellung fehlt, einen Weg, der nicht von der Aggression zur Ablösung, sondern von der Differenzierung zur Interdependenz führt. Indem er diesen Impuls als »altruistisch« bezeichnet, spielt Freud auf eine andere Moralvorstellung an, die nicht darauf abzielt, Aggression einzudämmen, sondern Verbundenheit zu fördern.

Neben dem von Freud geschilderten Konflikt zwischen Glück und Kultur, in dem Moral die zentrale Rolle spielt und die Gefahr der Liebe in das Unbehagen an der Zivilisation transformiert – ein Drama, das ein fragwürdiges Licht auf die Rolle der »Liebe beim Entstehen des Gewissens und die fatale Unvermeidbarkeit von Schuldgefühlen« wirft –, beginnt sich somit ein anderes Szenarium abzuzeichnen. In diesem anderen Licht erscheint Verbundenheit als primärer Aspekt sowohl der Individualpsychologie als auch des zivilisierten Lebens schlechthin, statt eine Illusion zu sein oder einen explosiven oder transzendentalen Charakter anzunehmen. Nachdem »das menschliche Individuum am Entwicklungsweg der Menschheit teilnimmt, während es gleichzeitig seinem eigenen Lebensweg folgt«, beginnt das Getrenntsein plötzlich als ebenso illusorisch zu erscheinen wie vorher die Verbundenheit. Dieses Gefühl der Verbundenheit in das Gefüge seiner

Psychologie einzubauen würde jedoch, wie Freud weiß, nicht nur dem Triebleben eine andere Färbung geben, sondern auch seiner Darstellung des Selbst und seiner Schilderung der Beziehungen.

Das »männliche Muster« in der Phantasie, das Robert May (1980) in seiner Untersuchung der Geschlechtsunterschiede in der projektiven Imagination als »Stolz« identifiziert, führt von »Aufstieg« zu »Entbehrung« und bildet somit eine Fortsetzung der Darstellung Freuds, wonach die Entwicklung nach dem Zerreißen der ursprünglichen Verbundenheit über das Erlebnis der Ablösung zu einem irreparablen Verlust führt, ein glorreicher Höhenflug, gefolgt von einem katastrophalen Sturz. Das Muster der weiblichen Phantasie, das May als »Zuwendung« (*caring*) bezeichnet, entfaltet sich dagegen in einer Weise, die noch weitgehend unerforscht ist; es ist eine Geschichte der Entbehrung, gefolgt von Wachstum, bei der die Verbundenheit nach vorübergehenden Trennungen am Ende erhalten oder wiederhergestellt wird. Frauen, die das Leben nicht als eine Aufeinanderfolge, sondern als ein Geflecht von Beziehungen begreifen, stellen nicht die Suche nach einer Bindung, sondern das Streben nach Autonomie als illusorisch und gefährlich dar. Die Entwicklung der Frauen weist somit auf eine andere Geschichte der menschlichen Bindungen hin, in der Kontinuität und Wechsel in den Konstellationen und nicht Austauschbarkeit und Trennung hervorgehoben wird, in der Verlust eine andere Reaktion auslöst und die Metapher des Wachstums eine andere Auslegung erfährt.

Jean Baker Miller (1976) zählt die Probleme auf, die sich stellen, wenn alle Bindungen im Lichte von Herrschaft und Unterordnung gesehen werden, und bemerkt dann, daß »die Parameter der weiblichen Entwicklung nicht dieselben sind wie die der männlichen und daß nicht dieselben Begriffe zu ihrer Darstellung taugen« (S. 86). Sie findet in der Psychologie keine Sprache, um die Struktur des weiblichen Selbstgefühls zu beschreiben, das »um die Fähigkeit organisiert ist, Bindungen und Beziehungen herzustellen und aufrechtzuerhalten« (S. 83). Aber sie sieht in dieser psychischen Struktur das Potential für »höher entwickelte, kontaktfreudigere Lebensweisen – eine Abkehr von den gefährlichen Verhaltensmustern der Gegenwart«, wo das Selbstgefühl nicht mehr mit dem Glauben an die Wirksamkeit der Aggression verknüpft ist, sondern mit der Einsicht in die Notwendigkeit der Verbundenheit (S. 86). In ihrer Darstellung der Möglichkeiten einer kreativeren und kooperativeren Lebensweise plädiert Miller nicht nur für soziale Gleichberechtigung, sondern auch für eine neue Sprache in der Psychologie, die die Werte der Fürsorge (*care*) und Verbundenheit dem Vokabular der Ungleichheit und Unterdrückung gegenüberstellt, und sie meint, diese neue Sprache werde sich durch die Art und Weise ergeben, wie Frauen Beziehungen erleben.

Solange es diese Sprache noch nicht gibt, spiegelt sich das Interpretationsproblem, das die Psychologen daran hindert, die Erfahrungen der Frauen zu verstehen, in dem Problem, das für Frauen dadurch entsteht, daß ihre Erfahrungen entweder überhaupt nicht oder verzerrt dargestellt werden. Wenn die Verknüpfungen des Beziehungsgeflechts durch die hierarchische Anordnung der Beziehungen aufgelöst werden, wenn Netze als gefährliche Fallen dargestellt werden, die die Flucht verhindern, statt uns vor dem Absturz zu schützen, müssen sich Frauen schließlich fragen, ob ihre eigenen Wahrnehmungen real sind und ob das, was sie aus eigener Erfahrung wissen, wahr ist. Diese Fragen stellen sich nicht als abstrakte philosophische Spekulationen über die Natur der Realität und der Wahrheit, sondern als persönliche Zweifel, die das Selbstgefühl der Frauen aushöhlen und ihre Fähigkeit beeinträchtigen, aufgrund ihrer eigenen Wahrnehmungen zu handeln, und dadurch auch ihre Bereitschaft schmälern, die Verantwortung für ihr Handeln zu übernehmen. Dieses Problem wird in der Adoleszenz, wenn das Denken reflektiv wird und das Interpretationsproblem im Entwicklungsfluß auftaucht, zu einem zentralen Dilemma der weiblichen Entwicklung.

Die zwei elfjährigen Kinder, die man aufgefordert hatte, ihre Erfahrungen mit moralischen Konflikten und Entscheidungen zu beschreiben, nehmen die Themen der männlichen und weiblichen adoleszenten Entwicklung vorweg, indem sie gewissermaßen dieselbe Geschichte erzählen, aber aus sehr unterschiedlichen Perspektiven. Beide Kinder berichten über eine Situation in der Schule, in der sie vor der Entscheidung standen, etwas zu sagen oder nicht. Jake stand vor diesem Dilemma, als er sich entschloß, gegen Ungerechtigkeit aufzutreten und die Einhaltung von Regeln zu fordern, um einen Freund zu schützen, der in »unfairer Weise« von einem anderen Freund verprügelt und verletzt worden war. Nachdem er mit seinem Freund zum Direktor gegangen war, um über den Vorfall zu berichten, fragt er sich, ob er jenem anderen Freund erzählen soll, daß er den Direktor informiert hat. Da dieser Freund den anderen nur als Reaktion auf eine Provokation verprügelt hatte, würde er ihn, wenn er schwieg, einer Vergeltung aussetzen, die in seinem Fall ungerecht wäre.

In seiner Schilderung des Dilemmas konzentriert sich Jake auf die Frage, ob es in diesem Fall richtig sei oder nicht, gegen seinen Grundsatz zu verstoßen, »zu praktizieren, was ich predige«, in diesem Fall sein Wort zu halten, niemanden wissen zu lassen, daß der Direktor informiert worden war. Sein Problem besteht darin, ob er seine Handlung, nämlich den Freund zu informieren, als fair empfinden kann, ob seine verschiedenen Schutzmaßnahmen für die beiden Freunde, um die es ihm geht, mit seinen moralischen Maßstäben vereinbar wären. Wenn sein Verhalten seiner Vorstellung von Gerechtigkeit entspricht, dann wird er sich nicht »schämen« und wird »bereit sein, sich zu seiner Handlungsweise zu bekennen; wenn nicht, sagt er, wird er sich selbst und seinen Freunden gegenüber zugeben müssen, einen Fehler gemacht zu haben«.

Amys Dilemma entsteht dadurch, daß sie eine Freundin ein Buch nehmen sah, das einer anderen gehörte. Sie betrachtet das Problem als einen Loyalitätskonflikt, eine Frage des Übernehmens von Verantwortung in Beziehungen, und sie fragt sich, ob sie es riskieren soll, der einen Freundin zu schaden, indem sie auf den Schaden reagiert, der einer anderen zugefügt wurde. Sie ist unschlüssig, wie sie sich angesichts des Erlebten verhalten soll, da nach ihrem Verständnis sowohl das Sprechen als auch das Schweigen eine Reaktion darstellt. Während Jake überlegt, ob er gegen seine Grundsätze verstoßen und sein Wort nicht halten soll, das heißt, ob er aus Loyalität gegenüber einem Freund von seinen Prinzipien abweichen soll, ist Amy unschlüssig, ob sie eine Freundschaft aufs Spiel setzen soll, um einem Maßstab zu genügen, der ihr wichtig ist, dem Anspruch des Teilens und Füreinanderdaseins, (care) dem Anspruch, Menschen vor Schaden zu bewahren. Von diesem Anspruch ausgehend, überlegt sie, wie groß der Schaden für die beiden Freundinnen sein könnte, und konzentriert sich auf die Parameter der Situation, um abzuschätzen, welche Konsequenzen ihre Handlungsweise wahrscheinlich haben würde. Während sich Jake fragt, ob er durch sein freundschaftliches Handeln gegen seine persönliche Integrität verstoßen wird, macht sich Amy Sorgen, ob sie durch ihr Festhalten an ihren Überzeugungen einer Freundin schaden könnte.

Als sie ihre Überlegungen schilderte, gab Amy den inneren Dialog der Stimmen wieder, auf die sie hörte – einen Dialog, der sowohl die Stimmen der anderen als auch ihre eigene einschloß:

Niemand wird je wissen, daß ich es gesehen habe, und niemand wird es mir vorwerfen, aber dann fängt man an, dazusitzen und darüber nachzudenken und zu denken, daß es eine immer wissen wird – ich werde immer wissen, daß ich es nicht gesagt habe, und ich fühle mich wirklich schlecht dabei, weil meine Freundin dasitzt: »Hat jemand mein Buch gesehen? Wo ist es? Hilfe! Ich brauche mein Buch für die nächste Stunde. Hilfe! Es ist nicht da. Wo ist es?« Und ich glaube, wenn man das weiß, ist es wichtiger, es zu sagen, und man weiß, daß man nicht petzt oder so, weil es einfach besser ist, es zu sagen.

So wie durch das Hören des Hilferufs der anderen aus dem Nichtsagen ein Nichtkümmern wird, so ist das Sagen kein Petzen, wenn es in diesem Kontext von Beziehungen gestellt wird. Aber diese kontextbezogene Art der Analyse hat zur Folge, daß sich Interpretationen leicht ändern können, da ein veränderter Beziehungskontext ihren Akt der Anteilnahme in einen Akt des Verrats verwandeln würde.

Da sich Amy bewußt ist, daß die anderen wahrscheinlich nicht wissen, was sie gesehen und gehört hat, und da sie weiß, wie leicht ihr Verhalten falsch gedeutet werden kann, fragt sie sich, ob es besser wäre, nichts zu sagen, oder zumindest nicht zu sagen, daß sie es gesagt hat. Wenn es bei den Geheimnissen der männlichen Adoleszenz also darum geht, Bindungen aufrechtzuerhalten, die in der Logik der Fairneß keinen Platz haben, so geht es bei dem Dilemma des Mädchens darum, ihre eigene Stimme zum Schweigen zu bringen, ein Schweigen, das durch den Wunsch erzwungen ist, anderen nicht zu schaden, aber auch durch die Furcht, ihre Stimme könne, wenn sie spricht, nicht gehört werden.

Dieses Schweigen führt uns wieder in die Vorstellungswelt des Persephone-Mythos, in dem sich das geheimnisvolle Verschwinden des weiblichen Selbst in der Adoleszenz spiegelt, ein Verschwinden in einer Unterwelt, das geheimgehalten wird, weil es von anderen als selbstsüchtig und falsch gebrandmarkt wird. Sobald sich die Erfahrung des Selbst und das Verständnis für Moral mit der Entwicklung des reflektiven Denkens in der Adoleszenz verändern, werden Fragen bezüglich Identität und Moral zu einem Interpretationsproblem. So wie sich das Dilemma des elfjährigen Mädchens, ob sie auf sich selbst hören soll oder nicht, über die ganze Spanne der Adoleszenz erstreckt, so werden die Schwierigkeiten der Psychologen, die Stimmen der Frauen zu hören, noch durch die Schwierigkeiten der Frauen verstärkt, ihre eigenen Stimmen zu vernehmen. Diese Schwierigkeit geht aus dem Bericht einer jungen Frau über ihre Identitätskrise und ihr moralisches Dilemma hervor – eine Krise, bei der es darum ging, ihre Stimme aus den Stimmen der anderen herauszuschälen und eine Sprache zu finden, die ihrer Erfahrung von Beziehungen und ihrem Selbstgefühl entspricht.

Claire, eine Teilnehmerin der Studentenuntersuchung, wurde zuerst in ihrem letzten Studienjahr und dann nochmals im Alter von 27 Jahren interviewt. Als sie im ersten Interview aufgefordert wurde, sich selbst zu beschreiben, antwortete sie, sie sei »verwirrt«, und fügte hinzu, daß sie »imstande sein sollte zu sagen, ›nun, ich bin so und so‹«, aber statt dessen sei sie »jetzt unsicherer als je zuvor«. Sie sei sich bewußt, daß »Leute mich in einer bestimmten Weise sehen«, und sie habe bemerkt, daß diese Vorstellungen widersprüchlich und einengend seien, »daß ich mich irgendwie von allen Seiten gedrängt fühle und in der Mitte festsitze: Ich sollte eine gute Mutter und Tochter sein; ich sollte als Studentin draufgängerisch und energiegeladen und karriereorientiert sein.« Als dieses Gefühl, in der Mitte festzusitzen, in ihrem letzten Studienjahr dem Gefühl wich, zum Handeln genötigt zu werden, »gedrängt zu werden, selbst Entscheidungen für mich zu treffen«, hat sie »angefangen zu erkennen, daß alle diese verschiedenen Rollen einfach nicht genau richtig für mich sind«. Sie kommt deshalb zu dem Schluß:

Ich bin nicht unbedingt die Art von Freundin, die ich sein sollte oder als die ich gesehen wurde, und ich bin nicht unbedingt die Art von Tochter, als die ich gesehen wurde. Man wächst auf und sieht sich schließlich so, wie andere Leute einen sehen, und es ist sehr schwierig, das plötzlich auseinanderzuklauben und zu begreifen, daß einem wirklich niemand anderer diese Entscheidungen abnehmen kann.

Als sie in ihrem Abschlußjahr vor der Notwendigkeit steht, eine Entscheidung zu treffen, was sie im nächsten Jahr tun soll, versucht sie, ihre Wahrnehmung von sich von den Wahrnehmungen der anderen zu trennen, sich selbst unmittelbar und nicht mit den Augen der anderen zu sehen:

Lange Zeit habe ich mich selbst so gesehen, wie mich andere Menschen sehen wollten. Ich meine, es hat meinem Freund wirklich gefallen, eine Frau zu haben, die Englischprofessorin war, und ich habe es deshalb in meinem Bewußtsein irgendwie zurückgedrängt, daß ich das nicht machen wollte; ich hatte das Gefühl, vielleicht will ich das wirklich. Ich fing an, all die positiven Seiten daran zu sehen, weil ich es mit seinen Augen sah, aber dann wurde mir plötzlich irgendwie klar, daß ich das nicht mehr tun kann. Ich kann wirklich nicht, verstehen Sie, ich muß damit aufhören und mich selbst so sehen, wie es mir entspricht; und dann wurde mir klar, nein, das ist alles so muffig, und diese akademische Welt ist nicht unbedingt *das Richtige für mich*, obwohl ich die ideale Gattin in dieser Situation wäre. Jetzt bin ich natürlich mit der Frage konfrontiert, was ist richtig für mich, und das ist sehr schwer zu beantworten, weil ich gleichzeitig das Gefühl habe, nicht erwachsen werden zu können.

Sobald sie sich selbst also direkter anschaut, wird aus der moralischen Frage, was ist »richtig«, die Frage, was ist »richtig für mich«. Mit dieser Herausforderung konfrontiert, zuckt sie sofort zurück, als sie das Gefühl hat, »nicht erwachsen werden zu können«.

Die Aufforderung des Interviewers an Claire, sich selbst zu beschreiben, kommt zu einem Zeitpunkt, da sie es ablehnt, »sich selbst zu kategorisieren oder zu klassifizieren«. Es fällt ihr schwer »zu definieren, was ich bin, da ich jetzt im Begriff bin, alle früheren Definitionen meines Selbst abzustreifen, während ich in der Vergangenheit versuchte, meine Gefühle unter den Teppich zu kehren, um unangenehme Konsequenzen zu vermeiden«. Sie, die sich selbst als »liebesfähig« bezeichnet, ist hin- und hergerissen zwischen zwei Kontexten, in denen ihre Liebesfähigkeit auf die Probe gestellt wird: eine Unterwelt, in der sie sich »von den anderen, von ihren Definitionen von mir distanziert«, und eine Welt der Beziehungen, die sie von ihr selbst trennen. Bei ihrem Versuch, ihr Selbstgefühl zu beschreiben, das sowohl durch Getrenntheit als auch durch Verbundenheit gekennzeichnet ist, stößt sie auf ein Problem der »Terminologie«, als sie ihr neues Verständnis sowohl von sich selbst als auch von Beziehungen vermitteln will:

Ich versuche, Ihnen zwei Dinge zu verdeutlichen. Ich versuche, einzig und allein ich selbst zu sein, abgesehen von anderen, abgesehen von ihren Definitionen von mir, aber gleichzeitig tue ich genau das Gegenteil, ich versuche, mich in der Beziehung zu anderen zu erleben, mit ihnen in Beziehung zu sein – wie immer man es nennen will; ich glaube, das schließt sich nicht gegenseitig aus.

Auf diese Weise verbindet sie ein neues Gefühl der Eigenständigkeit mit einer neuen Erfahrung von Verbundenheit, eine Form des Kontakts mit anderen, die ihr auch gestattet, in Kontakt mit sich selbst zu sein.

Nach einem Bild suchend, das dieses vage Gefühl der Verbundenheit vermitteln würde, aber außerstande, selbst eines zu finden, greift sie das Vorbild einer Freundin auf, die Figur der Gudrun in *Women in Love* von D. H. Lawrence. Die Figur der Gudrun evoziert für Claire ihr Gefühl, »kindisch« und »ungezähmt« zu sein, offen für die Sinnlichkeit sowohl in der Natur als auch in ihr selbst. Diese Verbundenheit mit der Welt »sinnlicher Genüsse« repräsentiert die »künstlerische und bohêmehafte« Seite ihrer Persönlichkeit und steht im Gegensatz zu ihrem Bild von sich als »damenhaft und wohlerzogen«. Doch das Bild von Gudrun ist, obwohl es die Aussicht auf eine andere Form von Verbundenheit eröffnet, letztlich moralisch problematisch für sie, weil es impliziert, »keine Rücksicht auf andere zu nehmen«.

Wieder ist Claire hin- und hergerissen, aber in anderer Weise, nicht zwischen den widersprüchlichen Erwartungen anderer, sondern zwischen einer Aufgeschlossenheit sowohl gegenüber anderen als auch gegenüber sich selbst. Sie spürt, daß sich diese Ansprechbarkeit »nicht gegenseitig ausschließt«, und überprüft das moralische Urteil, das in der Vergangenheit einen Keil zwischen die beiden getrieben hat. Früher glaubte sie, »eine moralische Sichtweise« rücke die »Verantwortung gegenüber anderen« in den Mittelpunkt; jetzt hat sie angefangen, das in Frage zu stellen, was ihr in der Vergangenheit als unbezweifelbare Wahrheit erschienen war, nämlich daß man, »wenn man tut, was richtig für andere ist, automatisch das Richtige für sich selbst tut«. Sie hat »den Punkt erreicht«, sagt sie, »da ich glaube, niemandem nützen zu können, solange ich nicht weiß, wer ich bin«.

Bei ihrem Versuch »zu entdecken, wer ich bin«, hat sie begonnen, »alle diese Etiketten und Dinge abzustreifen, auf die ich nicht von selbst komme«, ihre Wahrnehmungen von ihrer früheren Interpretationsweise zu trennen und andere wie auch sich selbst genauer anzuschauen. Auf diese Weise hat sie »Fehler« an ihrer Mutter entdeckt, die sie als grenzenlos opferbereit beschreibt, »weil sie sich nicht darum kümmert, ob sie sich selbst schadet, wenn sie sich so verhält. Sie begreift nicht – nun, sie begreift schon, daß sie, wenn sie sich selbst schadet, auch anderen Menschen schadet, die ihr sehr nahestehen«. Von ihrem neuen Ideal der gegenseitigen Anteilnahme ausgehend, verwirft Claire ihr früheres Ideal der Selbstaufopferung zugunsten ihrer Vorstellung von »einer Familie, in der jeder ermutigt wird, seine Individualität auszuprägen, und gleichzeitig jeder den anderen hilft und von ihnen Hilfe bekommt«.

Wendet man diese Perspektive auf das Heinzsche Dilemma an, so identifiziert Claire dasselbe moralische Problem wie die elfjährige Amy, indem sie nicht sich widerstreitende Rechte, sondern die Weigerung, auf Appelle zu reagieren, in den Mittelpunkt stellt. Claire meint, daß Heinz das Medikament stehlen sollte (»Das Leben seiner Frau war viel wichtiger als alles andere. Er sollte alles tun, um ihr Leben zu retten«), aber sie setzt der Rechte-Argumentation ihre eigene Deutung entgegen. Obwohl der Apotheker »ein Recht hatte, ich meine, ein juristisches Recht, glaube ich auch, daß er die moralische Pflicht hatte, in diesem Fall Mitgefühl walten zu lassen. Ich glaube nicht, daß er das Recht hatte, die Medizin zu verweigern.« Mit ihrer Argumentation, Heinzens Tat sei gerechtfertigt, weil »seine Frau an diesem Punkt seine Hilfe brauchte; sie hätte es nicht tun können, und es ist seine Aufgabe, für sie zu tun, was sie braucht«, entwickelt Claire dasselbe Konzept von Verantwortung, von dem auch Amy ausging. Beide setzen Verantwortung mit der Notwendigkeit gleich, auf Appelle zu reagieren, die aus der Erkenntnis entspringt, daß andere auf einen zählen und daß man in der Lage ist zu helfen. Ob Heinz seine Frau liebt oder nicht, ist für Claires Urteil irrelevant, nicht, weil das Leben Priorität gegenüber der Zuneigung hat, sondern weil seine Frau »einfach ein Mensch ist, der Hilfe braucht«. Das moralische Gebot zu handeln ergibt sich also nicht aus den Gefühlen von Heinz gegenüber seiner Frau, sondern aus seiner Erkenntnis ihres Bedürfnisses, eine Erkenntnis, die nicht durch Identifizierung, sondern durch einen Kommunikationsprozeß vermittelt wird. So wie Claire den Apotheker für seine Weigerung moralisch verantwortlich macht, so verknüpft sie Moral mit der Erkenntnis der Verbundenheit und definiert den moralischen Menschen als jemand, der bei seinen Handlungen »die Folgen für alle Betroffenen ernsthaft in Erwägung zieht«. Sie kritisiert deshalb ihre Mutter, weil diese »ihre Verantwortung gegenüber sich selbst vernachlässigt«, und gleichzeitig kritisiert sie sich selbst, weil sie ihre Verantwortung gegenüber anderen außer acht lasse.

Obwohl Claires Stellungnahme zum Heinzschen Dilemma überwiegend nicht in die Kategorien von Kohlbergs Skala paßt, wäre ihr aufgrund ihres juristischen Verständnisses und ihrer Fähigkeit, die Funktion des Rechts in systematischer Weise zu erläutern, ein moralischer Reifegrad des vierten Stadiums zuzusprechen. Als sie fünf Jahre später, im Alter von siebenundzwanzig, erneut interviewt wird, erscheint diese Wertung fraglich, weil sie den juristischen Standpunkt ihrem Verständnis von Verantwortung unterordnet, mit dem sie an das Dilemma des Apothekers, Heinz und seiner Frau herangeht. Da sie die Gesetze jetzt in Hinblick darauf beurteilt, wen diese schützen, erweitert sie ihre Ethik der Verantwortung zu einer gesamtgesellschaftlichen Sichtweise. Aber die Diskrepanz zwischen dieser Perspektive und dem Gerechtigkeitsstandpunkt bewirkt, daß sie auf Kohlbergs Skala einen Rückschritt macht.

Zu dem Zeitpunkt, als Claires moralische Urteilsfähigkeit zu regredieren schien, gelang es ihr, ihre moralische Krise zu lösen. Als Teilnehmerin an Kohlbergs Seminar vermutete sie, daß ihre Entwicklung, die sie als Wachstum erlebte, nach seinen Maßstäben kein Fortschritt war. Als sie den Brief mit der Anfrage erhielt, ob sie bereit sei, sich nochmals interviewen zu lassen, dachte sie:

O Gott, was ist, wenn ich einen Rückschritt gemacht habe. Ich habe das Gefühl, daß ich in einem früheren Stadium meines Lebens diese Fragen mit weitaus größerer Sicherheit hätte beantworten können: »Ja, das ist absolut richtig, und das ist absolut falsch.« Aber jetzt sinke ich immer tiefer in den Sumpf der Ungewißheit. Ich weiß im Augenblick nicht, ob das gut oder schlecht ist, aber ich glaube, daß ich mich insofern in einer bestimmten Richtung bewegt habe.

Einem absoluten Normenkodex setzt sie ihre eigene Erfahrung der Komplexität moralischer Entscheidungen entgegen, und sie wirft die Frage nach der Richtung, nach der Interpretation ihrer eigenen Entwicklung auf.

Die Frage der Interpretation taucht im Text ihres Interviews im Alter von 27 Jahren immer wieder auf, als sie, verheiratet und im Begriff, ein Medizinstudium zu beginnen, über die Krise spricht, die sie durchlebt hatte, und die Veränderungen in ihrem Leben und Denken schildert. Über die Gegenwart sagt sie, ihr Leben verlaufe jetzt in geordneten Bahnen, aber sie korrigiert diese Äußerung sofort, denn »das klingt, als ob jemand anderer die Weichen gestellt hätte, und das ist nicht der Fall«. Den Kern des Interpretationsproblems bildet jedoch die Darstellung der Beziehungen. Ihre eigene Beziehung wird aus Claires Beschreibung von sich selbst deutlich: »Es klingt irgendwie sonderbar«, sagt sie, aber sie bezeichne sich als »mütterlich, mit allem was dazu gehört«. Sie sieht sich selbst als »Ärztin und Mutter« und erklärt, »es fällt mir schwer, mich mir vorzustellen, ohne an die anderen Menschen um mich herum zu denken, denen ich etwas gebe«. Ebenso wie Amy verknüpft auch Claire ihre Selbsterfahrung mit Akten des Sorgens für andere und der Verbundenheit mit ihnen. Das Bild ihrer Mutter mit ihrem eigenen verschmelzend, sieht sie sich selbst als mütterliche Ärztin, als Frau, die sich ebenso wie Amy darauf vorbereitet, eine Wissenschaftlerin zu werden, die ihre Fürsorge der Welt widmen wird.

In ihrer Schilderung der Lösung einer Krise, die sich über mehrere Jahre erstreckte, vollzieht sie ihren Weg nach, um ihre Entdeckung zu erklären, daß »alldem eine Richtung zugrunde lag«. Die Krise begann in ihrem vorletzten Studienjahr:

Ein ganzes Wochenende lang habe ich mein Bett nicht verlassen, weil ich keinen Grund dazu sah. Ich konnte mich einfach nicht aufraffen aufzustehen. Ich wußte nicht, was ich tun sollte, wenn ich das Bett verließ. Aber in diesem Jahr fühlte ich mich fast immer so. Ich wußte nicht, was ich tat, welchen Grund es gab, um überhaupt etwas zu tun.

Ich konnte keine Zusammenhänge erkennen. Sie führt ihre Verzweiflung auf ihr Gefühl der Beziehungslosigkeit zurück und sucht nach einem Wort oder einem Bild, das zu ihrer Erfahrung passen könnte:

Es war kein Wendepunkt in dem Sinne, daß alles wieder in Ordnung war, als ich schließlich aufstand. Das war nicht der Fall. Ich hatte keine große Offenbarung oder irgend so etwas. Es ist mir bloß in Erinnerung geblieben, obwohl es mir damals nicht als eine besondere Erfahrung erschien. Ich hatte nicht den Eindruck, daß etwas mit mir vorging. Nein. Jetzt erscheint es mir als eine sehr einschneidende Erfahrung. Es war real.

Wenn sie ihre eigene Erfahrung mit den üblichen Metaphern von Krisen und Veränderungen vergleicht, kommt sie zu dem Schluß, daß nichts geschehen sei, oder daß das, was geschah, nicht gravierend oder greifbar war. Sie war nicht auf dem äußersten Tiefpunkt angekommen, und sie erlebte auch keine Offenbarung und keinen Zustand »äußerster Verzweiflung«:

Ich bin nicht etwa im Bett gelegen und habe gedacht, mein Leben sei völlig wertlos. Das war es nicht. Es war keine tiefe Verzweiflung. Da war einfach nichts. Vielleicht ist das die äußerste Verzweiflung, aber man empfindet sie im Augenblick nicht. Ich glaube, das ist mir so in Erinnerung geblieben, weil da diese totale Gefühlsleere war. Etwas anderes war die extreme Bitterkeit und der extreme Haß, den ich gegenüber (einem Verwandten) empfand, der die Familie verließ. Das war genau das Gegenteil; es war so intensiv.

Sie findet sowohl in der Gefühlsleere als auch in ihrem Haß keinen Weg, um mit anderen in Beziehung zu treten, und meint, die Verzweiflung, die sie durchmachte, sei auf das Gefühl der Bindungslosigkeit zurückzuführen, das teilweise durch das Scheitern der familiären Beziehungen entstand.

Das Gefühl des Getrenntseins von anderen veranlaßt Claire, darum zu ringen, sich selbst als »wertvoll« zu empfinden, als jemand, der ihrer eigenen Fürsorge wert ist und somit berechtigt, im eigenen Interesse zu handeln. Sie beschreibt den Prozeß, in dessen Verlauf sie es allmählich wagte zu tun, was sie tun wollte, und sie erklärt, wie sich ihre Moralvorstellungen im Laufe dieses Prozesses veränderten. Während früher derjenige ein guter Mensch für sie war, »der anderen am meisten Gutes tut«, verknüpft sie jetzt Moral mit dem Verständnis, das durch die Erfahrung mit Beziehungen entsteht, da sie die Fähigkeit »zu verstehen, was jemand anderer erlebt«, als Voraussetzung für moralisches Handeln betrachtet.

Das Heinzsche Dilemma macht sie jetzt ungeduldig, und sie stellt es als scharfen Kontrast zwischen dem Leben der Frau und der Habgier des Apothekers dar, wobei sie in seiner Gewinnsucht sowohl ein Zeichen von Verständnislosigkeit wie auch von Verantwortungslosigkeit sieht. Das Leben sei mehr wert als Geld, weil »jeder das Recht zu leben hat«. Aber dann verändert sie ihre Perspektive und erklärt: »Ich bin nicht sicher, ob ich es so formulieren sollte.« Beim zweiten Anlauf ersetzt sie die Hierarchie von Rechten durch ein Netz von Beziehungen. Durch diese veränderte Sicht stellt sie die Prämisse der Bindungslosigkeit in Frage, die dem Konzept von Rechten zugrundeliegt, und artikuliert statt dessen einen »Leitgedanken der Verbundenheit«. Angesichts der wechselseitigen Abhängigkeit des menschlichen Lebens betrachtet sie Beziehungen als etwas Primäres und nicht als eine Folge der Trennung und vergleicht die Welt, »wie sie ist«, mit der Welt, »wie sie sein sollte«, nämlich ein Beziehungsgeflecht, »dem alle angehören und aus dem alle herkommen«. Die Forderung des Apothekers steht in fundamentalem Widerspruch zu dieser Konzeption der sozialen Realität. Da sie das Leben als abhängig von Beziehungen begreift, getragen von Akten gegenseitiger Fürsorge und gestützt nicht auf Übereinkünfte, sondern auf Bindungen, glaubt sie, daß Heinz das Medikament stehlen sollte, ob er seine Frau liebt oder nicht, einfach »aufgrund der Tatsache, daß sie beide existieren«. Obwohl jemand einen anderen vielleicht nicht mag, »muß man jemanden lieben, weil man untrennbar von den anderen ist. Es ist gewissermaßen, als liebe man seine rechte Hand; sie ist ein Teil von einem. Der andere Mensch ist ein Teil des riesigen Kollektivs, dem wir alle angehören«. Sie artikuliert somit eine Ethik der Verantwortung, die aus dem Bewußtsein der Verbundenheit entspringt: »Auch der Fremde ist ein Mensch, der dieser Gruppe angehört; Menschen sind miteinander verbunden, einfach weil sie Menschen sind.«

Für Claire ist Moral »die ständige Spannung zwischen der Zugehörigkeit zu etwas Größerem und einer Art in sich ruhender Eigenständigkeit«, und sie betrachtet die Fähigkeit, mit dieser Spannung zu leben, als Quelle des moralischen Charakters und der Kraft. Diese Spannung bildet den Mittelpunkt der moralischen Dilemmas, mit denen sie konfrontiert war und die Konflikte der Verantwortung waren, bei denen es um Fragen der Wahrheit und der Anerkennung von Beziehungen ging. Das Problem der Wahrheit wurde ihr deutlich, als sie nach dem Studium als Beraterin in einer Abtreibungsklinik arbeitete und dort angewiesen wurde, Frauen, die sehen wollten, was aus ihrer Gebärmutter entfernt wurde, mitzuteilen: »Man kann jetzt gar nichts sehen. Zu diesem Zeitpunkt sieht das bloß aus wie ein Blutgerinnsel.« Da diese Darstellung in Widerspruch zu den moralischen Skrupeln stand, die Claire während ihrer Arbeit an der Klinik empfand, sagte sie sich, daß sie »dem ins Auge sehen müsse, was vor sich ging«. Sie beschloß deshalb, sich einen Feten anzusehen, der bei einer verspäteten Abtreibung entfernt wurde, und kam dabei zu der Erkenntnis:

Ich konnte mir einfach nichts mehr vormachen und sagen, daß nichts in der Gebärmutter war, bloß ein kleines Klümpchen. Das stimmt nicht, und ich wußte, daß es nicht stimmt, aber ich mußte es quasi mit eigenen Augen sehen. Dabei hatte ich die ganze Zeit gewußt, was gelaufen ist. Ich glaubte auch daran, daß das richtig war; es sollte so sein. Aber ich konnte nicht sagen: »Also das ist richtig, und das ist falsch.« Ich war ständig hin- und hergerissen.

Als sie sich selbst ein Bild von der Sache machte und sich auf ihre eigenen Wahrnehmungen verließ, um zu sehen, was passierte und wie die Wahrheit aussah, löste sich die absolute Sicherheit ihres moralischen Urteils in Luft auf. Die Folge war, daß sie »ständig hin- und hergerissen war« und sich in bezug auf die Abtreibung völlig verunsichert fühlte, gleichzeitig aber auch verantwortlicher handeln konnte:

Ich habe ungeheuer mit mir gerungen. Schließlich mußte ich mich einfach damit abfinden – ich glaube das wirklich, aber es ist keine leichte Sache, die man ohne Gefühle und vielleicht Bedauern sagen kann – ja, das Leben ist heilig, aber die Lebensqualität ist auch wichtig, und sie muß in diesem speziellen Fall der entscheidende Faktor sein. Die Lebensqualität der Mutter, die Lebensqualität eines ungeborenen Kindes – ich habe zu viele Bilder von Säuglingen in Mülltonnen und ähnliches gesehen, und es ist so leicht zu sagen: »Nun, entweder – oder«, aber es ist einfach nicht so. Und ich mußte imstande sein zu sagen: »Ja, es ist Tötung, man kommt nicht darum herum, aber ich bin bereit, das zu akzeptieren, ich bin bereit, es zu tun, und es ist schwierig.« Ich glaube nicht, daß ich es erklären kann. Ich glaube nicht, daß ich die Rechtfertigung wirklich in Worte fassen kann.

Claires Unvermögen, ihre moralische Position zu artikulieren, ist teilweise durch die Tatsache bedingt, daß ihr Urteil an den Kontext gebunden ist, an die jeweiligen Besonderheiten der Zeit und des Ortes, daß es immer von »dieser Mutter« und »diesem ungeborenen Kind« abhängt und sich somit einer kategorischen Formulierung widersetzt. Für sie übersteigen die Möglichkeiten der Phantasie die Fähigkeit zur Verallgemeinerung. Aber dieses Gefühl, außerstande zu sein, die Rechtfertigung für ihre Teilnahme an der Abtreibungsberatung zu erklären oder auch nur zu formulieren – ein Unvermögen, das die Unzulänglichkeit ihres moralischen Denkens widerzuspiegeln scheint – könnte ebensogut von der Tatsache zeugen, daß sie in der Welt keine

Bestätigung des Standpunkts findet, den sie zu vermitteln versucht, ein Standpunkt, der weder gegen Abtreibung noch für eine freie Entscheidung ist, sondern auf der Erkenntnis des ständigen Zusammenhangs zwischen dem Leben der Mutter und dem Leben des Kindes basiert.

Claire sieht das Dilemma somit nicht als einen Wettstreit von Rechten, sondern als ein Beziehungsproblem, in dessen Mittelpunkt die Frage der Verantwortlichkeit steht, der man sich letzten Endes stellen muß. Wenn die Bindung nicht erhalten bleiben kann, mag Abtreibung die bessere Lösung sein, aber in beiden Fällen besteht die Moral darin, die Verbundenheit anzuerkennen und entweder die Verantwortung für die Abtreibungsentscheidung oder die Verantwortung für die Betreuung des Kindes zu übernehmen. Obwohl es Zeiten gibt, da »eine solche Tötung notwendig ist, sollte sie nicht zu leicht gemacht werden«, wie das der Fall ist, »wenn einem das Ganze zu fern gerückt wird. Wenn der Fetus ein bloßes Blutgerinnsel ist, dann wird er einem fern. Südostasien ist einem noch ferner«. Moral und die Bewahrung des Lebens hängen somit davon ab, daß die Verbindung aufrechterhalten wird, daß man die Folgen von Handlungen sieht, indem die Beziehungsgeflechte intakt gehalten werden und »man nicht jemand anderem gestattet, für einen das Töten zu tun, ohne daß man die Verantwortung dafür übernimmt«. Auch hier weicht ein absolutes Urteil der Komplexität von Beziehungen. Die Tatsache, daß das Leben durch Beziehungen aufrechterhalten wird, veranlaßt sie, die »heilige Verbundenheit« des Lebens und nicht »die Heiligkeit des Lebens um jeden Preis« hervorzuheben und eine Ethik der Verantwortung zu artikulieren, ohne die Frage der Rechte aus den Augen zu verlieren.

Das Problem der Wahrheit stellte sich auch für Claire, als sie von einer (für diesen Job nicht geeigneten) Freundin gebeten wurde, ihr eine Empfehlung für eine Stelle zu schreiben, wodurch für sie ein ähnliches Dilemma wie das von Amy geschilderte entstand. Während Amy sich fragte, was wichtiger sei, »Freundschaft oder Gerechtigkeit«, obwohl letzten Endes die Frage der Anteilnahme an anderen und somit des eigenen inneren Friedens für sie daraus wurde, stand das Problem der Ehrlichkeit von Anfang an im Mittelpunkt von Claires Dilemma: »Wie konnte ich ehrlich sein und ihr gleichzeitig Gerechtigkeit widerfahren lassen?« Aber die Frage der Gerechtigkeit war eine Frage der Verantwortlichkeit, die sich aus der Erkenntnis ergab, daß ihre Handlungen beim Aufbau dieser Freundschaft eine Kette von Erwartungen ausgelöst hatten, die ihre Freundin zu glauben veranlaßten, daß sie auf Claires Hilfe zählen konnte. Claire wurde sich bewußt, daß sie ihre Freundin »im Grunde nicht mochte« und daß ihre Wertvorstellungen »sehr verschieden« waren, aber gleichzeitig erkannte sie auch die Realität der Beziehung an und begriff die Unmöglichkeit, sowohl ehrlich als auch fair zu sein. Die Frage, was sie tun solle, hing von der Beurteilung des relativen Schadens ab, den ihre Handlungsweise einerseits der Freundin und andererseits den Leuten zufügen würde, deren Leben davon betroffen war, wenn ihre Freundin die Stelle bekam. Sie fand, daß es in dieser Situation die bessere Lösung sei, den Empfehlungsbrief zu schreiben, aber gleichzeitig erkannte sie, daß das Dilemma hätte vermieden werden können, wenn sie »vom ersten Tag an ihr gegenüber etwas ehrlicher gewesen wäre«.

Durch die Frage der Ehrlichkeit landet Claire schließlich beim Drama von »Herrn Richtig« und »Herrn Falsch«, einem Drama, in dem sich die verschiedenen Themen von Beziehung, Verantwortung und Interpretation miteinander verquicken, und zwar nicht durch eine Objektivierung der Frage der persönlichen Beziehungen, sondern durch die Personalisierung der Frage nach der moralischen Wahrheit. Herr Richtig war ebenso wie Anne in Horners Geschichte der Jahrgangsbeste im Medizinstudium und »haßte es, nicht den ganzen Sonntag Zeit zum Lernen zu haben«, da er an der Spitze bleiben wollte. An den Samstagabenden zog er es deshalb vor, in seinem eigenen Bett zu schlafen, so daß sich Claire nicht nur allein und verlassen, sondern auch »egoistisch« und »im Unrecht« fühlte:

Was stimmt bei mir nicht, daß ich mehr will? Da muß irgend etwas sein. Ich bin fürchterlich egoistisch, und ich habe nie der Tatsache ins Auge gesehen, daß offensichtlich mit der Beziehung etwas nicht stimmte.

Infolge dieser Erfahrung begann sie zu argwöhnen, daß Herr Richtig nicht »richtig für mich« war. Aber da sie nicht bereit war, die Beziehung zu beenden, wandte sie sich stattdessen an Herrn Falsch:

Im letzten Studienjahr kam's zum Krach, aber statt zu sagen, »ich hau auf den Putz, ich lasse mir das nicht länger gefallen«, hatte ich diese sehr schäbige Affäre hinter seinem Rücken und konfrontierte ihn dann damit. Ich konfrontierte ihn nicht nur damit, ich ging in Tränen zu ihm hin und gestand ihm alles, wobei ich mich herrlich fühlte, aber das alles war irgendwie unterbewußt darauf angelegt, ihn zu verletzen.

Claire beschreibt den Konflikt oder das Dilemma zuerst als eine Diskrepanz zwischen Einsicht und Handlung angesichts ihrer »sehr strikten und in einer komischen Weise monogamen Ansichten«, aber dann fügt sie hinzu, der wirkliche Konflikt habe zwischen zwei verschiedenen Bildern von sich selbst bestanden, »diese jungfräuliche Reinheit und diese andere Seite von mir, die irgendwie aufzublühen begann«. Das Problem entstand, weil sie »zu diesem Zeitpunkt nicht wußte, was ich tun wollte«. Zwischen zwei Bildern von sich hin- und hergerissen, schwankte sie zwischen zwei verschiedenen Beziehungswelten:

Ich war nicht bereit, die erste Beziehung aufzugeben, weil sie mir viel bedeutete. Er war Herr Richtig für alle anderen außer für mich, die es besser wußte. Und der andere, der im Gegensatz dazu eindeutig Herr Falsch war, repräsentierte für mich irgendwie genau dieses Animalische, und ich war auch nicht imstande, das aufzugeben.

Als sie die Diskrepanz in ihrer Wahrnehmung von sich selbst erkannte, begann sie auch »zu begreifen, daß moralische Maßstäbe, die von jemand anderem aufgestellt werden, nicht notwendigerweise richtig für mich sind«. Als sich somit herausstellte, daß Herr Richtig gar nicht so richtig war, zeigte sich auch, daß Herr Falsch nicht so falsch war.

In Zusammenhang mit ihrer Handlungsweise, die von ihrem ungelösten inneren Konflikt zeugte, sagt sie, »die zwei Menschen, um die es in diesem Konflikt ging, waren ich und ich«. Indem sie sich mit diesem inneren Zwiespalt auseinandersetzt, erkundet sie auch die Welt der Beziehungen und identifiziert ihre fehlende Bereitschaft, »die Verantwortung für meine Handlungen zu übernehmen«, als Ursache eines Teufelskreises von Verletzungen:

Das war ein Teil des ganzen Problems mit dieser Beziehung, daß ich nicht die Verantwortung für meinen Anteil daran übernahm. Irgendwie wollte ich ihn auch, glaube ich, damit ebenso tief verletzen, wie er mich verletzt hatte, obwohl ich nie die Verantwortung dafür übernommen hatte, ihn daran zu hindern, mir weiter wehzutun. Ich sagte nie zu ihm: »Du bleibst an diesem Samstag hier oder unsere Beziehung ist zu Ende.« Erst zwei oder drei Jahre später wurde mir klar, was da ablief.

Im Rückblick auf das Dilemma von Herrn Richtig und Herrn Falsch identifiziert Claire nicht nur ihr Versäumnis, sich durchzusetzen, als das eigentliche Problem, sondern die Tatsache, daß sie »nicht begriffen hatte, daß sie sich durchsetzen *sollte*«. Aber der Akt der Selbstbehauptung ist kein Akt der Aggression, sondern der Kommunikation. Wenn sie Herrn Richtig die Wahrheit über sich selbst gesagt hätte, hätte sie nicht nur Aggression verhindert, sondern ihm auch eine Gelegenheit zur Stellungnahme gegeben. So wie das »Ich«, das sich mit elf Jahren klar äußerte, in der Adoleszenz »verwirrt« wird, so löst sich diese Verwirrung durch die Entdeckung auf, daß Rücksichtnahme auf die eigene Person und Rücksichtnahme auf andere nicht in Widerspruch stehen, sondern miteinander zusammenhängen.

Claire spricht von den Menschen, die sie bewundert – ihre Mutter, die »so viel zu geben hat«, und ihr Mann, der »nach seinen Überzeugungen lebe« –, und sie entwirft für sich selbst ein integres Leben, das durch Akte der Anteilnahme gekennzeichnet ist. Ein Beispiel eines solchen Lebens ist das Verhalten einer Ärztin, die, als sie die Einsamkeit einer alten Frau im Krankenhaus bemerkte, »hinging und ihr einen Eisbecher kaufte und an ihrem Bett saß, nur damit jemand für sie da war«. Das Ideal der Anteilnahme erfüllt sich somit in Beziehungen; es geht darum, Bedürfnisse wahrzunehmen und darauf zu reagieren, sich um die Welt zu kümmern, indem man das Geflecht von Beziehungen pflegt, so daß niemand ausgeschlossen ist.

Obwohl die Bestandteile der psychologischen Theorie den Psychologen die Augen für die Wahrheit der weiblichen Erfahrungen verschlossen haben, werfen diese Erfahrungen Licht auf eine Welt, in der sich die Psychologen nur schwer zurechtfinden, ein Territorium, in dem Gewalt selten ist und Beziehungen sicher erscheinen. Der Grund, warum die Erfahrungen von Frauen so schwer zu entziffern oder auch nur wahrzunehmen sind, ist, daß eine andere Einstellung zu Beziehungen Interpretationsprobleme aufwirft. Die Begriffe der Hierarchie und des Geflechts oder Netzes, aus den Texten über Phantasien und Gedanken von Männern und Frauen entnommen, zeugen von unterschiedlichen Weisen, Beziehungen zu strukturieren, und sind mit verschiedenen Auffassungen von Moral und vom Selbst verbunden. Aber diese Begriffe verursachen ein Verständnisproblem, weil beide die Darstellung des anderen verzerren. Die Spitze der Hierarchie wird zum Rand des Netzes, und der Mittelpunkt eines Netzes von Beziehungen wird zur Mitte einer hierarchischen Stufenleiter, das heißt, beide Bilder bezeichnen den Ort als gefährlich, der vom jeweils anderen Standpunkt aus als sicher betrachtet wird. Die Begriffe der Hierarchie und des Netzes ziehen somit verschiedene Formen der Selbstbehauptung und Reaktion nach sich: der Wunsch, allein an der Spitze zu sein, und die entsprechende Furcht, daß einem andere zu nahe kommen könnten; der Wunsch, im Mittelpunkt des Beziehungsnetzes zu sein, und die damit verbundene Furcht, zu weit an den Rand zu geraten. Diese gegensätzlichen Ängste, in die Isolierung bzw. in die Falle zu geraten, ziehen unterschiedliche Darstellungen von Leistung und Bindung nach sich, sie führen zu verschiedenen Handlungsweisen und einer unterschiedlichen Bewertung der Folgen von Entscheidungen.

Eine neue Deutung der Erfahrungen von Frauen anhand ihrer eigenen Vorstellungen von Beziehungen wirft somit Licht auf diese Erfahrungen und bietet uns eine nicht hierarchische Sichtweise menschlicher Bindungen. Da Beziehungen, wenn sie hierarchisch angeordnet sind, per se instabil und moralisch problematisch erscheinen, wird durch ihre Umwandlung in Form eines Netzes ein auf Ungleichheit beruhendes Gefüge zu einem System, in dem alles mit allem verbunden ist. Aber die Macht der Metaphern von Hierarchie und Netz, die Gefühle, die sie evozieren, und deren Niederschlag im Denken zeugt von der Verwurzelung dieser Urformen im menschlichen Lebenszyklus. Die Erfahrungen der Ungleichheit und der wechselseitigen Verbundenheit, die in der Eltern-Kind-Beziehung ihr Vorbild haben, führen schließlich zur Ethik der Gerechtigkeit und Fürsorge (*care*), den Idealen menschlichen Zusammenlebens – zu der Vision, daß das Selbst und die anderen gleichwertig behandelt werden, daß trotz Machtunterschieden Gerechtigkeit herrschen wird; zu der Vision, daß jeder gehört und einbezogen werden wird, daß niemand allein gelassen oder verletzt werden wird. Diese divergenten Ziele reflektieren in ihrem Spannungsverhältnis die paradoxen Wahrheiten der menschlichen Erfahrungen – daß wir uns selbst nur insoweit als eigenständig kennen, als wir in Verbindung mit anderen leben, und daß wir Beziehungen nur insoweit erfahren, als wir zwischen dem anderen und dem Selbst differenzieren.

3. Konzepte des Selbst
und der Moral

Eine Studentin antwortete auf die Frage: » Wenn Sie erklären müßten, was Moral für Sie bedeutet, wie würden Sie ihre Antwort zusammenfassen?«:

Wenn ich an das Wort *Moral* denke, denke ich an Verpflichtungen. Ich verstehe darunter gewöhnlich Konflikte zwischen persönlichen Wünschen und sozialen Belangen, sozialen Erwägungen, oder zwischen eigenen Wünschen und den Wünschen eines anderen oder mehrerer anderer. Moral, das ist dieser ganze Komplex, wie man in diesen Konflikten entscheidet. Ein moralischer Mensch ist jemand, der sich in der Regel als gleichberechtigt betrachtet. Ein wirklich moralischer Mensch würde andere Menschen immer als gleichberechtigt betrachten ... In einer Situation der sozialen Interaktion ist etwas moralisch falsch, wenn ein einzelner viele Leute übervorteilt. Und es ist moralisch richtig, wenn jeder Nutzen daraus zieht.

Auf die Frage, ob ihr jemand einfällt, den sie für einen wirklich moralischen Menschen hält, antwortet sie: »Da fällt mir sofort Albert Schweitzer ein, weil er offenkundig sein Leben dafür hergegeben hat, anderen zu helfen.« Pflichterfüllung und Opferbereitschaft wiegen schwerer als das Ideal der Gleichberechtigung und bilden einen grundlegenden Widerspruch in ihrem Denken.

Eine andere Studentin der ersten Semester antwortet auf die Frage, »Was bedeutet es für Sie, zu sagen, etwas sei moralisch richtig oder falsch?«, indem sie ebenfalls zunächst von Verantwortung und Pflichten spricht:

Das hat etwas mit Verantwortung und Pflichten und Wertvorstellungen zu tun, hauptsächlich mit Wertvorstellungen ... In meiner Lebenssituation verbinde ich Moral mit zwischenmenschlichen Beziehungen, bei denen es um Respekt für den anderen und für mich selbst geht. *Warum Respekt für andere?* Weil sie ein Bewußtsein oder Gefühle haben, die verletzt werden können.

Die Sorge, andere zu verletzen, bildet auch ein Hauptthema in den

Antworten von zwei anderen Studentinnen auf die Frage: »Warum soll man moralisch sein?«

Millionen von Menschen müssen friedlich zusammenleben. Ich persönlich möchte andere Menschen nicht verletzen. Das ist ein wirkliches Kriterium, ein Hauptkriterium für mich. Das entspricht meinem Gerechtigkeitsgefühl. Es ist nicht schön, jemandem Schmerzen zuzufügen. Ich habe Mitgefühl mit jedem, der leidet. Anderen nicht wehzutun ist nach meiner eigenen persönlichen Moral wichtig. Vor Jahren wäre ich eher aus einem Fenster gesprungen, als meinem Freund wehzutun. Das war pathologisch. Aber auch heute noch möchte ich Anerkennung und Liebe, und ich möchte keine Feinde haben. Vielleicht gibt es deshalb Moral – damit Menschen Anerkennung, Liebe und Freundschaft erringen.

Mein Hauptprinzip ist, andere Leute nicht zu verletzen, solange ich nicht gegen mein eigenes Gewissen verstoße und solange ich mir selbst treu bleibe ... Es gibt viele moralische Fragen wie Abtreibung, Wehrdienst, Töten, Stehlen, Monogamie. Bei umstrittenen Fragen wie diesen sage ich immer, es liege am einzelnen. Der einzelne muß entscheiden und dann seinem eigenen Gewissen folgen. Es gibt keine absoluten moralischen Maßstäbe. Gesetze sind pragmatische Instrumente, aber sie sind keine absoluten Maßstäbe. Eine lebensfähige Gesellschaft kann nicht ständig Ausnahmen machen, aber ich persönlich würde ... Ich fürchte, daß es mit meinem Freund eines Tages zu einer großen Krise kommen wird und daß jemand verletzt werden wird, und er wird mehr verletzt werden als ich. Ich fühle mich verpflichtet, ihn nicht zu verletzen, aber ich fühle mich auch verpflichtet, nicht zu lügen. Ich weiß nicht, ob es möglich ist, nicht zu lügen und niemanden zu verletzen.

Der rote Faden, der sich durch diese Äußerungen zieht, ist der Wunsch, andere nicht zu verletzen, und die Hoffnung, daß die Moral einen Weg zeigt, wie man Konflikte so lösen könnte, daß niemand verletzt wird. Dieses Thema wird von jeder der vier Frauen unabhängig voneinander als konkretester Fall in ihrer Antwort auf eine sehr allgemeine Frage angeführt. Ein moralischer Mensch ist jemand, der anderen hilft; gut sein heißt dienen, seine Pflichten und seine Verantwortung gegenüber anderen erfüllen, wenn möglich, ohne sich selbst aufzuopfern. Während die erste der vier Frauen zuletzt den Konflikt leugnet, den sie anfangs zur Sprache gebracht hat, antizipiert die letzte Frau einen Konflikt zwischen dem Wunsch, sich selbst treu zu bleiben, und ihrem Prinzip, anderen nicht wehzutun. Das Dilemma, das die Grenzen dieser Einstellung testen würde, wäre ein Fall, wo Hilfe für andere nur um den Preis möglich ist, sich selbst zu schaden.

Das Zögern, zu »umstrittenen Fragen« Stellung zu nehmen, und die Bereitschaft, »jederzeit Ausnahmen zu machen«, ist auch bei anderen Studentinnen immer wieder zu beobachten:

Ich habe nie das Gefühl, jemand anderen verurteilen zu können. Ich habe einen sehr relativistischen Standpunkt. Der Grundgedanke, an dem ich festhalte, ist die Heiligkeit des menschlichen Lebens. Ich zögere, anderen meine Überzeugungen aufzudrängen.

Ich behaupte nie, daß meine Überzeugung in Hinblick auf eine moralische Frage von anderen akzeptiert werden sollte. Für mich gibt es nichts Absolutes. Wenn es einen absoluten Maßstab für moralische Entscheidungen gibt, dann ist es das menschliche Leben.

Oder, wie es eine 31jährige graduierte Studentin ausdrückt, als sie zu erklären versucht, warum es ihr schwerfallen würde, ein Medikament zu stehlen, um ihr eigenes Leben zu retten, obwohl sie findet, daß es richtig ist, für jemand anderen zu stehlen: »Es ist einfach sehr schwierig, sich gegen die Regeln zu stellen. Ich meine, wir leben aufgrund eines Konsensus, und wenn man eine Tat allein und für sich selbst begeht, ist kein Konsens dafür da, und es ist relativ schwierig, das in dieser Gesellschaft jetzt zu rechtfertigen.«

Was aus diesen Stimmen herauszuhören ist, ist ein Gefühl der Verletzbarkeit, das diese Frauen daran hindert, einen Standpunkt einzunehmen, das, was George Eliot als die »Anfälligkeit« von Mädchen für abfällige Urteile anderer bezeichnet, die durch ihren Mangel an Macht und die damit verbundene Unfähigkeit, »etwas in der Welt zu bewirken«, bedingt ist (S. 365). Diese mangelnde Bereitschaft, moralische Urteile zu fällen, die Kohlberg und Kramer (1969) und Kohlberg und Gilligan (1971) mit der adoleszenten Identitäts- und Überzeugungskrise verknüpfen, führt bei Männern dazu, daß sie den Begriff der Moral als solchen in Frage stellen. Aber das Zögern dieser Frauen, Urteile zu fällen, ist eher durch ihre Zweifel an ihrem Recht bedingt, moralische Aussagen zu machen, oder vielleicht auch durch den Preis, den ein solches Urteil nach sich zu ziehen scheint.

Wenn sich Frauen von der unmittelbaren Teilnahme an der Gesellschaft ausgeschlossen fühlen, sehen sie sich selbst als einem Konsensus oder Urteil unterworfen, das von den Männern gefällt und vollstreckt wird, von deren Schutz und Unterstützung sie abhängen und deren Namen sie tragen. Eine geschiedene Frau mittleren Alters, Mutter adoleszenter Töchter und Mitglied einer kultivierten universitären Gemeinschaft, erzählt, warum:

Als Frau habe ich das Gefühl, nie begriffen zu haben, daß ich ein Mensch war, daß ich Entscheidungen treffen konnte und das Recht hatte, Entscheidungen zu treffen. Ich hatte immer das Gefühl, in gewisser Weise meinem Vater oder meinem Mann oder der Kirche zu gehören, die immer durch einen männlichen Geistlichen repräsentiert wurde. Es gab drei Männer in meinem Leben: meinen Vater, meinen Mann und den Priester, und sie hatten viel mehr darüber zu sagen als ich, was ich tun oder lassen sollte. Sie waren wirklich Autoritätspersonen, die ich akzeptierte. Es ist mir erst in jüngster Zeit aufgefallen, daß ich nie dagegen rebelliert habe. Meine Mädchen sind sich dessen viel bewußter, nicht im militanten Sinn, sondern sie erkennen es einfach . . . Ich lasse die Dinge immer noch mit mir geschehen, statt selbst Regie zu führen, statt Entscheidungen zu treffen, obwohl ich alles über Entscheidungen weiß. Ich kenne das Verfahren und die Schritte und alles. *Haben Sie eine Idee, woher das wohl kommt?* Nun, ich glaube, in gewissem Sinne ist weniger Verantwortung damit verbunden. Denn wenn man eine dumme Entscheidung trifft, muß man die Folgen davon tragen. Wenn es einem bloß zustößt, nun, dann kann man sich darüber beklagen. Ich glaube, wenn man nicht mit dem Gefühl aufwächst, je eine Wahl zu haben, dann hat man auch nicht das Gefühl einer emotionalen Verantwortung. Das Gefühl der Verantwortung stellt sich mit dem Gefühl ein, die Wahl zu haben.

Das Wesentliche der moralischen Entscheidung besteht darin, eine Wahl treffen zu können, und in der Bereitschaft, die Verantwortung für die getroffene Wahl zu übernehmen. In dem Maße, in dem Frauen von sich meinen, keine Wahl zu haben, sprechen sie sich auch von der Verantwortung frei, die die Entscheidung mit sich bringt. In dem verwundbaren Zustand der Abhängigkeit und der damit verbundenen Furcht, verlassen zu werden, sind sie kindlich. Sie behaupten, anderen nur Freude bereiten zu wollen, aber als Gegenleistung für ihr Gutsein erwarten sie, geliebt und umsorgt zu werden. Dies ist somit ein »Altruismus« auf riskanter Basis, denn er setzt eine Unschuld voraus, die ständig in Gefahr ist, durch die Aufdeckung des Tauschgeschäfts kompromittiert zu werden, das da abläuft. Die Aufforderung, sich selbst zu beschreiben, beantwortet eine Studentin im letzten Studienjahr folgendermaßen:

Ich habe von der Zwiebelhauttheorie gehört. Ich sehe mich als eine Zwiebel, als Wesen mit verschiedenen Schichten. Die äußeren Schichten sind für Menschen, die ich nicht so gut kenne, freundlich, konventionell, und weiter innen gibt es andere Seiten von mir, die ich den Leuten zeige, die ich besser kenne. Ich bin nicht sicher in bezug auf das Innerste, ob da ein Kern ist oder ob ich bloß alles aufgenommen habe, während ich heranwuchs, diese verschiedenen Einflüsse. Ich glaube, ich habe eine neutrale Einstellung zu mir selbst, aber ich denke schon in Begriffen von Gut und Böse. Ich versuche, anderen Menschen gegenüber rücksichtsvoll zu sein und in der jeweiligen Situation fair und tolerant. Ich benutze diese Worte, aber ich versuche auch, sie in die Praxis umzusetzen. Schlecht – ich weiß nicht, ob es schlecht ist, solange ich mich altruistisch verhalte, oder etwas im Grunde nur deshalb tue, um von anderen anerkannt zu werden. *Woran denken Sie dabei?* Die Wertvorstellungen, nach denen ich zu handeln versuche. Sie beziehen sich hauptsächlich auf persönliche Beziehungen ... Wenn ich etwas täte, um Anerkennung zu finden, dann wäre das eine sehr schwache Sache. Wenn ich nicht die richtigen Rückmeldungen bekomme, könnten alle meine Wertvorstellungen flöten gehen.

Ibsens Stück *Nora* schildert die Zerstörung einer solchen Welt durch den Ausbruch eines moralischen Dilemmas, durch das der ihr zugrundeliegende Tugendbegriff infragegestellt wird. Nora, die »Eichkätzchenfrau«, die mit ihrem Mann so zusammenlebt, wie sie mit ihrem Vater lebte, setzt diesen Tugendbegriff als Opferbereitschaft in die Tat um und nimmt das Gesetz in bester Absicht in die eigenen Hände. In der daraus entstehenden Krise, in der es sie am tiefsten verletzt, daß ihre Hilfsbereitschaft gerade von dem Menschen zurückgewiesen wird, der ihr Empfänger und Nutznießer war, verwirft sie schließlich den Selbstmord, den sie ursprünglich als letzte Äußerung der Krise ansah, und sucht stattdessen nach neuen und tragfähigeren Antworten auf die Fragen der Identität und der moralischen Überzeugungen.

Die Wahrnehmung der Wahlmöglichkeit und damit die Bürde der

Verantwortung ist jetzt in den intimsten Bereich der weiblichen Domäne eingedrungen, und damit droht eine ähnliche Explosion. Ihre Sexualität ließ die Frauen jahrhundertelang in Passivität verharren, in einer rezeptiven, keiner aktiven Haltung, wobei die Ereignisse der Empfängnis und Geburt nur durch eine Enthaltsamkeit kontrolliert werden konnten, bei der ihre eigenen sexuellen Bedürfnisse entweder verleugnet oder geopfert wurden. Daß ein solches Opfer auch auf Kosten ihrer Intelligenz ging, wurde von Freud (1908) klar erkannt, als er »die unzweifelhafte geistige Unterlegenheit so vieler Frauen« auf die »durch sexuelle Unterdrückung bedingte Hemmung des Denkens« zurückführte. Die Strategien der Enthaltung und Verleugnung, deren sich Frauen in der Politik der sexuellen Beziehungen bedienten, gleichen ihrem Ausweichen oder ihrer Enthaltung im Hinblick auf Urteile im moralischen Bereich. Das Zögern von Studentinnen, offen für Überzeugungen einzutreten, selbst für den Glauben an den Wert des menschlichen Lebens, verrät ebenso wie das Zögern, sich zu seiner Sexualität zu bekennen, ein Selbst, das sich seiner Kraft nicht sicher ist, das nicht bereit ist, sich mit Wahlmöglichkeiten auseinanderzusetzen, und das Konfrontationen vermeiden will.

Frauen haben sich somit traditionell dem Urteil von Männern gebeugt, obwohl sie oft eine eigene Sensibilität erkennen ließen, die mit diesem Urteil nicht übereinstimmt. Maggie Tulliver in *The Mill on the Floss* reagiert auf die Anklagen nach der Entdeckung ihrer insgeheim fortgesetzten Beziehung zu Phillip Wakeham, indem sie sich zwar dem moralischen Urteil ihres Bruders beugt, sich aber gleichzeitig zu anderen Maßstäben bekennt, die von ihrer eigenen Überlegenheit zeugen:

Ich möchte mich nicht verteidigen ... Ich weiß, daß ich im Unrecht gewesen bin – eigentlich ständig. Aber dennoch, manchmal, wenn ich unrecht gehandelt habe, so war das, weil ich Gefühle habe, die zu haben du froh sein könntest. Wenn *du* je im Unrecht wärst, wenn du einen großen Fehltritt begangen hättest, würde ich dich wegen der Schmerzen bedauern, die du deswegen erleiden müßtest; ich würde nicht wollen, daß man dich deshalb mit Strafen überhäuft.

Maggies Protest ist ein beredter Ausdruck des uralten Zwiespalts zwischen Denken und Fühlen, Gerechtigkeit und Barmherzigkeit, der vielen Klischees und Stereotypen in bezug auf den Unterschied zwischen den Geschlechtern zugrundeliegt. Aber von einem anderen

Standpunkt aus betrachtet, zeugt ihr Protest von der Bereitschaft zur Konfrontation, die an die Stelle ihrer früheren ausweichenden Haltung tritt. Diese Konfrontation enthüllt zwei Arten des Urteilens, zwei verschiedene Sichtweisen in moralischen Fragen – die eine traditionell verknüpft mit Männlichkeit und der öffentlichen Welt gesellschaftlicher Macht, die andere mit Weiblichkeit und der Intimsphäre des Privatlebens. Die entwicklungsmäßige Anordnung dieser beiden Standpunkte hat darin bestanden, den männlichen als adäquater anzusehen als den weiblichen; man ging daher davon aus, daß er mit zunehmender Reife des Individuums den weiblichen Standpunkt ablöst. Wie diese beiden Sichtweisen miteinander zu vereinbaren sind, ist jedoch noch nicht klar.

Norma Haans (1975) Untersuchung von Studenten und Constance Holsteins (1976) dreijährige Studie über Jugendliche und ihre Eltern deuten darauf hin, daß sich die moralischen Urteile von Frauen von denen der Männer durch das stärkere Maß unterscheiden, in dem die Urteile der Frauen von Gefühlen der Empathie und des Mitgefühls beeinflußt werden, wenn sie sich mit der Lösung konkreter und nicht hypothetischer Dilemmas befassen. Solange jedoch die Kategorien, nach denen Entwicklung beurteilt wird, aus Untersuchungen von Männern abgeleitet werden, können Abweichungen vom männlichen Leitbild nur als Entwicklungsmängel verstanden werden. Die Folge ist, daß die Denkweise der Frauen oft mit der von Kindern verglichen wird. Das Fehlen alternativer Kriterien, die der Entwicklung von Frauen besser gerecht werden könnten, zeugt jedoch nicht nur von der Beschränktheit der Theorien, die von Männern aufgestellt und anhand überwiegend männlicher und jugendlicher Versuchspersonen validiert wurden, sondern auch von dem mangelnden Selbstvertrauen der Frauen, ihrem Zögern, angesichts der ihnen durch ihre Machtlosigkeit und die Politik der Beziehungen zwischen den Geschlechtern auferlegten Hemmnisse, ihre eigenen Überzeugungen öffentlich zu vertreten.

Um über die Frage hinauszugelangen, »inwieweit denken Frauen wie Männer, wie weit sind sie fähig, sich mit abstrakten und hypothetischen Darstellungen der Realität zu befassen?«, ist es nötig, Entwicklungskriterien zu identifizieren und zu definieren, die den Kategorien des weiblichen Denkens entsprechen. Haan weist auf die Notwendigkeit hin, solche Kriterien aus der Lösung der »häufiger auftretenden, konkreten moralischen Dilemmas abzuleiten, bei denen es um zwi-

schenmenschliche Dinge, um Empathie und Mitgefühl geht« (S. 34),
die seit je im Zentrum der moralischen Fragestellungen von Frauen
gestanden haben. Um von der Sprache des moralischen Diskurses von
Frauen Entwicklungskriterien abzuleiten, muß man jedoch zunächst
feststellen, ob sich die weibliche Sichtweise in moralischen Fragen einer Sprache bedient, die anders ist als die der Männer und für die Definition der Entwicklung ebenso relevant ist. Dazu müssen Orte gefunden werden, wo Frauen die Macht haben zu wählen und deshalb auch
bereit sind, ihre eigenen Stimmen zu erheben.

Sobald Geburtenkontrolle und Abtreibung Frauen wirksame Mittel
in die Hand geben, ihre Fruchtbarkeit unter Kontrolle zu bringen,
dringt das Dilemma der Wahlmöglichkeit in einen zentralen Lebens-
bereich der Frauen ein. Die Beziehungen, die traditionell die Identität
der Frauen definiert und ihre moralischen Urteile bedingt haben, ergeben sich dann nicht länger zwangsläufig aus ihrer Fortpflanzungsfähigkeit, sondern hängen von Entscheidungen ab, über die sie die Kontrolle haben. Aus der Passivität und Zurückhaltung einer Sexualität
erlöst, die sie in Abhängigkeit hält, können sich Frauen mit Freud die
Frage stellen, was sie eigentlich wollen, und können ihre eigenen Antworten auf diese Frage finden. Obwohl die Gesellschaft öffentlich das
Recht der Frau, ihre eigene Wahl zu treffen, bekräftigen mag, bringt
sie die Ausübung dieses »Wahlrechts« privat in persönlichen Konflikt
mit den konventionellen Auffassungen von Weiblichkeit, insbesondere mit der moralischen Gleichsetzung von Tugend mit Aufopfe-
rung. Obwohl die Eigenständigkeit im Urteilen und Handeln als
Kennzeichen der Reife angesehen wird, haben sich Frauen selbst nach
ihrer Fürsorge und Rücksichtnahme auf andere beurteilt und sind auch
so beurteilt worden.

Der Konflikt zwischen dem Selbst und den anderen stellt somit das
zentrale moralische Problem für Frauen dar, ein Dilemma, dessen Lösung einen Ausgleich zwischen Weiblichkeit und Reife erfordert.
Wenn ein solcher Ausgleich nicht gelingt, kann das moralische Problem nicht gelöst werden. Die »gute Frau« gelangt zu keiner Eigenständigkeit und leugnet ihre Verantwortung durch die Behauptung,
nur den Bedürfnissen anderer zu dienen, während die »schlechte Frau«
auf Bindungen verzichtet oder sich von jenen lossagt, die sie in Selbsttäuschung und Betrug festhalten. Genau dieses Dilemma – der Konflikt zwischen Mitgefühl und Autonomie, zwischen Tugend und

Macht – ist es, das die Stimme der Frau aufzulösen sucht in ihrem Bemühen, das Selbst wiederzugewinnen und gleichzeitig das moralische Problem auf eine Weise zu lösen, daß niemand verletzt wird.

Wenn eine Frau überlegt, ob sie eine Schwangerschaft bestehen lassen oder abbrechen soll, dann geht es dabei um eine Entscheidung, von der sowohl das Selbst als auch andere betroffen sind und bei der die kritische moralische Frage des Verletzens und Verletztwerdens eine zentrale Rolle spielt. Da die Entscheidung letzten Endes bei ihr liegt und sie deshalb dafür verantwortlich ist, stellen sich dadurch genau diese Fragen des Urteilens, die für Frauen am problematischsten gewesen sind. Jetzt wird sie gefragt, ob sie den Lebensstrom zu unterbrechen wünscht, der sie jahrhundertelang in der Passivität der Abhängigkeit gefangenhielt und ihr gleichzeitig die Verantwortung der Fürsorge auferlegte. Die Abtreibungsentscheidung führt somit Fragen von Verantwortung und Wahlmöglichkeit, die einen hohen Reifegrad fordern, in die innersten Bezirke des weiblichen Bewußtseins ein, das, was Joan Didion (1972) als den »nicht zu vereinbarenden Unterschied« bezeichnet – »das Gefühl, seine tiefsten Wurzeln unter Wasser zu haben, jene dunkle Verstrickung mit Blut, Geburt und Tod« (S. 14).

Die Art und Weise, wie Frauen an die Abtreibungsentscheidung herangehen und diesen Beschluß fassen, war der Gegenstand der Abtreibungsuntersuchung. Neunundzwanzig Frauen im Alter zwischen fünfzehn und dreiunddreißig Jahren und verschiedener nationaler Herkunft und Schichtzugehörigkeit wurden uns durch Abtreibungs- und Schwangerschaftsberatungsdienste für diese Untersuchung überwiesen. Die Frauen nahmen aus verschiedenen Gründen an dieser Untersuchung teil – die einen, um in bezug auf eine Entscheidung klarer zu sehen, über die sie sich im Konflikt befanden, andere als Reaktion auf die Bedenken von Beratern angesichts wiederholter Abtreibungen und wieder andere, um zur wissenschaftlichen Forschung beizutragen. Obwohl sich die Schwangerschaften unter den verschiedensten Umständen im Leben dieser Frauen ereigneten, waren gewisse Gemeinsamkeiten festzustellen. Die jungen Mädchen nahmen oft keine Verhütungsmittel, weil sie ihre Fortpflanzungsfähigkeit leugneten oder bezweifelten. Manche Frauen wurden schwanger, weil sie nicht mit sexuellen Kontakten gerechnet und daher keine Verhütungsmaßnahmen ergriffen hatten. Manche Schwangerschaften traten zu einem Zeitpunkt ein, da die Frauen eine Beziehung zu beenden suchten, und können als Zeichen der Ambivalenz oder als Versuch gedeutet werden, die Beziehung einem äußersten Bindungstest zu unterwerfen. Für diese Frauen schien die Schwangerschaft ein Mittel zu sein, um die Wahrheit herauszufinden, wobei sie das Kind zu einem Verbündeten in ihrem Appell um männliche Unterstützung und Schutz machten oder aber, falls dies fehlschlug, zu einem Opfergefährten männlicher Zurückweisung. Manche Frauen wurden schließlich schwanger, entweder weil die Verhütungsmittel versagt hatten oder aufgrund einer gemeinsamen Entscheidung, zu der sie später nicht mehr standen. Von den 29 Frauen entschlossen sich vier, das Kind zur Welt zu bringen, zwei hatten eine Fehlgeburt, 21 wählten die Abtreibung und zwei, die zur Zeit des Interviews unentschlossen gewesen waren, konnten für spätere Befragungen nicht mehr erreicht werden. Die Frauen wurden zweimal interviewt, erstmals zu dem Zeitpunkt, in dem sie die Entscheidung trafen, also in den ersten drei Monaten einer feststehenden Schwangerschaft, und dann am Ende des folgenden Jahres. Das Überweisungsverfahren sah vor, daß zwischen dem Zeitpunkt, zu dem die Frau einen Berater oder eine Klinik aufsuchte, und dem Termin der Abtreibung ein gewisser Zeitraum liegen mußte. Angesichts dieses Umstands und der Tatsache, daß manche Berater die Teilnahme an der Untersuchung als ein wirksames Mittel der Krisenintervention betrachteten, gibt es Grund zur Annahme, daß sich die befragten Frauen in einem größeren als dem üblichen Konflikt bei dieser Entscheidung befanden. Da sich die Studie auf das Verhältnis zwischen Urteil und Handlung und nicht auf die Frage der Abtreibung als solche konzentrierte, wurde nicht der Versuch unternommen, eine Stichprobe auszuwählen, die repräsentativ für Frauen gewesen wäre, die einen Schwangerschaftsabbruch in Erwägung ziehen, eine Möglichkeit dafür suchen oder einen solchen durchführen lassen. Die Befunde beziehen sich somit eher auf die verschiedene Art und Weise, in der Frauen zu Dilemmas in ihrem Leben Stellung nehmen, als auf die verschiedenen Einstellungen von Frauen zur Möglichkeit der Abtreibung als solcher.

Im ersten Teil des Interviews wurden die Frauen aufgefordert, sich über die Entscheidung zu äußern, vor der sie standen, wie sie damit umgingen, die Alternativen, die sie in Betracht zogen, ihre Gründe sowohl für als auch gegen die vorhandenen Optionen, die daran beteiligten Personen, die sich daraus ergebenden Konflikte und die Art und

Weise, wie sich ihre Entscheidungsbildung auf ihr Bild von sich selbst und ihre Beziehungen zu anderen auswirkte. Im zweiten Teil des Interviews wurden die Frauen ersucht, drei hypothetische moralische Dilemmas zu lösen, einschließlich des Heinzschen Dilemmas aus Kohlbergs Untersuchung.

In seiner Weiterentwicklung von Piagets Darstellung des moralischen Urteils von Kindern zum moralischen Urteil von Jugendlichen und Erwachsenen unterscheidet Kohlberg (1976) drei Perspektiven in bezug auf moralische Konflikte und Entscheidungen. Kohlberg, der die moralische Entwicklung in der Adoleszenz auf die Entfaltung des reflektiven Denkens in dieser Periode zurückführt, bezeichnet diese drei Auffassungen von Moral als präkonventionell, konventionell und postkonventionell, worunter er die Entwicklung des moralischen Verständnisses von einem individuellem über einen gesellschaftlichen zu einem universellen Zustand versteht. In diesem Schema bildet die konventionelle Moral, das heißt, die Gleichsetzung des Richtigen oder Guten mit der Aufrechterhaltung der bestehenden gesellschaftlichen Normen und Wertvorstellungen, den Ausgangspunkt. Während der präkonventionelle Moralbegriff von einer Unfähigkeit zeugt, sich einen kollektiven oder gesellschaftlichen Standpunkt vorstellen zu können, transzendiert die postkonventionelle Auffassung eine solche Sichtweise. Das präkonventionelle Urteil ist egozentrisch und leitet seine moralischen Konstrukte von individuellen Bedürfnissen ab; das konventionelle Urteil basiert auf den geteilten Normen und Werten, von denen Beziehungen, Gruppen, Gemeinschaften und Gesellschaften getragen werden; und die postkonventionelle Sichtweise zeugt von einer reflektierten Perspektive hinsichtlich gesellschaftlicher Wertvorstellungen und formuliert moralische Prinzipien, die universell in ihrer Anwendbarkeit sind.

Diese Verlagerung der Perspektive in Richtung auf differenziertere, umfassendere und reflektiertere Betrachtungsweisen geht aus den Reaktionen der Frauen sowohl auf tatsächliche als auch auf hypothetische Dilemmas hervor. Aber so wie sich die Konventionen, die das moralische Urteil der Frauen fordern, von denen der Männer unterscheiden, so divergiert auch die Definition der Moralvorstellungen von derjenigen, die aus Untersuchungen von Männern abgeleitet wurde. Die Auffassung der Frauen vom Moralproblem als einem Problem der Anteilnahme und Verantwortlichkeit in Beziehungen und nicht als einer Frage von Rechten und Regeln verknüpft die Entwicklung ihres moralischen Denkens mit Veränderungen in ihrem Verständnis von Verantwortung und Beziehungen, so wie die Konzeption von Moral als Gerechtigkeit die Entwicklung von der Logik der Gleichberechtigung und Gegenseitigkeit abhängig macht. Die einer Ethik der Anteilnahme zugrundeliegende Logik ist somit eine psychologische Logik von Beziehungen, die in Gegensatz zu der formalen Logik der Fairneß steht, von der der Gerechtigkeitsansatz ausgeht.

Die Äußerungen der Frauen zum Abtreibungsdilemma insbesondere zeigen das Vorhandensein einer eigenen Sprache der Moral, deren Evolution aufeinanderfolgende Entwicklungsschritte erkennen läßt. Es ist dies die Sprache des Egoismus und der Verantwortung, die das moralische Problem als Verpflichtung definiert, Rücksichtnahme zu üben und Verletzungen zu vermeiden. Das Zufügen von Verletzungen wird als egoistisch und unmoralisch angesehen, da es von Gleichgültigkeit zeugt, während der Ausdruck von Rücksichtnahme als Erfüllung der moralischen Verantwortung betrachtet wird. Der in diesem Zusammenhang wiederholte Gebrauch der Worte *egoistisch* und *verantwortungsvoll* läßt die Frauen anders erscheinen als die Männer, die Kohlberg studierte, wenn man davon ausgeht, daß diese Sprache von einer anderen moralischen Orientierung zeugt, und weist auf ein anderes Verständnis moralischer Entwicklung hin.

Die drei moralischen Perspektiven, die in der Abtreibungsuntersuchung zutage traten, zeugen von einer schrittweisen Entwicklung der Ethik der Anteilnahme (*care*). Diese verschiedenen Auffassungen von Anteilnahme und die Übergänge zwischen diesen ergaben sich aus einer Analyse der Art und Weise, wie die Frauen moralische Sprache gebrauchten – Worte wie *sollte, besser, richtig, gut* und *falsch* –, der Veränderungen und Verlagerungen, die in ihrer Denkweise erkennbar wurden, und der Art und Weise, wie sie über ihr Denken reflektierten und dieses beurteilten. In dieser Sequenz folgt auf die ursprüngliche Neigung, für die eigene Person zu sorgen, um das Überleben zu sichern, eine Übergangsphase, in der diese Haltung als egoistisch kritisiert wird. Diese Kritik signalisiert ein neues Verständnis der Verbundenheit zwischen dem Selbst und anderen, das sich im Konzept der Verantwortlichkeit artikuliert. Die Ausformulierung dieses Konzepts der Verantwortlichkeit und seine Verschmelzung mit einer mütterlichen Moral, welche die Fürsorge für die Abhängigen und

Schwächeren zu sichern sucht, kennzeichnet die zweite Perspektive. An diesem Punkt wird das Gute mit der Fürsorge für andere gleichgesetzt. Wenn jedoch nur andere als Empfänger der weiblichen Fürsorge legitimiert sind, führt der Ausschluß der eigenen Person zu Problemen in den Beziehungen und schafft ein Ungleichgewicht, das die zweite Veränderung in Gang setzt. Die Gleichsetzung der Konformität mit Fürsorglichkeit in ihrer konventionellen Definition und die Unlogik der fehlenden Gleichberechtigung zwischen den anderen und dem Selbst führen zu einer Neubewertung von Beziehungen in dem Bestreben, die Verwechslung von Fürsorglichkeit und Selbstaufopferung zu beseitigen, von der die konventionelle Auffassung von weiblicher Tugend ausgeht. Die dritte Perspektive konzentriert sich auf die Dynamik von Beziehungen und baut die Spannung zwischen Egoismus und Verantwortung durch ein neues Verständnis der Wechselbeziehung zwischen dem anderen und dem Selbst ab. Anteilnahme wird zum selbstgewählten Prinzip einer Auffassung, die in ihrer Rücksichtnahme auf Beziehungen und Reaktionen psychologisch bleibt, die aber in ihrer Verurteilung von Ausbeutung und Verletzung universell wird. Die Entwicklung einer Ethik der Anteilnahme ist somit gekennzeichnet durch ein immer tieferes Verständnis der Psychologie menschlicher Beziehungen – durch eine zunehmende Differenzierung des Selbst und des anderen und ein wachsendes Verständnis der Dynamik sozialer Interaktion. Diese Ethik, die von einer kumulativen Kenntnis menschlicher Beziehungen zeugt, entwickelt sich um eine zentrale Einsicht, nämlich, daß das Selbst und die anderen wechselseitig voneinander abhängig sind. Die verschiedenen Einstellungen zu dieser Verbundenheit bzw. die verschiedenen Stadien des Verständnisses charakterisieren die drei Perspektiven und ihre Übergangsphasen. In dieser Sequenz bewirkt die Tatsache der wechselseitigen Verbundenheit die zentrale, immer wiederkehrende Erkenntnis, daß, während die Ausübung von Gewalt letzten Endes für alle zerstörerisch ist, der Akt der Anteilnahme sowohl anderen als auch dem Selbst nützt.

Aus der einfachsten Perspektive gesehen, geht es bei der Abtreibungsentscheidung um die eigene Person. Das Problem ist pragmatisch, es geht um das Überleben. Die Frau will vor allem für sich selbst sorgen, weil sie das Gefühl hat, ganz allein zu sein. Aus dieser Perspektive unterscheidet sich *sollen* nicht von *wünschen*, und andere Personen beeinflussen die Entscheidung nur durch ihre Macht, auf die Konsequenzen einzuwirken. Die 18jährige Susan antwortet auf die Frage nach ihrer Reaktion auf die Schwangerschaft: »Ich habe eigentlich gar nichts gedacht, außer daß ich es nicht wollte. *Warum nicht?* Ich wollte es nicht, ich war nicht bereit dafür. Das nächste Jahr ist mein letztes Schuljahr, und ich möchte die Schule abschließen.« Auf die Frage, ob es eine richtige Entscheidung oder eine richtige Art des Entscheidens über die Abtreibung gebe, sagte sie: »Es gibt keine richtige Entscheidung. *Warum nicht?* Ich wollte es nicht.« Für sie würde sich die Frage der Richtigkeit nur dann stellen, wenn es einen Konflikt zwischen ihren eigenen Bedürfnissen gäbe; dann müßte sie entscheiden, welches Bedürfnis den Vorrang habe. In diesem Dilemma befindet sich die ebenfalls 18jährige Joan, die in der Geburt eines Kindes zwar einerseits die Möglichkeit sieht, ihre Freiheit zu vergrößern, weil es »die beste Gelegenheit bietet, zu heiraten und von zu Hause wegzuziehen«, andererseits aber auch die Gefahr, daß ihre Freiheit, »viele Dinge zu tun«, eingeschränkt wird.

Nach dieser Auffassung wird das Selbst, welches einziges Objekt der Anteilnahme ist, durch einen Mangel an Macht gehemmt, der aus dem Gefühl der Bindungslosigkeit und damit de facto des Auf-sich-allein-Gestelltseins herrührt. Der Wunsch, »viele Dinge zu tun«, wird ständig durch die Begrenztheit dessen widerlegt, was de facto getan wurde. Beziehungen sind überwiegend enttäuschend: »Das einzige, was man je davon hat, mit einem Mann zusammenzusein, ist, daß man verletzt wird.« Die Folge ist, daß Frauen in manchen Fällen bewußt die Isolierung wählen, um sich vor dem Verletztwerden zu schützen. Auf die Frage, wie sie sich selbst beschreiben würde, antwortet die neunzehnjährige Martha, die sich selbst die Schuld am Unfalltod eines jüngeren Bruders gibt, der ihr besonders nahestand:

Ich weiß es wirklich nicht. Ich habe nie darüber nachgedacht. Ich weiß es nicht. Ich kenne nur die Grundzüge meines Charakters. Ich bin sehr unabhängig. Ich mag es im Grunde nicht, irgend jemand um irgend etwas bitten zu müssen, und ich bin ein Einzelgänger. Es ist mir lieber, allein zu sein, als mit anderen zusammen. Es gelingt mir, meine Freundschaften auf eine begrenzte Zahl zu beschränken, so daß ich tatsächlich sehr wenige Freunde habe. Andere Möglichkeiten kenne ich nicht. Ich bin ein Einzelgänger, und mir gefällt das. Heute da und morgen dort.

Daß die Sorge um das Überleben an erster Stelle steht, wird von der 16jährigen Betty unumwunden ausgesprochen, wenn sie im Hinblick auf das Heinzsche Dilemma erklärt:

> Ich glaube, die Selbsterhaltung zählt zu den wichtigsten Dingen im Leben, für die Menschen kämpfen. Ich glaube, es ist das Wichtigste überhaupt, wichtiger als Stehlen. Stehlen mag ein Unrecht sein, aber wenn man stehlen oder sogar töten muß, um selbst zu überleben, dann sollte man es tun ... Selbsterhaltung ist, so glaube ich, das oberste Gebot. Es hat den Vorrang vor allem anderen im Leben.

Im Übergangsstadium, das auf diesen Standpunkt folgt, treten die Begriffe von Egoismus und Verantwortlichkeit erstmals auf. Sie beziehen sich zunächst auf das Selbst und bewirken eine Neudefinition des Eigeninteresses, das bisher als Grundlage der Beurteilung gedient hat. In dieser Übergangsphase geht es um das Problem der Bindung oder Verbundenheit mit anderen. Die Schwangerschaft beleuchtet diese Frage nicht nur, weil sie eine unmittelbare, konkrete Beziehung darstellt, sondern auch, weil sie auf konkreteste und körperliche Weise die Fähigkeit bestätigt, die Rolle einer erwachsenen Frau zu übernehmen. Obwohl die Mutterschaft zunächst eine Erlösung von der Einsamkeit der Adoleszenz zu bieten scheint und Konflikte der Abhängigkeit und Unabhängigkeit zu lösen verspricht, verschärfen sich diese Probleme in Wirklichkeit durch eine Mutterschaft in halbwüchsigem Alter, durch die sich ja die gesellschaftliche Isolierung verstärkt und weitere Schritte zur Unabhängigkeit verbaut werden.

Im gesellschaftlichen wie im physischen Sinn Mutter zu sein, erfordert die Übernahme der elterlichen Verantwortung für die Betreuung und den Schutz eines Kindes. Um jedoch fähig zu sein, für einen anderen zu sorgen, muß man erst imstande sein, in verantwortungsvoller Weise für sich selbst zu sorgen. Das Heranwachsen von der Kindheit zum Erwachsensein, das als Entwicklung vom Egoismus zur Verantwortlichkeit zu sehen ist, wird von der 17jährigen Josie in ihrer Reaktion auf ihre Schwangerschaft artikuliert:

> Ich begann mich wegen meiner Schwangerschaft echt gut zu fühlen, statt niedergeschlagen zu sein, weil ich die Situation nicht realistisch betrachtete. Ich betrachtete es von meinen eigenen, irgendwie egoistischen Bedürfnissen aus, weil ich einsam war. Es lief nicht so gut für mich, und so meinte ich, ich würde ein Kind bekommen, um das ich mich kümmern könnte, etwas, das ein Teil von mir ist,

und das gab mir ein gutes Gefühl. Aber ich übersah die realistische Seite, die Verantwortung, die ich würde übernehmen müssen. Ich gelangte zu dem Entschluß, die Schwangerschaft abbrechen zu lassen, weil mir klar wurde, wieviel Verantwortung ein Kind mit sich bringt. Beispielsweise, daß man immer da sein muß; man kann nicht die ganze Zeit außer Haus sein, wie ich es gern mache. Und ich kam zu der Überzeugung, daß ich die Verantwortung für mich selbst übernehmen und viele Dinge für mich klären muß.

Josie beschreibt ihre frühere Einstellung, ihren Wunsch, ein Kind zu bekommen, um ihre Einsamkeit zu bekämpfen und eine Bindung zu haben, und kritisiert diese Haltung rückblickend als »egoistisch« und »unrealistisch«. Der Widerspruch zwischen dem Wunsch nach einem Kind und dem Wunsch nach der Freiheit, »die ganze Zeit außer Haus zu sein« – das heißt, zwischen Bindung und Unabhängigkeit – wird zugunsten einer neuen Priorität gelöst. Sobald sich ihre Urteilskriterien verändern, nimmt das Dilemma eine moralische Dimension an, und der Konflikt zwischen Wunsch und Wirklichkeit wird als Diskrepanz zwischen »möchte« und »sollte« gesehen. Aus dieser Sichtweise wird der »Egoismus« einer eigenwilligen Entscheidung der »Verantwortlichkeit« einer moralischen Wahl gegenübergestellt:

Was ich tun möchte, ist, das Kind zu bekommen, aber ich habe das Gefühl, was ich tun sollte, ist, die Schwangerschaft jetzt abzubrechen, denn manchmal ist das, was man sich wünscht, nicht richtig. Manchmal hat die Notwendigkeit Vorrang vor den eigenen Wünschen, denn diese haben vielleicht nicht immer die richtigen Konsequenzen.

Die Schwangerschaft als solche ist eine Bestätigung ihrer Weiblichkeit, wie Josie es ausdrückt: »Ich begann mich echt gut zu fühlen. Da ich schwanger war, begann ich mich wie eine Frau zu fühlen.« Aber die Abtreibungsentscheidung wird für sie zu einer Gelegenheit, in erwachsener Weise eine verantwortliche Wahl zu treffen:

Wie würden Sie sich selbst beschreiben? Ich sehe mich jetzt anders, seit ich eine wirklich schwere Entscheidung zu treffen hatte. Ich hatte in meinem bisherigen Leben nicht allzu viele schwierige Entscheidungen zu fällen, und ich habe es geschafft. Dazu bedurfte es einer gewissen Verantwortlichkeit. Ich habe mich verändert, weil ich diese schwierige Entscheidung treffen mußte. Und das ist gut gewesen. Denn vorher hätte ich es meiner Ansicht nach nicht realistisch betrachtet. Ich wäre nur danach gegangen, was ich tun wollte, und ich wollte es, auch wenn es nicht richtig war. Ich habe also das Gefühl, jetzt reifer zu sein in der Art und Weise, wie ich Entscheidungen treffe und für mich selber einstehe, etwas für mich selbst tue. Ich glaube, es wird mir auch in anderer Hinsicht helfen, wenn ich andere Entscheidungen zu treffen habe, die eine gewisse Verantwortlichkeit erfordern. Ich weiß jetzt, daß ich sie treffen kann.

In der Offenbarung dieses kognitiven Nachvollzugs verwandelt sich das Alte in etwas Neues. Der Wunsch, »etwas für mich selbst zu tun«, bleibt, aber die Bedingungen seiner Erfüllung verändern sich. Für Josie bekräftigt die Abtreibungsentscheidung mit ihrer Integration von Fürsorge und Verantwortlichkeit sowohl ihre Weiblichkeit als auch ihr Erwachsensein. Moral, sagt eine andere Halbwüchsige, »ist die Art und Weise, wie man über sich selbst denkt. Früher oder später muß man sich entschließen, für sich selbst zu sorgen. Der Schwangerschaftsabbruch, wenn man ihn aus den richtigen Gründen macht, hilft einem, von neuem zu beginnen, Dinge zu tun. «

Da diese Veränderung eine Steigerung des Selbstwertgefühls bedeutet, setzt sie ein Selbstbild voraus, das die Möglichkeit einschließt, »das Richtige zu tun«, die Fähigkeit, in sich selbst das Potential zum Guten zu erblicken und sich deshalb der Aufnahme in die Gesellschaft für würdig zu halten. Wenn ein solches Selbstvertrauen ernsthaft in Zweifel gezogen ist, werden die Fragen der Veränderung zwar aufgeworfen, aber die Entwicklung ist behindert. Ein Beispiel für dieses Unvermögen, trotz ihres Verständnisses der damit verbundenen Probleme diesen ersten Entwicklungsschritt zu bewältigen, ist Anne, die in ihren späten Zwanzigern mit dem Konflikt zwischen Egoismus und Verantwortlichkeit ringt, aber ihr Dilemma nicht lösen kann, ob sie einen dritten Schwangerschaftsabbruch durchführen lassen soll:

Ich glaube, man muß an die Menschen denken, die davon betroffen sind, einschließlich ich selbst. Man hat eine Verantwortung gegenüber sich selbst. Und ob man eine richtige Entscheidung in dieser Frage treffen kann – wie immer diese auch aussieht –, hängt von der Kenntnis und dem Bewußtsein der Verantwortung ab, die man hat, und ob man mit einem Kind überleben kann und welche Folgen es für die Beziehung mit dem Vater des Kindes hat oder wie es sich gefühlsmäßig auf ihn auswirken wird.

Anne lehnt den Gedanken ab, das Baby zu verkaufen und »gewisser-

maßen auf dem Schwarzen Markt viel Geld dafür zu bekommen ...
denn ich handle in der Regel nach Prinzipien, und der Gedanke wäre
mir einfach unangenehm, daß ich mein eigenes Kind verkaufe«, aber
sie schlägt sich mit einem Begriff von Verantwortung herum, der immer wieder auf die Frage ihres eigenen Überlebens hinausläuft. Die
Entwicklung scheint durch ihr Selbstbild blockiert, das hartnäckige
Widersprüche aufweist:

Wie würden Sie sich selbst beschreiben? Ich sehe mich selbst als impulsiv und praktisch veranlagt – das ist ein Widerspruch – und als moralisch und amoralisch, ein weiterer Widerspruch. Der einzige Zug,
der durchgängig und nicht widersprüchlich ist, ist die Tatsache, daß
ich sehr faul bin. Man hat mir immer gesagt, dies sei im Grunde ein
Symptom von etwas anderem, was ich aber nie genau identifizieren
konnte. Ich habe lang gebraucht, um mich selbst zu mögen. Es gibt
immer noch Zeiten, da ich mich nicht mag. Ich finde, das ist bis zu
einem gewissen Grad gut so, und manchmal glaube ich, daß ich
mich zu sehr mag und mir wahrscheinlich selbst zu sehr ausweiche,
das heißt, der Verantwortung gegenüber mir selbst und anderen
Menschen, die mich mögen, aus dem Weg gehe. Ich bin mir selbst
ziemlich untreu. Es fällt mir schwer, auch nur daran zu denken, daß
ich ein Mensch bin, weil so viel scheußliche Sachen passieren und
die Leute so fies und unsensibel sind.

Sie sieht sich selbst als jemand, der sich vor Verantwortung drückt,
und findet keine Basis, auf der sie das Abtreibungsdilemma lösen
könnte. Ihre Unfähigkeit, zu einer klaren Entscheidung zu gelangen,
trägt nur noch weiter zu ihrem allgemeinen Gefühl des Versagens bei.
Während sie zunächst ihren Eltern vorwarf, sie als Halbwüchsige verraten zu haben, indem sie sie zu einer Abtreibung zwangen, die sie
nicht wollte, verrät sie sich jetzt selbst und kritisiert auch das. Von
daher ist es nicht überraschend, daß sie in Erwägung zieht, ihr Kind zu
verkaufen, da sie das Gefühl hat, von ihren Eltern um der Wahrung
deren Rufes willen verkauft worden zu sein.

Der Schritt von der ersten zur zweiten Perspektive, vom Egoismus
zu Verantwortung, ist ein Schritt zur gesellschaftlichen Partizipation.
Während Moral aus der ersten Perspektive eine Frage von Sanktionen
ist, die von einer Gesellschaft verhängt werden, der man mehr als Un-
tertan denn als Bürger angehört, stützt sich das moralische Urteil aus
der zweiten Perspektive auf gemeinsame Normen und Erwartungen.

Die Frau rechtfertigt an diesem Punkt ihren Anspruch auf Zugehörigkeit zur Gesellschaft durch die Anerkennung gesellschaftlicher Wertvorstellungen. Sich in Fragen von gut und böse im Konsens zu befinden, wird zum obersten Anliegen, wird zum beherrschenden Motiv, da sich die Erkenntnis einstellt, daß das eigene Überleben von der Akzeptanz durch andere abhängt.

Die konventionelle Stimme der Frau erhebt sich hier mit großer Klarheit, definiert das Selbst und proklamiert seinen Wert auf der Basis seiner Fähigkeit, für andere zu sorgen und sie zu beschützen. Die Frau sieht die Welt jetzt durchtränkt von den Annahmen über weibliche Tugend, die sich in den Stereotypen der Untersuchungen von Broverman et al. (1972) spiegeln, Klischeevorstellungen, bei denen alle Attribute, die für Frauen als wünschenswert erachtet werden, ein Gegenüber voraussetzen – den Adressaten des »Takts, der Sanftheit und der Fähigkeit, Gefühle mühelos auszudrücken«, Fähigkeiten, die es der Frau gestatten, sensibel auf den anderen zu reagieren und diesen gleichzeitig zu der Fürsorge zu motivieren, die ihrem »sehr starken Bedürfnis nach Sicherheit« entspricht (S. 63). Die Stärke dieser Position liegt in ihrer Fähigkeit zur Fürsorge; die Grenzen dieser Position liegen in der Beschränkung, die sie der unmittelbaren Äußerung auferlegen. Beide Qualitäten werden von der neunzehnjährigen Judy beleuchtet, die ihre eigene Scheu, Kritik zu üben, der Offenherzigkeit ihres Freundes gegenüberstellt:

Ich möchte niemandem wehtun, und ich rede mit allen sehr freundlich und respektiere deren eigene Meinung. Jeder kann alles so machen, wie er will. Mein Freund sagt den Leuten sofort Bescheid. Er macht viele Dinge in der Öffentlichkeit, die ich im Privatleben mache. Das ist besser so, aber ich brächte es einfach nie fertig.

Sie hat zwar eindeutig eine eigene Meinung, äußert sie aber nicht, zumindest nicht in der Öffentlichkeit. Rücksichtnahme auf die Gefühle anderer zwingt sie zu einer Unterordnung, die sie andererseits kritisiert, weil sie sich bewußt ist, daß sich hinter dem Etikett der Rücksichtnahme Verletzbarkeit und Doppelzüngigkeit verbergen.

An diesem Punkt der Entwicklung entstehen Konflikte, insbesondere, wenn man vor der Notwendigkeit steht, jemandem wehzutun. Wenn keine Option vorhanden ist, von der man sagen kann, daß sie im besten Interesse aller Beteiligten sei, wenn Verantwortlichkeiten miteinander in Konflikt liegen und die Entscheidung zur Folge hat, daß die Bedürfnisse von irgend jemandem geopfert werden müssen, dann sieht sich die Frau mit der unmöglich erscheinenden Aufgabe konfrontiert, das Opfer auszuwählen. Die 19jährige Cathy, die von einer zweiten Abtreibung Konsequenzen für sich selbst fürchtet, die aber den Widerstand sowohl ihrer Familie als auch ihres Liebhabers gegen das Austragen des Kindes zu spüren bekommt, schildert das Dilemma:

> Ich weiß nicht, welche anderen Möglichkeiten mir offenstehen. Ich muß entweder das Kind bekommen oder die Abtreibung machen lassen; das sind die einzigen Möglichkeiten, die ich sehe. Was mir solche Schwierigkeiten macht, ist, daß ich vor der Wahl stehe, entweder meine eigenen Wünsche oder die anderer Leute um mich herum zu ignorieren. Was ist wichtiger? Wenn es einen Mittelweg gäbe, wäre das schön, aber es gibt keinen. Entweder setze ich mich über die anderen hinweg oder über mich selbst.

Obwohl die weibliche Identifizierung von Tugend mit Selbstaufopferung klar die »richtige« Lösung dieses Dilemmas diktiert, kann für die Frau selbst viel auf dem Spiel stehen, und die Opferung des Feten kompromittiert überdies den Altruismus einer Abtreibung, die von Rücksichtnahme auf andere motiviert ist. Da sich die Weiblichkeit als solche bei einem Schwangerschaftsabbruch, der als Ausdruck von Liebe und Rücksichtnahme gedacht ist, in einem Konflikt befindet, ist diese Lösung voll von Widersprüchen.

»Ich glaube, niemand sollte zwischen zwei Dingen wählen müssen, die man liebt«, sagt die 25jährige Denise, die gegen ihren Willen ein Kind abgetrieben hat, weil sie eine Verantwortung nicht nur gegenüber ihrem Liebhaber, sondern auch dessen Frau und Kindern empfand:

> Ich wollte das Kind einfach, und ich bin im Grunde gegen Abtreibungen. Wer kann sagen, wann das Leben beginnt? Ich finde, das Leben beginnt bei der Empfängnis. Ich spürte, daß sich in meinem Körper Veränderungen vollzogen, und ich fühlte mich als Beschützerin. Aber ich empfand eine Verantwortung, eine Verantwortung falls (seiner Frau) etwas zustoßen sollte. Er machte mir klar, daß ich eine Entscheidung treffen mußte und daß es nur eine richtige Entscheidung für mich gab, und das war, das Kind abtreiben zu lassen, und daß ich ja später immer noch Kinder bekommen könne, und er gab mir das Gefühl, wenn ich es nicht machte, würde uns das auseinanderbringen.

Die Abtreibungsentscheidung war für sie eine Wahl, die sie in bezug auf die Schwangerschaft nicht gewählt hätte: »Das war meine Wahl: Ich mußte es tun. « Statt dessen entschied sie sich, die Schwangerschaft der Fortsetzung einer Beziehung unterzuordnen, die für sie ihr ganzes Leben umschließt: »Seit ich ihn kennengelernt habe, ist er der Mittelpunkt meines Lebens gewesen. Ich tue alles für ihn; mein Leben dreht sich gewissermaßen um ihn. « Da sie das Kind bekommen, aber auch die Beziehung fortsetzen wollte, könnten beide Entscheidungen als egoistisch betrachtet werden. Da beide Alternativen zur Folge hatten, jemanden zu verletzen, könnte außerdem keine der beiden als moralisch betrachtet werden. Mit einer Entscheidung konfrontiert, die nach ihren eigenen Worten unerträglich war, versuchte sie die Verantwortung für die schließlich getroffene Wahl zu vermeiden, indem sie die Entscheidung als Opferung ihrer eigenen Bedürfnisse zugunsten ihres Liebhabers und dessen Frau darstellte. Dieses öffentliche Opfer im Namen von Verantwortung löste jedoch persönliche Ressentiments aus, die zu einem Krach führten und genau die Beziehung belasteten, die durch das Opfer gerettet werden sollte:

Nachher machten wir eine schlimme Zeit durch, weil ich – ich gebe es ungern zu, und es war falsch von mir – ihm die Schuld daran gab. Ich habe ihm nachgegeben. Aber letzten Endes habe ich die Entscheidung getroffen. Ich hätte sagen können: »Ich werde dieses Kind bekommen, ob du es willst oder nicht«, aber ich habe es nicht getan.

Jetzt, da sie wieder vom gleichen Mann schwanger ist und sich am selben Scheideweg befindet, der sich nunmehr als versäumte Gelegenheit zum Wachstum erweist, erkennt sie rückblickend, daß es ja doch ihre Entscheidung gewesen war. Dieses Mal versucht sie die Entscheidung bewußt zu treffen, statt sie an andere abzutreten. Sie betrachtet das Problem als eine »Kraftprobe« und ringt darum, sich aus der Ohnmacht ihrer eigenen Abhängigkeit zu befreien:

Im Augenblick sehe ich mich als jemanden, der noch viel stärker werden kann. Aufgrund der Umstände gehe ich einfach den Weg des geringsten Widerstandes. Ich hatte im Grunde bisher nie etwas, das mir gehörte ... Ich hoffe, die Kraft zu einer großen Entscheidung aufzubringen, ob sie nun richtig oder falsch ist.

Da die Moral der Selbstaufopferung die vorherige Abtreibung rechtfertigt, muß sie jetzt von diesem Standpunkt abrücken, wenn sie mit eigener Stimme sprechen und die Verantwortung für ihre Entscheidung übernehmen will. Sie stellt dadurch die Prämisse in Frage, die ihrer früheren Perspektive zugrundelag, daß sie für die Handlungen anderer verantwortlich sei, während andere für die Entscheidungen, die sie trifft, verantwortlich sind. Diese Vorstellung von Verantwortung, deren Annahmen in bezug auf Machtausübung rückständig sind, läßt Aktionen als Reaktionen erscheinen. Durch die Umkehrung der Verantwortung bringt sie eine Reihe indirekter Handlungen hervor, die am Ende alle Beteiligten in dem Gefühl zurücklassen, manipuliert und verraten worden zu sein. Die Logik dieser Position ist anfechtbar, da die Moral der gegenseitigen Rücksichtnahme in die Psychologie der Abhängigkeit eingebettet ist. Selbstbehauptung wird durch ihre Macht, anderen zu schaden, potentiell unmoralisch. Diese Verwirrung tritt auch in Kohlbergs Definition des dritten Stadiums der moralischen Entwicklung zutage, in dem das Bedürfnis nach Anerkennung mit dem Wunsch zusammentrifft, für andere zu sorgen und anderen zu helfen. Hin- und hergerissen zwischen der Passivität der Abhängigkeit und der Aktivität der Fürsorge, wird die Frau in ihrer Initiative sowohl in bezug auf das Handeln als auch auf das Denken gelähmt. Denise spricht deshalb davon, »den Weg des geringsten Widerstandes« zu gehen.

Die Übergangsphase, die diesem Standpunkt folgt, ist gekennzeichnet durch eine Verlagerung des Interesses vom Guten auf das Wahre. Die Veränderung beginnt mit einer Neubewertung der Beziehung zwischen dem Selbst und den anderen, sobald die Frau die Logik der Selbstaufopferung im Dienste einer Moral der Anteilnahme zu überprüfen beginnt. In den Abtreibungsinterviews kündigt sich diese Veränderung durch das Wiederauftreten des Wortes *egoistisch* an. Die Frau, die die Initiative der Beurteilung wieder an sich reißt, beginnt sich zu fragen, ob es egoistisch oder verantwortungsvoll, moralisch oder unmoralisch ist, ihre eigenen Bedürfnisse in den Kreis ihrer Fürsorge und Rücksichtnahme einzubeziehen. Diese Frage führt sie zu einer Überprüfung des Konzepts der Verantwortung, wobei sie ihrer Bedachtnahme auf die Meinungen anderer ein neues eigenes Urteil gegenüberstellt.

Im Zuge dieser Unterscheidung der Stimme des Selbst und der Stimmen der anderen fragt sich die Frau, ob es möglich ist, sowohl sich selbst als auch anderen gegenüber verantwortlich zu sein und dadurch die Diskrepanz zwischen Verletzung und Rücksicht in Einklang zu bringen. Die Ausübung einer solchen Verantwortung erfordert eine neue Art des Urteilens, deren erstes Gebot Ehrlichkeit ist. Um für sich selbst verantwortlich zu sein, muß man sich zunächst darüber im klaren sein, was man tut. Die Urteilskriterien verlagern sich somit vom Guten zum Wahren, sobald die Moralität einer Handlungsweise nicht aufgrund ihres äußeren Anscheins in den Augen anderer, sondern aufgrund ihrer wahren Absichten und ihrer Konsequenzen bewertet wird.

Janet, eine 24jährige verheiratete Katholikin, die zwei Monate nach der Geburt ihres ersten Kindes wieder schwanger ist, identifiziert ihr Dilemma als eine Folge der Wahlmöglichkeit: »Man muß jetzt eine Entscheidung treffen. Da eine Abtreibung jetzt möglich ist, muß man eine Wahl treffen. Wenn das nicht möglich wäre, hätte man keine Wahl; man müßte einfach tun, was getan werden muß.« Solange es keinen legalen Schwangerschaftsabbruch gab, war eine Moral der Selbstaufopferung notwendig, um den Schutz und die Fürsorge für das abhängige Kind zu gewährleisten. Sobald ein solches Opfer zu einer von mehreren Möglichkeiten wird, stellt sich das gesamte Problem neu.

Die Abtreibungsentscheidung wird von Janet zunächst im Hinblick auf ihre Verantwortung gegenüber anderen gesehen, da die Geburt eines zweiten Kindes zu diesem Zeitpunkt dem ärztlichen Rat widersprechen und die Familie in emotionaler und finanzieller Hinsicht überfordern würde. Es spricht, wie sie sagt, jedoch noch ein anderer Grund für eine Abtreibung, »quasi ein emotionaler Grund. Ich weiß nicht, ob das egoistisch ist oder nicht, aber ich wäre dann wirklich angebunden, und im Augenblick bin ich nicht dazu bereit, mich mit zwei Kindern zu belasten«.

Dieser Kombination von egoistischen und verantwortungsvollen Gründen für eine Abtreibung steht ihr religiöser Glauben entgegen:

Man tötet ein Leben. Auch wenn es noch nicht geformt ist, ist das Potential schon da, und für mich heißt es immer noch, ein Leben zu töten. Aber ich muß auch an mein Leben, das meines Sohnes und meines Mannes denken. Zuerst glaubte ich, es seien egoistische Gründe, aber das stimmt nicht. Zum Teil mag es egoistisch sein. Ich möchte im Moment kein zweites Kind; ich bin noch nicht bereit dafür.

Das Dilemma entzündet sich an der Frage, ob es gerechtfertigt sei, ein Leben zu töten. »Ich kann mir nichts vormachen, weil ich daran glaube, und wenn ich versuche, mir etwas vorzumachen, dann weiß ich, daß ich in ein Schlamassel gerate. Das hieße zu leugnen, was ich im Grunde tue.« Janet fragt sich: »Tue ich das Richtige; ist es moralisch?« und setzt dann ihrer Einstellung zur Abtreibung ihre Sorge entgegen, welche Konsequenzen das Fortbestehen der Schwangerschaft hätte. Sie kommt zu dem Schluß, daß sie nicht »moralisch so streng sein kann, bloß aufgrund meiner moralischen Überzeugungen drei anderen Menschen zu schaden«, und stellt fest, daß die Frage des Gutseins für ihre Lösung des Dilemmas weiterhin entscheidend bleibt:

Der moralische Faktor ist vorhanden. Für mich bedeutet es, ein Leben zu töten, und ich werde diese Entscheidung auf meine eigene Kappe nehmen. Das belastet mich gefühlsmäßig, und ich habe mit einem Priester darüber gesprochen. Aber er sagte, die moralische Frage sei vorhanden und werde es von jetzt an sein, und es liege an der jeweiligen Person, ob sie mit dem Gedanken leben und sich immer noch für gut halten kann.

Die Kriterien für das Gutsein verlagern sich jedoch nach innen, da die Fähigkeit, eine Abtreibung vornehmen zu lassen und sich nach wie vor für gut zu halten, vom Problem des Egoismus abhängt. Auf die Frage, ob moralisches Verhalten heiße, das zu tun, was für die eigene Person am besten sei oder ob es eine Frage der Selbstaufopferung sei, antwortet sie:

Ich weiß nicht, ob ich die Frage wirklich verstehe. In meiner Situation, in der ich die Abtreibung will und mich aufopfern würde, wenn ich es nicht täte, befinde ich mich irgendwo dazwischen. Aber ich glaube, daß meine Moral stark ist, und wenn diese Gründe – finanzielle, körperliche und auch, was die ganze Familie betrifft – nicht vorhanden wären, dann müßte ich es nicht machen, und dann wäre es eine Selbstaufopferung.

Wie wichtig es für sie ist, ihre eigene Teilnahme an der Entscheidung zu klären, zeigt sich an ihrem Versuch, sich ihrer Gefühle zu vergewissern, um herauszufinden, ob sie sie »unterdrückt« oder nicht, wenn sie sich für den Schwangerschaftsabbruch entscheidet. Beim ersten Entwicklungsschritt vom Egoismus zur Verantwortlichkeit machen sich Frauen Aufzeichnungen, um sich Bedürfnisse, die nicht ihre eigenen sind, bewußt zu machen. Aber beim zweiten Schritt vom Guten zum

Wahren müssen die Bedürfnisse des Selbst mit Überlegung aufgedeckt werden. Janet stellt sich der Realität ihres eigenen Wunsches nach einer Abtreibung, sie setzt sich mit dem Problem des Eigennutzes und der Einschränkung auseinander, die dieser der »moralischen Unanfechtbarkeit« ihrer Entscheidung aufzuerlegen scheint. Aber die Auseinandersetzung mit ihrem Egoismus weicht am Ende dem Wunsch nach Ehrlichkeit und Wahrheit:

> Ich glaube, in gewisser Weise bin ich egoistisch und sehr emotional, und ich glaube, ich bin ein sehr realistischer Mensch und ein verständnisvoller Mensch, und ich komme mit der Realität ziemlich gut zurecht, ich verlasse mich also weitgehend auf meine Fähigkeit, das zu tun, was für mein Gefühl richtig und am besten für mich und für alle ist, mit denen ich zu tun habe. Ich glaube, ich war sehr fair gegenüber mir selbst in bezug auf diese Entscheidung, und ich glaube, ich bin wirklich aufrichtig gewesen, habe nichts verborgen und alle Gefühle, die dabei eine Rolle spielen, offen dargelegt. Ich habe das Gefühl, daß es eine gute und ehrliche Entscheidung ist und eine realistische Entscheidung.

Sie bemüht sich somit, sowohl ihre eigenen Bedürfnisse als auch die anderer unter einen Hut zu bringen, anderen gegenüber verantwortlich zu handeln und somit »gut« zu sein, aber auch sich selbst gegenüber verantwortlich zu handeln und deshalb »ehrlich« und »realistisch« zu sein.

Obwohl es von einem bestimmten Standpunkt aus egoistisch ist, auf die eigenen Bedürfnisse zu achten, ist es aus einer anderen Perspektive gesehen nicht nur ehrlich, sondern auch fair. Dies ist die Quintessenz des Übergangs zu einer Auffassung von »gutem« Verhalten, wobei sich die Betreffende nach innen wendet, um ihr Selbst anzuerkennen und die Verantwortung für die getroffene Wahl zu akzeptieren. Äußere Rechtfertigung, die Anführung »guter Gründe«, bleibt sehr wichtig für Janet: »Ich glaube immer noch, daß Abtreibung falsch ist und falsch bleiben wird, wenn die Situation nicht rechtfertigt, was man tut.« Die Suche nach einer Rechtfertigung ruft jedoch eine Veränderung in ihrem Denken hervor, »nicht drastisch, aber ein bißchen.« Sie erkennt, daß sie, wenn sie die Schwangerschaft fortbestehen lassen würde, nicht nur sich selbst, sondern auch ihren Mann bestrafen würde, dem gegenüber sie angefangen hat, sich »enttäuscht und irritiert« zu fühlen. Das veranlaßt sie, die möglichen Folgen einer Selbstaufopferung sowohl für sich selbst als auch für andere zu überlegen. Am Ende sagt Janet: »Gott kann strafen, aber Er kann auch verzeihen.« Was für sie fraglich bleibt, ist, ob ihre Bitte um Verzeihung durch eine Entscheidung kompromittiert wird, die nicht nur den Bedürfnissen anderer entspricht, sondern die auch »für mich selbst die richtige und beste ist«.

Die Befürchtung des Egoismus und seine Gleichsetzung mit Immoralität tauchen auch in einem Interview mit Sandra auf, einer 29jährigen katholischen Krankenschwester, die ihre Anmeldung zum Schwangerschaftsabbruch mit der Bemerkung begleitet: »Für mich war Abtreibung immer eine euphemistische Bezeichnung für Mord.« Anfangs erklärt sie, dieser Mord sei weniger schlimm, weil »ich es tue, weil ich es tun muß. Ich tue es nicht im mindesten, weil ich es möchte.« Deshalb meint sie, es sei »nicht ganz so schlimm. Man kann rationalisieren, daß es nicht genau dasselbe ist.« Da es »aus vielen, vielen Gründen undurchführbar und ausgeschlossen gewesen sei, das Kind zu behalten«, geht sie davon aus, zwischen Abtreibung oder Adoption wählen zu müssen. Nachdem sie bereits ein Kind zur Adoption freigegeben hat, stellte sie fest, »psychologisch war es mir nicht möglich, eine weitere Adoption zu verkraften. Ich brauchte etwa viereinhalb Jahre, um damit klarzukommen. Es kam einfach nicht in Frage, das noch einmal durchzumachen.« Die Entscheidung reduziert sich somit in ihren Augen auf die Wahl, den Feten zu ermorden oder sich selbst zu schaden. Die Entscheidung wird weiter kompliziert durch die Tatsache, daß die Fortsetzung der Schwangerschaft nicht nur sie selbst belasten würde, sondern auch ihre Eltern, bei denen sie wohnt. Angesichts dieser zahlreichen moralischen Widersprüche gestattet ihr die psychologische Ehrlichkeit, die in der Beratung gefordert wird, eine Entscheidung zu treffen:

Auf mich gestellt, habe ich es nicht so sehr für mich selbst getan; ich habe es für meine Eltern getan. Ich habe es getan, weil mir der Arzt riet, es zu tun, aber ich war nie zu der Überzeugung gelangt, daß ich es für mich tat. Tatsächlich mußte ich mich hinsetzen und zugeben: »Nein, ich will jetzt wirklich nicht den Weg der Mutterschaft gehen. Ich habe ganz ehrlich nicht das Gefühl, eine Mutter sein zu wollen.« Und das zu sagen ist im Grunde gar keine so schlimme Sache. Aber bevor ich mit (ihrer Beraterin) gesprochen hatte, habe ich nicht so gedacht. Ich fand es einfach schrecklich, so zu denken, deshalb wollte ich es nicht denken, und ich verdrängte es einfach aus meinem Bewußtsein.

Solange ihre Denkweise »moralisch« bleibt, kann die Abtreibung nur als ein Akt der Opferung gerechtfertigt werden, eine Unterwerfung unter die Notwendigkeit, wobei das Fehlen einer Wahlmöglichkeit die Verantwortung ausschließt. Auf diese Weise kann sie die Selbstverurteilung vermeiden, denn »wenn man sich die Frage nach der Moral stellt, dann steht die Selbstachtung auf dem Spiel, und wenn ich etwas tue, von dem ich das Gefühl habe, daß es moralisch falsch ist, dann riskiere ich, einen Teil meiner persönlichen Selbstachtung zu verlieren«. Ihr Ausweichen vor der Verantwortung, entscheidend für die Bewahrung der Unschuld, die sie für eine notwendige Voraussetzung der Selbstachtung betrachtet, steht in Widerspruch zu der Realität ihrer Beteiligung an der Abtreibungsentscheidung. Die Unaufrichtigkeit in ihrer Selbstdarstellung als Opfer schafft einen Konflikt, der das Bedürfnis nach einem umfassenderen Verständnis auslöst. Sie muß jetzt den auftauchenden Widerspruch in ihrem Denken zwischen ihrem unterschiedlichen Gebrauch der Begriffe *richtig* und *falsch* auflösen: »Ich behaupte, daß Abtreibung moralisch falsch ist, aber die Situation ist richtig und ich werde es tun. Die Sache ist bloß, daß ich das früher oder später auf einen Nenner bringen muß, ich muß das irgendwie miteinander vereinbaren.« Auf die Frage, wie das möglich sei, antwortet sie:

Aus »moralisch falsch« müßte ich »moralisch richtig« machen. *Wie?* Ich habe keine Ahnung. Ich glaube, man kann nicht etwas nehmen, was man für moralisch falsch hält, das aber im Zusammenhang der Situation richtig wird, und beide Aspekte miteinander in Einklang bringen. Sie sind nicht in Einklang, sie widersprechen einander. Sie lassen sich nicht vereinbaren. Etwas ist falsch, aber plötzlich, weil man es tut, ist es richtig.

Diese Diskrepanz erinnert sie an einen ähnlichen Konflikt, mit dem sie in der Frage der Euthanasie konfrontiert war, die sie ebenfalls für moralisch hielt, bis ihr die Betreuung von zwei Patienten übertragen wurde, »deren EEG keine Ausschläge mehr zeigte, und bis ich dann miterlebte, was das für deren Familien bedeutete«. Diese Erfahrung vermittelte ihr die Erkenntnis:

Man weiß erst, was schwarz und was weiß ist, wenn man selbst hineingezogen wird und damit konfrontiert ist. Wenn ich mir vor

Augen halte, was ich über Euthanasie dachte, bevor ich damit zu tun hatte, und wenn ich mich erinnere, wie ich über Abtreibung dachte, bis ich selbst in dieser Lage war – in meinen Augen war beides Mord. Für mich gab's nur »richtig« und »falsch« und nichts dazwischen, aber es gibt auch ein Grau.

Sobald sie die Grautöne entdeckt und die Moralurteile in Frage stellt, die sie bis dahin für absolut hielt, ist sie mit der moralischen Krise des zweiten Entwicklungsschritts konfrontiert. Die Konventionen, die in der Vergangenheit ihr moralisches Urteil lenkten, werden jetzt einer neuen Kritik unterworfen, da sie jetzt nicht nur die Berechtigung in Frage stellt, anderen im Namen der Moral zu schaden, sondern auch die »Richtigkeit«, sich selbst zu schaden. Um jedoch eine solche Kritik angesichts von Konventionen aufrechterhalten zu können, die das Gute mit Selbstaufopferung gleichsetzen, muß Sandra ihre Fähigkeit zu einem unabhängigen Urteil und die Legitimität ihres eigenen Standpunkts unter Beweis stellen.

Auch dieser Entwicklungsschritt hängt wieder vom Selbstkonzept ab. Wenn die Unsicherheit in bezug auf ihren eigenen Wert eine Frau daran hindert, für sich Gleichwertigkeit in Anspruch zu nehmen, dann fällt die Selbstbehauptung wieder dem alten Vorwurf des Egoismus zum Opfer. Eine Moral, die die Selbstzerstörung im Namen verantwortlicher Fürsorge gutheißt, wird dann nicht als unzulänglich zurückgewiesen, sondern vielmehr angesichts der Gefahr, die sie für das Überleben darstellt, aufgegeben. Statt moralische Verpflichtungen so auszuweiten, daß sie die eigene Person einschließen, werden sie völlig abgelehnt, wenn die Frau angesichts mangelnder Anteilnahme nicht länger bereit ist, andere auf ihre eigenen Kosten zu beschützen, wie sie es jetzt sieht. Sobald Moral keine Rolle mehr spielt, wird die Selbsterhaltung, so »egoistisch« oder »unmoralisch« sie sein mag, wieder zum obersten Anliegen.

Ellen, eine Musikerin Ende Zwanzig, verdeutlicht dieses Entwicklungsdilemma. Sie hatte bisher ein unabhängiges Leben geführt, dessen Mittelpunkt ihre Arbeit bildete, und hielt sich für »ziemlich willensstark, ziemlich rational und objektiv« und glaubte, ihr Leben »gut im Griff zu haben«, bis sie sich in eine sehr intensive Beziehung verstrickte und in ihrer Fähigkeit zu lieben eine »völlig neue Dimension« in sich entdeckte. Rückblickend gibt sie zu, »ungeheuer naiv und idealistisch« gewesen zu sein, denn sie habe die »vage Idee gehabt, eines

Tages ein Kind haben zu wollen, um unsere Beziehung zu konkretisieren, da ich ein Kind immer mit allen kreativen Aspekten meines Lebens assoziiert hatte«. Nachdem sie zusammen mit ihrem Liebhaber auf den Gebrauch von Verhütungsmitteln verzichtet hatte, weil »uns der Gedanke gefiel, keine fremden Objekte und nichts Künstliches zu verwenden, da unsere Beziehung für uns so etwas wie eine ideale Beziehung« war, hatte sie die Kontrolle über das Geschehen nach ihrem Gefühl aus der Hand gegeben und war »ganz einfach vage geworden und hatte sich von den Ereignissen dahintreiben lassen«. Als sie sich »der Realität dieser Situation« zu stellen begann – der Möglichkeit einer Schwangerschaft und der Tatsache, daß ihr Liebhaber verheiratet war –, stellte sich heraus, daß sie schwanger war. »Hin- und hergerissen« zwischen ihrem Wunsch, eine Beziehung zu beenden, die »mehr und mehr niederdrückend erschien«, und ihrem Wunsch nach einem Kind, das »eine Verbindung bilden würde, die lange Zeit halten könnte«, ist sie durch ihre Unfähigkeit gelähmt, das Dilemma zu lösen, das ihre Ambivalenz hervorbringt.

Die Schwangerschaft löst einen Konflikt zwischen ihrer »moralischen« Überzeugung aus, »ein Leben, das einmal begonnen hat, sollte nicht künstlich beendet werden«, und ihrer »erstaunlichen Entdeckung«, daß sie, um das Kind zu bekommen, eine weit stärkere Unterstützung brauchen würde, als sie gedacht hatte. Trotz ihrer moralischen Überzeugung, daß sie das Kind bekommen »sollte«, zweifelt sie daran, psychologisch damit fertigwerden zu können, »das Kind allein zur Welt zu bringen und die Verantwortung dafür zu übernehmen«. Ein Konflikt bricht somit aus zwischen ihrer moralischen Verpflichtung, wie sie es sieht, Leben zu schützen, und ihrer Unfähigkeit, das unter den Umständen dieser Schwangerschaft zu tun. Sie betrachtet es als »meine Entscheidung und meine Verantwortung, diese Entscheidung zu treffen, ob ich das Kind bekommen soll oder nicht«, und sie ringt darum, eine tragfähige Basis zu finden, auf der sie das Dilemma lösen könnte.

Ellen, die imstande ist, »mit einer philosophischen Logik« sowohl für als auch gegen eine Abtreibung zu argumentieren, meint, daß man einerseits in einer überbevölkerten Welt Kinder nur unter idealen Erziehungsbedingungen in die Welt setzen sollte, daß man aber andererseits ein Leben nur dann auslöschen dürfe, wenn es unmöglich ist, es zu erhalten. Auf die Frage, ob ein Unterschied bestehe zwischen dem, was sie tun möchte, und was sie ihrer Meinung nach tun sollte, schildert sie das Dilemma, mit dem sie wiederholt konfrontiert war:

Ja, und es war immer so. Ich bin bei vielen meiner Entscheidungen genau mit dieser Situation konfrontiert gewesen, und ich habe versucht herauszufinden, was mich denn eigentlich veranlaßt zu glauben, ich sollte das und das tun im Gegensatz zu dem, was ich tun möchte. *(In dieser Situation?)* Da ist es nicht so eindeutig. Einerseits möchte ich das Kind und habe das Gefühl, daß ich es bekommen sollte, andererseits glaube ich, daß ich die Abtreibung machen lassen sollte und möchte es auch, aber ich würde sagen, daß das mein stärkeres Gefühl ist. Ich habe noch nicht genügend Vertrauen zu meiner Arbeit, und davon hängt in Wirklichkeit alles ab. Die Abtreibung würde das Problem lösen, und ich weiß, daß mich die Schwangerschaft überfordert.

Sie bezeichnet die Abtreibung als eine »emotionale und pragmatische« Lösung und führt sie auf ihren Mangel an Vertrauen zu ihrer Arbeit zurück. Sie stellt sie der »durchdachteren, logischeren und richtigeren« Lösung ihres Liebhabers gegenüber, der der Ansicht ist, sie sollte das Kind bekommen und es ohne seine Anwesenheit und ohne seine finanzielle Unterstützung aufziehen. Konfrontiert mit diesem Spiegelbild von sich selbst als im Grunde uneigennützig und gut, als selbstgenügsam in ihrer eigenen Kreativität und somit fähig, die Bedürfnisse eines Kindes zu erfüllen, ohne Ansprüche gegenüber anderen zu erheben, stellt Ellen nicht das Bild als solches in Frage, sondern ihr eigenes Vermögen, ihm zu entsprechen. Sie kommt zu dem Schluß, daß sie dazu noch nicht fähig sei und ist daher in ihren eigenen Augen auf einen egoistischen und höchst fragwürdigen Kampf »um meine Selbsterhaltung« reduziert. Aber sie sagt:

Auf die eine oder andere Weise werde ich leiden müssen. Vielleicht werde ich seelisch und gefühlsmäßig leiden, wenn ich die Abtreibung machen lasse, und im anderen Fall würde ich, glaube ich, noch schlimmer leiden. Ich glaube deshalb, daß es das geringere von zwei Übeln ist. Ich glaube, es geht darum zu wählen, mit welcher Entscheidung ich leben kann. Das ist wirklich so. Vermutlich ist es egoistisch, weil es damit zu tun hat. Das ist mir eben klar geworden. Ich glaube, es hat damit zu tun, ob ich damit leben kann. *Warum ist das egoistisch?* Nun ja, es ist so. Weil es mir an erster Stelle um meine Selbsterhaltung geht und nicht um den Fortbestand der Beziehung oder das Leben des Kindes, das ja auch ein Mensch ist. Ich glaube, ich setze Prioritäten, und ich glaube, ich setze mein Bedürfnis nach Selbsterhaltung an die erste Stelle. Ich glaube, ich sehe es oft ziemlich negativ. Aber ich denke auch an andere, positive Dinge, daß ich vielleicht noch ein Leben vor mir habe. Ich weiß es nicht.

Angesichts dieser vergeblich erhofften Zuwendung, angesichts der Enttäuschung, im Stich gelassen zu werden, wo sie sich Verbundenheit erhoffte, kommt Ellen zu der Überzeugung, daß ihre Selbsterhaltung von ihrer Arbeit abhänge, aus der »ich den Sinn dessen, was ich bin, beziehe. Das ist der Faktor, den ich kenne«. Obwohl ihre Unsicherheit in bezug auf ihre Arbeit ihre Selbsterhaltung zweifelhaft erscheinen läßt, ist auch die Abtreibungsentscheidung insofern zweifelhaft, als sie »höchst introvertiert« ist. Die Schwangerschaft abzubrechen, »wäre ein Schritt zurück«, während »aus mir herauszugehen, um jemand anderen zu lieben und ein Kind zu bekommen, ein Schritt nach vorn wäre«. Das Gefühl des Verlusts, das das Durchtrennen der Verbindung mit sich bringt, geht aus ihrer Erwartung des Preises hervor, den die Abtreibung von ihr fordern wird:

Was ich machen werde, ist wahrscheinlich, meine Gefühle abzuschalten, und wann sie wieder aufleben werden oder was danach mit ihnen geschehen wird, das weiß ich nicht. Das muß ich tun, damit ich gar nichts fühle, und ich werde wahrscheinlich sehr kalt sein und die Sache ganz kalt durchziehen. Je öfter man das mit sich macht, desto schwieriger wird es, wieder zu lieben oder zu vertrauen oder wieder etwas zu fühlen. Sooft ich davon weggehe, wird es leichter, nicht schwieriger, sondern leichter, es zu vermeiden, mich für eine Beziehung zu engagieren. Und das macht mir wirklich Sorgen, diesen ganzen Gefühlsaspekt einfach abzutöten.

Hin- und hergerissen zwischen Egoismus und Verantwortung und außerstande, unter den Umständen dieser Entscheidung eine Möglichkeit der Zuwendung zu finden, die nicht gleichzeitig zerstörend wirkt, steht Ellen vor einem Dilemma, das sich auf einen Konflikt zwischen Moral und Selbsterhaltung reduziert. Erwachsenheit und Weiblichkeit fliegen durch das Scheitern dieses Integrationsversuches auseinander, und die Wahl der Arbeit wird zu einer Entscheidung, nicht nur auf diese spezielle Beziehung und dieses Kind zu verzichten, sondern auch die Verwundbarkeit zu tilgen, die Liebe und Zuwendung mit sich bringen.

Aber die Probleme dieses Standpunktes verhelfen uns zu den Einsichten der dritten Perspektive, sobald sich das Interesse auf die Frage konzentriert, was Anteilnahme/Zuwendung/Fürsorglichkeit *(care)* denn eigentlich bedeutet. Die 25jährige Sarah, die ebenfalls eine Enttäuschung erlebt hat, findet einen Weg, um die ursprünglich diskrepanten Begriffe von Egoismus und Verantwortung durch ein verwandeltes Beziehungsverständnis miteinander zu versöhnen. Nachdem sie die Annahmen überprüft hat, die den Konventionen weiblicher Selbstverleugnung und moralischer Selbstaufopferung zugrunde liegen, lehnt sie diese Konventionen aufgrund ihrer Macht zu verletzen als unmoralisch ab. Indem sie Gewaltlosigkeit, das Gebot niemandem weh zu tun, zu einem Prinzip erhebt, das jedes moralische Urteil und jede moralische Handlung lenken sollte, gelingt es ihr, eine moralische Gleichberechtigung zwischen dem Selbst und den anderen herzustellen und beides dieser Fürsorglichkeit zu überantworten. Fürsorglichkeit wird somit zu einem universellen Gebot, einer selbstgewählten Ethik, die, befreit von ihrer konventionellen Interpretation, zu einer Neustrukturierung des Dilemmas führt, und zwar in einer Weise, welche die Übernahme von Verantwortung für die Entscheidung gestattet.

In Sarahs Leben bringt die gegenwärtige Schwangerschaft die unverarbeiteten Aspekte einer früheren Schwangerschaft und der Beziehung an die Oberfläche, in der es zu beiden Schwangerschaften kam. Sarah hatte die erste Schwangerschaft entdeckt, nachdem ihr Liebhaber sie verlassen hatte, und sie beendete sie durch eine Abtreibung, die sie als reinigenden Ausdruck ihres Zornes über ihre Zurückweisung empfand. Obwohl ihr die Abtreibung nur als Erlösung in Erinnerung ist, sagt sie, sie sei in dieser Zeit ihres Lebens »in das tiefste Loch gefallen«. Während sie zuerst gehofft hatte, »mein Leben in den Griff zu bekommen«, setzte sie statt dessen die Beziehung fort, als der Mann wieder auftauchte. Zwei Jahre später wurde sie erneut schwanger, nachdem sie wieder »ihr Pessar in der Schublade gelassen hatte«. Obwohl sie zunächst »überglücklich« über diese Neuigkeit war, verflog ihre Euphorie, als ihr Liebhaber ihr zu verstehen gab, daß er sie verlassen werde, falls sie sich entschließe, das Kind zu bekommen. Unter diesen Umständen erwog sie eine zweite Abtreibung, vereinbarte aber wiederholt Termine für den Eingriff, die sie dann wieder absagte, weil sie sich nicht dazu bringen konnte, die Verantwortung für diese Entscheidung zu übernehmen. Während ihr die erste Abtreibung als »verzeihlicher Fehler« erschien, würde ihr eine zweite das Gefühl geben, ein »menschliches Schlachthaus zu sein«. Da sie finanzielle Unterstützung brauchen würde, um das Kind großzuziehen, bestand ihre ursprüngliche Strategie darin, mit der Frage »zum Sozialamt« zu gehen, in der Hoffnung, daß man ihr die nötigen Mittel verweigern und ihr Dilemma dadurch lösen würde:

> Auf diese Weise hätte ich die Verantwortung dann von mir abgewälzt, verstehen Sie, und ich könnte sagen: »Es ist nicht mein Fehler. Der Staat hat mir das Geld verweigert, das ich brauchen würde, um es zu tun.« Aber es stellte sich heraus, daß es möglich war, es zu tun, und dadurch war ich wieder genau dort, wo ich angefangen hatte, verstehen Sie. Ich hatte einen Termin für eine Abtreibung, und ich rief an und sagte ihn ab, und dann machte ich wieder einen Termin und sagte ihn wieder ab. Ich konnte mich einfach nicht entscheiden.

Mit der Wahl zwischen den zwei Übeln konfrontiert, sich selbst zu schaden oder das keimende Leben ihres Kindes zu beenden, geht Sarah aus einer neuen Perspektive an das Dilemma heran, aus der sich eine andere Priorität ergibt, die ihr eine Entscheidung ermöglicht. Dabei begreift sie allmählich, daß der Konflikt aus einer falschen Deutung der Realität entsteht. Sie rekapituliert den Ablauf der Ereignisse, während sie zunächst Lösungen in Betracht zieht, aber dann als unzulänglich verwirft, die ihrem Gefühl von Einsamkeit oder ihrem Wunsch entspringen, in den Augen anderer gut zu erscheinen. Am Ende ordnet sie diese Überlegungen dem Gefühl von Verantwortung für sich selbst wie auch für den Vater und das Kind unter:

> Nun, das Pro, das dafür spricht, das Kind zu bekommen, das ist all die Bewunderung, die einem zuteil würde, als alleinstehende Frau, als Märtyrerin, die sich allein durchs Leben schlägt, dieses Kind aufzuziehen und dafür mit der vergötternden Liebe dieses schönen Nestlé-Babys belohnt zu werden. Einfach mehr Familienleben, als ich seit langem hatte – das war's im Grunde, und das ist eine ziemliche Traumwelt. Es ist nicht sehr realistisch. Die Kontras gegen das Kind: Es würde das, wie es scheint, unvermeidliche Ende der Beziehung zu dem Mann, mit dem ich gegenwärtig zusammen bin, beschleunigen. Ich würde von Sozialhilfe leben müssen. Meine Eltern würden mich den Rest meines Lebens lang hassen. Ich würde eine

wirklich gute Stellung verlieren, die ich habe. Ich würde viel von meiner Unabhängigkeit verlieren. Einsamkeit. Und ich wäre in der Situation, viele Leute immer wieder um Hilfe bitten zu müssen. Was gegen die Abtreibung spricht, ist, daß ich mich den Schuldgefühlen stellen muß. Für die Abtreibung spricht, daß ich mit der sich verschlechternden Beziehung zum Kindesvater weitaus besser und verantwortlicher sowohl ihm als auch mir gegenüber umgehen kann. Ich werde dann nicht mit der Erkenntnis leben müssen, daß ich mich die nächsten 25 Jahre meines Lebens lang dafür bestrafe, so töricht gewesen zu sein, wieder schwanger zu werden und mich zu zwingen, ein Kind großzuziehen, nur weil ich das gemacht habe. Die Schuldgefühle einer zweiten Abtreibung auf mich zu nehmen, erschien mir nicht gerade – nun, gerade das geringere von zwei Übeln, sondern auch die Lösung, die für mich persönlich auf lange Sicht die günstigste wäre, weil ich, wenn ich mich frage, warum ich wieder schwanger bin und mich zu einer zweiten Abtreibung entschlossen habe, einigen Dingen in bezug auf mich selbst ins Auge sehen muß.

Obwohl sich Sarah »nicht gut dabei fühlt«, eine zweite Abtreibung vornehmen zu lassen, kommt sie zu dem Schluß:

Ich würde weder mir noch dem Kind noch der Welt etwas Gutes tun, indem ich dieses Kind zur Welt bringe. Ich brauche nicht meine imaginären Schulden gegenüber der Welt durch dieses Kind abzuzahlen, und ich finde es nicht richtig, ein Kind in die Welt zu setzen und es zu diesem Zweck zu benutzen.

Aufgefordert, sich selbst zu beschreiben, gibt sie zu erkennen, wie eng ihr verändertes Moralverständnis mit ihrem sich wandelnden Selbstverständnis verknüpft ist:

Ich habe in letzter Zeit viel darüber nachgedacht, und es stellt sich jetzt anders dar als meine bisherige unterbewußte Selbstwahrnehmung. Gewöhnlich zahle ich immer irgendeine Schuld ab, ich gehe herum und diene Menschen, die nicht wirklich meine Aufmerksamkeit verdienen, weil ich irgendwann im Leben den Eindruck erhalten habe, daß meine Bedürfnisse im Grunde weniger wichtig sind als die anderer Menschen und daß ich Schuldgefühle hätte, wenn ich Ansprüche an andere Menschen stellte, meine Bedürfnisse zu erfüllen, und deshalb unterdrücke ich meine eigenen Bedürfnisse zugunsten derjenigen anderer Menschen, das schlägt später auf mich zurück, und ich empfinde ungeheuren Groll gegenüber anderen Menschen, für die ich Dinge tue. Das verursacht Spannungen und schließlich die Verschlechterung der Beziehung. Und dann beginne ich wieder von vorn. Wie ich mich selbst beschreiben würde? Ziemlich frustriert und viel wütender als ich zugebe, viel aggressiver als ich zugebe.

Nachdem sie über Tugenden nachgedacht hat, die der konventionellen Definition des femininen Selbst entsprechen, eine Definition, die sie in der Stimme ihrer Mutter artikuliert hört, sagt sie: »Ich beginne zu glauben, daß mir alle diese Tugenden im Grunde nichts nützen. Das beginnt mir zu dämmern.« Gleichzeitig mit dieser Erkenntnis wird sie sich ihrer eigenen Macht und ihres Wertes bewußt, zwei Dinge, die von ihrem bisherigen Selbstbild ausgeschlossen waren:

Ich beginne mir plötzlich darüber klar zu werden, daß das, was ich gern tue, wofür ich mich interessiere, woran ich glaube, und der Mensch, der ich bin, nicht so schlecht sind, daß ich mich auf Dauer ins Regal stellen und verstauben lassen müßte. Ich tauge weitaus mehr, als andere Leute aufgrund meines bisherigen Verhaltens annehmen.

Sarahs Vorstellung von einem »guten Menschen«, die sich bisher auf das Beispiel ihrer Mutter – harte Arbeit, Geduld und Selbstaufopferung – beschränkte, verändert sich und schließt jetzt den Wert ein, den sie selbst auf Offenheit und Ehrlichkeit legt. Obwohl sie glaubt, daß dieses neue Selbstbewußtsein bewirken wird, daß sie sich »erheblich besser in bezug auf sich fühlt«, ist sie sich auch klar darüber, daß es sie der Kritik aussetzen wird:

Andere Leute werden vielleicht sagen, »Mensch, ist die aggressiv, das mag ich nicht«, aber zumindest werden sie wissen, daß sie das nicht mögen. Sie werden nicht sagen: »Mir gefällt das, wie sie sich manipuliert, um sich mir anzupassen.« Was ich möchte, ist, ein eigenständigerer und individuellerer Mensch zu sein.

Nach ihren alten Vorstellungen erschien ihr Abtreibung als ein Mittel, um sich »zu drücken« und es sich zu ersparen, eine verantwortliche Person zu sein, die »für ihre Fehler bezahlt und bezahlt und bezahlt und immer da ist, wenn sie sagt, daß sie da sein wird, und die sogar dann da ist, wenn sie nicht sagt, daß sie da sein wird.« Aus ihrer neuen Sicht verändert sich auch ihr Bild von sich selbst und dessen, was »richtig für sie selbst« ist. Sie kann dieses neue Selbst als »einen guten Menschen« betrachten, weil sich ihre Vorstellung vom Guten erweitert hat und jetzt das Gefühl des »Selbstwerts« einschließt, das Gefühl, daß man sich nicht unter Wert verkaufen und man sich nicht zwingen soll, Dinge zu tun, die man für wirklich stupid hält und die man nicht tun möchte. Die Neuorientierung basiert auf einem neuen Bewußtsein von Verantwortung:

Ich habe diese Verantwortung für mich selbst und, verstehen Sie, endlich werde ich mir darüber klar, daß mir das wirklich wichtig ist. Statt zu tun, was ich will, und dabei Schuldgefühle zu haben, weil ich so egoistisch bin, ist mir klar geworden, daß das eine sehr annehmbare Lebensweise ist – daß man tut, was man tun will, weil man spürt, daß die eigenen Wünsche und Bedürfnisse wichtig sind, wenn für niemand anderen, dann für einen selbst, und das ist Grund genug, etwas zu tun, was man tun will.

Sobald sich das Pflichtgefühl erweitert, so daß es nicht nur andere, sondern auch einen selbst einschließt, löst sich die Diskrepanz zwischen Egoismus und Verantwortlichkeit auf. Obwohl der Konflikt zwischen dem Selbst und den anderen bleibt, wird das Moralproblem neu gesehen im Licht der Erkenntnis, daß das Auftreten des Dilemmas als solches eine gewaltlose Lösung ausschließt. Die Abtreibungsentscheidung wird nunmehr als eine »ernste« Wahl aufgefaßt, die sowohl das Selbst als auch andere betrifft: »Dies ist ein Leben, das ich getötet habe, eine bewußte Entscheidung, es zu beenden, und das ist einfach eine sehr, sehr schwerwiegende Sache.« Obwohl Sarah die Notwendigkeit der Abtreibung als eine höchst fragwürdige Lösung akzeptiert, wendet sie ihre Aufmerksamkeit der Schwangerschaft als solcher zu, die ihr als Versagen der Verantwortung erscheint, ein Versagen, sowohl für andere als auch für sich selbst zu sorgen und sich entsprechend zu schützen.

Ebenso wie beim ersten Entwicklungsschritt, wenn auch jetzt in anderer Hinsicht, wirft der durch die Schwangerschaft ausgelöste Konflikt Fragen auf, die für die psychische Weiterentwicklung entscheidend sind. Diese Fragen beziehen sich auf den Wert des Selbst in Relation zu anderen, die Inanspruchnahme der Macht, zu wählen, und das Übernehmen der Verantwortung für die getroffene Wahl. Weil sie einen mit der Wahlmöglichkeit konfrontiert, kann die Abtreibungskrise zu einer »sehr fruchtbaren Zeit werden. Man kann die Schwangerschaft quasi als Ausgangspunkt für einen Lernprozeß betrachten, so daß sie in gewisser Weise nützlich ist. « Dasselbe Gefühl einer Möglichkeit zum Wachstum in dieser Krise wird auch von anderen Frauen ausgesprochen, die durch diese Konfrontation mit der Wahl zu einem neuen Verständnis von Beziehungen gelangt sind und von dem Gefühl »eines neuen Anfangs«, einer Chance, »die Kontrolle über mein Leben zu erlangen«, sprechen.

Für Sarah, die den zweiten Schwangerschaftsabbruch vor sich hat, besteht der erste Schritt zur Erlangung der Kontrolle darin, die Beziehung zu beenden, in der sie sich »zu einer Null reduziert« fühlte, aber das in einer verantwortlichen Weise zu tun. Sie ist sich klar darüber, daß er die Zurückweisung zwangsläufig als verletzend empfinden wird und bemüht sich, diese Verletzung auf ein Minimum zu reduzieren, indem sie die Bedürfnisse ihres Liebhabers »so gut ich kann berücksichtige, ohne meine eigenen zu kurz kommen zu lassen. Das ist äußerst wichtig für mich, denn in meinem Leben bin bisher immer ich zu kurz gekommen, und ich bin nicht bereit, das noch länger hinzunehmen.« Statt dessen bemüht sie sich, »sich anständig und menschlich zu verhalten, so daß ihr Partner vielleicht etwas erschüttert, aber nicht völlig zerstört zurückbleibt.« Die »Null« stellt sich also ihrer Macht zu zerstören, die bisher der Selbstbehauptung im Wege gestanden war, und erwägt die Möglichkeit einer neuen Handlungsweise, die sowohl das Selbst als auch den anderen intakt erhält.

Im Mittelpunkt der moralischen Frage steht weiterhin das Problem der Schädigung, wenn Sarah das Heinzsche Dilemma im Hinblick auf die Frage prüft: »Wer erleidet einen größeren Schaden, der Apotheker, der Geld einbüßt, oder der Mensch, der sein Leben verliert?« Das Recht auf Eigentum und das Recht auf Leben werden nicht abstrakt, in Hinblick auf ihre logische Priorität, gegeneinander abgewogen, sondern auf den speziellen Fall bezogen, im Hinblick auf die tatsächlichen Folgen, die die Verletzung dieser Rechte für das Leben der Betroffenen haben wird. Sarahs Denkweise bleibt kontextbezogen und mit Gefühlen der Anteilnahme vermischt, aber der moralische Imperativ, Verletzungen zu vermeiden, ist nunmehr von einem komplexeren Verständnis der psychologischen Dynamik von Beziehungen geprägt.

Die Befreiung aus der Einschüchterung mangelnder Gleichberechtigung gestattet Frauen endlich, ein Urteil zu äußern, das sie vorher für sich behalten hatten. Was Frauen dann artikulieren, ist nicht eine neue Moral, sondern eine Moral, die von den Fesseln befreit ist, die vorher ihre Wahrnehmung erschwert und ihre Artikulation behindert haben. Die Bereitschaft, Urteile zu äußern und die Verantwortung dafür zu übernehmen, stammt aus der Erkenntnis des psychischen Preises indirekter Handlungen für das Selbst, für andere und für Beziehungen. Die Verantwortung für die Anteilnahme schließt somit sowohl das Selbst als auch den anderen ein, und das Gebot, nicht zu verletzen, hält – befreit von konventionellen Fesseln – das Ideal der Anteilnahme aufrecht und rückt gleichzeitig die Realität der Wahlmöglichkeit in den Mittelpunkt.

Die verletzende Realität steht auch im Mittelpunkt des Urteils von Ruth, einer 29jährigen verheirateten Frau und Mutter eines Vorschulkindes, als sie sich mit dem Dilemma auseinandersetzt, das eine zweite Schwangerschaft darstellt, deren Zeitpunkt sie behindern würde, einen höheren Studienabschluß zu erlangen. Obwohl sie einerseits erklärt, daß sie »nicht absichtlich etwas tun könne, das schlecht sei oder einen anderen Menschen verletzen würde, weil ich damit nicht leben könnte«, ist sie dennoch mit einer Situation konfrontiert, in der es unvermeidlich geworden ist zu verletzen. Auf der Suche nach der Lösung, die sie selbst und andere am besten schützt, definiert sie Moral in einer Weise, die die Erkenntnis der wechselseitigen Verbundenheit zwischen dem Selbst und den anderen mit einem Bewußtsein des Selbst als Instanz des moralischen Urteils und der Wahl verbindet:

Moral heißt, das Angebrachte und das den eigenen Umständen Entsprechende zu tun, aber idealerweise sollte es keine – ich wollte eben sagen, »idealerweise sollte es keine negative Auswirkung auf einen anderen haben«, aber das ist lächerlich, denn Entscheidungen wirken sich immer auf andere aus. Aber was ich damit sagen will, ist, daß der Mensch im Mittelpunkt der Entscheidung darüber steht, was richtig und was falsch ist.

Die Person, die im Mittelpunkt dieser speziellen Entscheidung über den Schwangerschaftsabbruch steht, leugnet zunächst die widersprüchliche Natur ihrer eigenen Bedürfnisse und ihrer verschiedenen Verantwortungen, erkennt diese aber schließlich an. Ruth, die die Schwangerschaft als Manifestation des inneren Konflikts zwischen ihrem Wunsch betrachtet, einerseits »College-Präsidentin zu sein« und andererseits »zu töpfern und Blumen zu züchten, Kinder zu haben und zu Haus zu bleiben«, ringt mit dem Widerspruch zwischen Weiblichkeit und Erwachsensein. Sie betrachtet die Abtreibung als die »bessere« Wahl, da es »am Ende, das heißt in einem Jahr oder in zwei Wochen eine geringere persönliche Belastung für jeden einzelnen von uns und für uns als Familie sein wird, wenn ich jetzt nicht schwanger bin«, und kommt zu dem Schluß:

> Die Entscheidung muß vor allem so ausfallen, daß die Frau damit leben kann, eine Entscheidung, mit der die Frau so oder so leben kann oder zumindest versuchen kann, damit zu leben, und sie muß darauf basieren, wo sie im Augenblick steht und wo andere wichtige Menschen in ihrem Leben stehen.

Zu Beginn des Interviews präsentiert Ruth das Abtreibungsdilemma aus der konventionellen weiblichen Perspektive, als einen Konflikt zwischen ihrem eigenen Wunsch, ein Kind zu bekommen, und dem Wunsch anderer, daß sie ihre Ausbildung abschließen möge. Aus dieser Sicht hält sie es für »egoistisch«, ihre Schwangerschaft fortzusetzen, weil das etwas sei, »was ich tun möchte«. Als sie jedoch diese Denkweise zu überprüfen beginnt, bezeichnet sie diese Darstellung des Problems als falsch, sie bekennt sich zur Wahrheit ihres eigenen inneren Konflikts und geht auf die Spannung ein, die sie zwischen ihrer Weiblichkeit und der Erwachsenheit ihres Arbeitslebens empfindet. Sie sagt von sich selbst, daß sie »in zwei Richtungen gehe«, und sie bekennt sich zum Wert des Teiles von ihr, der »unerhört leidenschaftlich und sensibel« sei, nämlich ihre Fähigkeit, die Bedürfnisse anderer zu erkennen und zu erfüllen. Ihr »Mitgefühl« ist für sie »etwas, das ich nicht verlieren möchte«, aber sie empfindet es als gefährdet durch ihr Streben nach beruflichem Aufstieg. Die Selbsttäuschung ihrer ursprünglichen Darstellung, ihr Versuch, die Fiktion ihrer Unschuld aufrechtzuerhalten, rührt somit von ihrer Angst her, vor dem was ihr Eingeständnis, daß sie zu diesem Zeitpunkt kein weiteres Kind möchte, bedeuten würde:

> Das wäre ein Eingeständnis für mich, daß ich eine ehrgeizige Person bin und Macht und Verantwortung für andere haben möchte, und daß ich ein Leben führen möchte, das jeden Tag von neun bis fünf Uhr dauert und sich auch noch auf die Abende und Wochenenden erstreckt, weil das die Folge von Macht und Verantwortung ist. Das bedeutet, daß meine Familie zwangsläufig an zweiter Stelle kommen würde. Es gäbe einen fürchterlichen Konflikt, was den Vorrang hat, und das will ich nicht.

Auf die Frage, wie sie sich eine »ehrgeizige Person« vorstelle, antwortet sie:

Ehrgeizig sein bedeutet machthungrig und unsensibel. *Warum unsensibel?* Weil Menschen dabei niedergetrampelt werden. Ein Mensch auf dem Weg nach oben trampelt andere nieder, ob es jetzt die eigene Familie oder andere Kollegen oder Klienten sind. *Zwangsläufig?* Nicht immer, aber ich habe es in meinen wenigen Berufsjahren so oft erlebt, daß es mir angst macht. Es macht mir angst, weil ich mich nicht so verändern möchte.

Weil Ruth der Meinung ist, daß der Machterwerb des Erwachsenen den Verlust von weiblicher Sensibilität und Mitgefühl zur Folge hat, betrachtet sie den Konflikt zwischen Weiblichkeit und Erwachsensein als moralisches Problem. Das Abtreibungsdilemma lenkt ihre Aufmerksamkeit sodann auf die Frage, was es in dieser Gesellschaft bedeutet, eine Frau und eine Erwachsene zu sein, und die Erkenntnis der Diskrepanz zwischen Macht und Zuwendung setzt die Suche nach einer Lösung in Gang, die sowohl in Beziehungen als auch bei der Arbeit Weiblichkeit und Erwachsensein einschließen kann.

Die Gültigkeit der weiblichen Perspektive in die Konzeption der moralischen Entwicklung aufzunehmen, heißt, für beide Geschlechter die das ganze Leben hindurch andauernde Bedeutung der Verbundenheit zwischen dem Selbst und den anderen, die Universalität des Bedürfnisses nach Mitgefühl und Zuwendung anzuerkennen. Das Konzept von einem auf sich allein gestellten Selbst und von moralischen Prinzipien, unkompromittiert durch die Fesseln der Realität, ist ein adoleszentes Ideal, die hochgestochene Philosophie eines Stephen Daedalus, dessen Flug gefährdet ist, wie wir wissen. Erikson (1964), der die ideologische Moral des Adoleszenten der erwachsenen Ethik der Fürsorglichkeit gegenüberstellt, versucht, sich mit diesem Problem der Integration auseinanderzusetzen. Aber wenn er einen Entwicklungsweg skizziert, auf dem der einzige Vorläufer zu der Intimität reifer Liebe und der Produktivität reifer Arbeit und Beziehung das in der Kindheit erlernte Vertrauen ist und auf dem alle seitherigen Erfahrungen als Stufen zu Autonomie und Unabhängigkeit betrachtet werden, dann wird die Loslösung als solche zum Leitbild und Maßstab des Wachstums. Obwohl Erikson feststellt, daß die Identität bei Frauen ebensoviel mit Intimität wie mit Loslösung zu tun hat, findet diese Erkenntnis keinen Eingang in sein Entwicklungsschema.

Die Moral der Verantwortung, die Frauen beschreiben, steht ebenso wie ihr Selbstkonzept abseits des Weges, der angeblich zur Reife führt. Nach diesem Schema führt der Weg zur moralischen Reife über das adoleszente Hinterfragen der konventionellen Moral zu der Entdeckung der individuellen Rechte. Die Verallgemeinerung dieser Entdeckung zu einer von Prinzipien getragenen Konzeption von Gerechtigkeit wird durch die Definition von Moral veranschaulicht, die Ned, ein älterer Teilnehmer der Studentenuntersuchung, liefert:

Moral ist ein Rezept, eine Handlungsanweisung, und ein moralisches Konzept zu haben, bedeutet, sich darüber den Kopf zu zerbrechen, um das Zusammenleben lebenswert zu machen und eine Art von Balance, eine Ausgewogenheit, eine Harmonie herbeizuführen, in der alle das Gefühl haben, einen Platz zu haben und ihren Anteil abzubekommen. Das zu tun, heißt, zu einer gesellschaftlichen Lösung beizutragen, die über das Individuum hinausgeht, denn ohne eine solche Lösung hat das Individuum keine Chance einer Selbstverwirklichung irgendwelcher Art. Fairneß und Moral erscheinen mir wesentlich für die Schaffung jener Art von Umwelt und Interaktion zwischen Menschen, die die Voraussetzung für die Erfüllung der meisten individuellen Ziele ist. Wenn ich will, daß mich andere Menschen nicht bei der Verfolgung meiner eigenen Ziele hindern, dann muß ich das Spiel mitspielen.

Im Gegensatz dazu definiert Diane, eine Frau Ende zwanzig, eine Moral nicht von Rechten, sondern von Verantwortung, wenn sie erklärt, wodurch eine Handlungsweise moralisch wird:

Wenn man das Gefühl hat, daß man nach der richtigen Lebensweise sucht. Es ist mir ständig bewußt, daß die Welt voll wirklicher und unverkennbarer Not ist und auf irgendein Verhängnis zutreibt, und ich frage mich, ob es richtig ist, Kinder in diese Welt zu setzen, da wir doch gegenwärtig ein Übervölkerungsproblem haben, und ob es richtig ist, Geld für ein Paar Schuhe auszugeben, wenn ich ein Paar Schuhe habe und andere Menschen barfuß gehen. Es ist ein Teil meiner selbstkritischen Sicht, die mich fragen läßt: »Wie verbringe ich meine Zeit, und welchen Sinn hat meine Arbeit?« Ich glaube, ich habe einen wirklichen Drang, einen wirklichen mütterlichen Drang, für jemanden zu sorgen – für meine Mutter, für Kinder, für die Kinder anderer Leute, für meine eigenen Kinder, für die ganze Welt. Wenn ich mich mit moralischen Fragen befasse, frage ich mich gleichsam ständig: »Kümmerst du dich um all die Dinge, die du für wichtig hältst, und inwiefern vergeudest du deine Kraft und wirst den Problemen nicht gerecht?«

Während die postkonventionelle Natur von Dianes Perspektive eindeutig erscheint, entspricht ihre Beurteilung moralischer Dilemmas nicht den Kriterien für prinzipienorientiertes Denken nach dem Gerechtigkeitskonzept. Dieses Urteil zeugt jedoch von einer anderen moralischen Konzeption, dessen Begriffe sich an Fragen von Verantwortung und Zuwendung orientieren. Die Art und Weise, wie das Verantwortungskonzept die moralische Entscheidung auf der postkonventionellen Stufe leitet, wird von Sharon, einer Frau in den Dreißigern exemplifiziert, als sie nach der richtigen Art und Weise, moralische Entscheidungen zu treffen, gefragt wird:

Die einzige Methode, die ich kenne, besteht darin, so wach wie möglich zu sein, zu versuchen, die Skala der eigenen Gefühle zu kennen, soweit wie möglich alles in Betracht zu ziehen, sich dessen so bewußt wie möglich zu sein, was vor sich geht, so bewußt wie möglich, in welche Richtung man geht. *Gibt es Prinzipien, an die Sie sich halten?* Das Prinzip hätte etwas mit Verantwortung zu tun, Verantwortung und Fürsorge *(care)* für mich selbst und andere. Aber es ist nicht so, daß man sich auf der einen Seite dafür entscheidet, verantwortlich zu sein, und auf der anderen unverantwortlich. Man kann auf die eine und die andere Weise verantwortlich sein. Deshalb gibt es nicht einfach ein Prinzip, nach dem man alles regeln kann, sobald man es gefunden hat. Das Prinzip, das hier in die Praxis umgesetzt wird, erspart einem dennoch nicht den Konflikt.

Der moralische Imperativ, der in den Interviews mit Frauen wiederholt auftaucht, ist das Gebot der Anteilnahme *(care)*, eine Verantwortung, die »wirklichen und erkennbaren Nöte« dieser Welt wahrzunehmen und zu lindern. Für Männer erscheint der moralische Imperativ eher als ein Gebot, die Rechte anderer zu respektieren und dadurch das Recht auf Leben und Selbstverwirklichung vor Beeinträchtigungen zu schützen. Die Forderung der Frauen nach Anteilnahme ist zunächst eher selbstkritisch als die eigene Person schützend, während Männer Verpflichtungen gegenüber anderen zunächst negativ im Sinne von Nichteinmischung verstehen. Entwicklung scheint somit für beide Geschlechter eine Integration von Rechten und Verantwortlichkeiten durch die Entdeckung der Komplementarität dieser divergenten Auffassungen zu bedeuten. Für Frauen vollzieht sich die Integration von Rechten und Verantwortlichkeiten durch ein Verständnis der psychologischen Logik von Beziehungen. Dieses Verständnis mäßigt das selbstzerstörerische Potential einer selbstkritischen Moral, indem es auf das Bedürfnis aller Menschen nach Zuwendung hinweist. Für Männer wird die potentielle Indifferenz einer Moral der Nichteinmischung durch die erfahrungsbedingte Erkenntnis der Notwendigkeit, in der Sorge für andere aktive Verantwortung zu übernehmen, korrigiert und das Augenmerk von der Logik auf die Folgen einer Entscheidung gelenkt (Gilligan und Murphy, 1979; Gilligan, 1981). Im Zuge der Entwicklung eines postkonventionellen ethischen Verständnisses beginnen die Frauen zu begreifen, welche Gewalttätigkeit der fehlenden Gleichberechtigung innewohnt, während die Männer die Beschränktheit eines Gerechtigkeitskonzepts einsehen, das für die Unterschiede im menschlichen Leben blind ist.

Hypothetische Dilemmas entkleiden durch die Abstraktion ihrer Darstellung die moralischen Akteure der Geschichte und Psychologie ihres individuellen Lebens und lösen das moralische Problem von den gesellschaftlichen Umständen, unter denen es möglicherweise auftreten könnte. Dadurch sind diese Dilemmas nützlich für die Destillation und Verfeinerung objektiver Prinzipien der Gerechtigkeit und zur Messung der formalen Logik von Gleichberechtigung und Wechselseitigkeit. Die Rekonstruktion des Dilemmas in seiner kontextbezogenen Besonderheit ermöglicht jedoch ein Verständnis von Ursache und Wirkung, welches das Einfühlungsvermögen und die Toleranz mobilisiert, durch die sich die Moralurteile von Frauen, wie wiederholt festgestellt, auszeichnen. Erst wenn das schematische Leben hypothetischer Menschen mit Substanz erfüllt wird, ist es möglich, die soziale Ungerechtigkeit zu begreifen, von der ihre moralischen Probleme zeugen mögen, und sich das individuelle Leiden vorzustellen, das sich hinter ihrem Auftreten verbergen mag oder das durch deren Lösung vielleicht erst entsteht.

Die Neigung von Frauen, hypothetische Dilemmas an der Realität zu messen und um fehlende Informationen über die Menschen, um die es geht, und die Orte, an denen sie leben, zu ersuchen, rückt ihr Urteil weg von der hierarchischen Ordnung von Prinzipien und den formalen Verfahrensweisen der Entscheidungsbildung. Dieses Beharren auf dem Konkreten zeugt von einer Einstellung zum Dilemma und zu moralischen Problemen im allgemeinen, die sich von allen vorhandenen Schematisierungen von Entwicklungsstadien unterscheidet. Die Folge ist, daß, obwohl mehrere der Teilnehmerinnen an der Abtreibungsuntersuchung eindeutig eine postkonventionelle, metaethische Position artikulieren, keine von ihnen in ihren normativen Moralurteilen über Kohlbergs hypothetische Dilemmas als prinzipienorientiert betrachtet werden kann. Statt dessen identifizieren die Frauen in ihren Stellungnahmen die dem Dilemma als solchem innewohnende Gewalt, die nach ihrer Auffassung die Gerechtigkeit aller möglichen Lösungen als fragwürdig erscheinen läßt. Diese Auffassung des Dilemmas veranlaßt die Frauen, ihr Moralurteil nicht als Abwägung von Gütern, sondern als eine Wahl zwischen verschieden großen Übeln aufzufassen.

Ruth, die Frau, die von ihren widersprüchlichen Wünschen sprach, College-Präsidentin zu werden oder ein zweites Kind zu bekommen, sieht das Heinzsche Dilemma als eine Wahl zwischen Egoismus und Opferbereitschaft. Wenn Heinz das Medikament stiehlt, würde er angesichts seiner Lebensumstände, die sie aus seiner Unfähigkeit erschließt, zweitausend Dollar aufzubringen, »etwas tun, das nicht in seinem eigenen Interesse liegt, er riskiert nämlich, eingesperrt zu werden, und das ist ein extremes Opfer, ein Opfer, das ein Mensch, der wirklich liebt, möglicherweise bereit ist zu erbringen«. Das Medikament nicht zu stehlen, »wäre jedoch egoistisch von ihm. Er müßte sich Vorwürfe machen, daß er ihr keine Chance gibt weiterzuleben«. Heinz' Entschluß zum Diebstahl wird nicht im Hinblick auf die logische Priorität des Lebens gegenüber dem Eigentum betrachtet, die ihn rechtfertigt, sondern vielmehr im Blick auf die tatsächlichen Konsequenzen, die dieser Akt für einen Mann von begrenzten Mitteln und geringer gesellschaftlicher Macht haben würde.

Im Lichte der wahrscheinlichen Folgen betrachtet – seine Frau gestorben oder Heinz im Gefängnis, gezeichnet von den Schrecken dieser Erfahrung, kompromittiert durch die Straftat –, verändert sich das Dilemma als solches. Seine Lösung hat weniger mit dem relativen Gewicht von Leben und Eigentum in einer abstrakten moralischen Konzeption zu tun, als mit der Kollision zwischen zwei Leben, die früher miteinander verbunden waren, aber jetzt in Widerspruch zueinander stehen, da das eine Leben nur auf Kosten des anderen fortgesetzt werden kann. Diese Auffassung macht es klar, warum sich das Urteil um die Frage des Opfers dreht und warum beide Lösungen zwangsläufig von Schuld begleitet werden.

Ruth, die dieselbe Zurückhaltung erkennen läßt, die Frauen bei Moralurteilen an den Tag leben, erklärt ihr Zögern, ein Urteil zu fällen, mit ihrer Überzeugung:

Ich glaube, daß die Existenz jedes Menschen so verschieden ist, daß ich mir höchstens sagen kann: »Das ist etwas, was ich vielleicht nicht tun würde«, aber ich kann nicht sagen, das ist richtig oder falsch seitens des Betroffenen. Ich kann mich nur damit auseinandersetzen, welche Handlungsweise für mich richtig ist, wenn ich mit spezifischen Problemen konfrontiert bin.

Auf die Frage, ob sie ihr eigenes Gebot, niemandem zu schaden, auch auf andere anwenden würde, antwortet sie:

Ich kann nicht sagen, daß es falsch ist. Ich kann nicht sagen, das ist richtig und das ist falsch, weil ich nicht weiß, was der eine Mensch dem anderen angetan hat, das ihn veranlaßte, ihn zu verletzen. Es ist zwar nicht richtig, daß jemand zu Schaden kam, aber es ist richtig, daß der Mensch, der eben seinen Arbeitsplatz verloren hat, seine Wut herausgelassen hat. Dadurch bekommt er kein Brot auf seinen Tisch, aber er fühlt sich besser. Ich will mich nicht vor einer Antwort drücken. Ich versuche wirklich, eine Antwort auf Ihre Fragen zu finden.

Ihre Schwierigkeit, definitive Antworten auf moralische Fragen zu geben, ihre Mühe, das Heinzsche Problem zu lösen, rührt von der Divergenz zwischen diesen Fragen und ihrem eigenen Bezugsrahmen her:

Ich glaube, ich benutze nicht einmal mehr die Worte »richtig« und »falsch«, und ich weiß, daß ich das Wort »moralisch« nicht mehr benutze, weil ich nicht sicher bin, ob ich weiß, was es bedeutet. Wir sprechen von einer ungerechten Gesellschaft, wir sprechen von vielen Dingen, die nicht richtig sind, die wirklich falsch sind – um das Wort zu gebrauchen, das ich sehr selten benutze –, und ich habe nicht die Macht, um das zu ändern. Wenn ich es ändern könnte, würde ich es sicher tun, aber ich kann nur meinen kleinen Beitrag von einem Tag zum anderen leisten, und wenn ich niemandem absichtlich weh tue, so ist das mein Beitrag zu einer besseren Gesellschaft. Zu diesem Beitrag gehört auch, nicht über andere Menschen zu urteilen, insbesondere wenn ich die Umstände nicht kenne, warum sie bestimmte Dinge tun.

Das Zögern zu urteilen ist im Grunde auch ein Zögern, jemanden zu verletzen, aber es basiert nicht auf einem Gefühl persönlicher Verwundbarkeit, sondern vielmehr auf der Erkenntnis der Grenzen des Urteilens als solchem. Die bescheidene Zurückhaltung der konventionellen weiblichen Perspektive setzt sich somit auch auf der postkonventionellen Ebene fort, nicht als moralischer Relativismus, sondern vielmehr als Teil eines veränderten moralischen Verständnisses. Die Frauen verzichten auf Moralurteile, weil sie sich der psychologischen und sozialen Determiniertheit des menschlichen Verhaltens bewußt sind, und sie bekennen sich gleichzeitig angesichts der Realität menschlicher Pein und Not zu einer moralischen Sichtweise:

Ich habe einen wirklichen Horror davor, Menschen wehzutun, das war schon immer so, und das wird manchmal etwas kompliziert, denn beispielsweise will ich meinem Kind nicht weh tun. Ich will meinem Kind nicht weh tun, aber wenn ich ihm nicht manchmal weh tue, dann schade ich ihm dadurch noch mehr, verstehen Sie, das war ein fürchterliches Dilemma für mich.

Moralische Dilemmas sind insofern schrecklich, als sie Verletzungen nach sich ziehen. Ruth begreift Heinzens Entscheidung als »das Resultat der bangen Frage: Wem tue ich weh? Warum muß ich ihm weh tun?« Die Moralität von Heinzens Diebstahl steht angesichts der Umstände, die ihn nötig machten, außer Frage. Zu hinterfragen ist seine Bereitschaft, für seine Frau einzutreten und an ihrer Stelle das Opfer der Ausbeutung durch eine Gesellschaft zu werden, die die Verantwortungslosigkeit des Apothekers hervorbringt und legitimiert und deren Ungerechtigkeit sich somit, gerade im Auftreten dieses Dilemmas, manifestiert.

Dasselbe Gefühl, daß die falschen Fragen gestellt werden, spricht aus der Antwort einer anderen Frau, die Heinz' Tat mit einer ähnlichen Begründung rechtfertigt: »Ich glaube nicht, daß jemand das Recht auf Ausbeutung haben sollte.« Wenn Frauen direkte moralische Urteile zu fällen beginnen, so befassen sie sich häufig mit den Themen der Ausbeutung und Verletzung. Dabei schneiden sie die Frage der Gewaltlosigkeit in genau demselben psychologischen Kontext an, der Erikson (1969) veranlaßt, in seiner Betrachtung der Richtigkeit von Gandhis Lebensweise innezuhalten. In dem entscheidenden Brief, den er an Gandhi richtet und der auch die Fragestellung seines Buches enthält, setzt sich Erikson mit dem Widerspruch zwischen der Philosophie der

Gewaltlosigkeit auseinander, die Gandhis Verhältnis zu den Briten kennzeichnete, und der psychischen Gewalttätigkeit, die seine Beziehung zu seiner Familie und zu den Kindern des Ashrams belastete. Dieser Widerspruch sei es gewesen, gesteht Erikson, »was mich fast an den Punkt brachte, an dem ich mich unfähig fühlte, *dieses* Buch weiterzuschreiben, weil ich gerade in den Beteuerungen der Wahrheit eine Art von Unwahrheit spürte; etwas Unsauberes, obwohl alle Worte eine geradezu unwirkliche Reinheit beschworen; und vor allem verschobene Gewalt, wo ständig Gewaltlosigkeit gepredigt wurde« (S. 230 f.).

Bestrebt, den Zusammenhang zwischen der spirituellen Wahrheit von Satyagraha und der Wahrheit seines eigenen psychoanalytischen Verständnisses zu klären, erinnert Erikson Gandhi daran, daß »die Wahrheit, wie Sie einmal sagten, ›die Anwendung von Gewalt ausschließt, weil der Mensch nicht fähig ist, die absolute Wahrheit zu erkennen und sich deshalb nicht das Recht anmaßen sollte zu bestrafen‹« (S. 241). Die Verwandschaft von Satyagraha und Psychoanalyse liegt in ihrer gemeinsamen Entschlossenheit, das Leben als ein »Experiment in Wahrheit« zu begreifen, in ihrer »Zugehörigkeit zu einer Art universellen ›Therapeutik‹, die dem hippokratischen Prinzip verpflichtet ist, daß man die Wahrheit (bzw. die einer Krankheitssituation innewohnenden Heilkräfte) nur durch Handlungen testen könne, die Schaden vermeiden – oder noch besser durch Handlungen, die Gegenseitigkeit maximieren und die Gewalttätigkeit einseitiger Nötigung oder Drohung minimieren« (S. 247). Erikson wirft somit Gandhi vor, die Relativität der Wahrheit nicht anerkannt zu haben. Dieses Versäumnis zeigt sich in der Zwanghaftigkeit seines Anspruches auf ausschließlichen Besitz der Wahrheit, in seiner »fehlenden Bereitschaft, von *irgend jemandem irgend etwas* zu lernen, mit Ausnahme dessen, was von seiner ›inneren Stimme‹ gebilligt wurde« (S. 236). Dieser Anspruch verführte Gandhi dazu, seine Wahrheit anderen unter dem Deckmantel der Liebe aufzuzwingen, ohne sich bewußt zu sein oder sich darum zu kümmern, in welchem Grade er dadurch ihrer Integrität Gewalt antat.

Das moralische Dilemma, das sich zwangsläufig aus einem Konflikt verschiedener »Wahrheiten« ergibt, ist insofern seiner Definition nach eine »Krankheitssituation«, als seine Entweder-oder-Formulierung keinen Raum für eine Lösung läßt, die nicht irgend jemandem Gewalt antut. Die Lösung solcher Dilemmas liegt jedoch nicht in der Selbsttäuschung rationalisierter Gewalttätigkeit: »Ich war«, sagte Gandhi, »ein grausam gütiger Ehemann. Ich betrachtete mich als ihren Lehrer und quälte sie deshalb aus meiner blinden Liebe zu ihr« (S. 233). Die Lösung bestünde viel eher darin, den zugrundeliegenden Antagonismus durch gegenseitigen Respekt und Rücksichtnahme zu ersetzen.

Gandhi, den Kohlberg als Beispiel des sechsten Stadiums moralischen Urteilens anführt, in dem Erikson ursprünglich das Vorbild einer reifen ethischen Sensibilität sah, wird durch eine Auffassung kritisiert, die sich weigert, das Zufügen von Schmerz zu übersehen oder zu entschuldigen. Durch seine Weigerung, die Scheu seiner Frau zu verstehen, ihr Haus für Fremde zu öffnen, und durch seine Blindheit gegenüber der anderen Realität adoleszenter Sexualität und Versuchung kompromittierte Gandhi in seinem Alltag die Ethik der Gewaltlosigkeit, zu der er sich im Prinzip und in der Öffentlichkeit so entschieden bekannte.

Die blinde Bereitschaft, Menschen der Wahrheit zu opfern, ist jedoch immer die Gefahr einer vom Leben abstrahierten Ethik gewesen. Diese Bereitschaft verbindet Gandhi mit dem biblischen Abraham, der daranging, das Leben seines Sohnes zu opfern, um die Integrität und den Vorrang seines Glaubens zu demonstrieren. Beide Männer bilden in der Beschränktheit ihres Verständnisses von Vaterschaft einen impliziten Kontrast zu der Frau, die vor Salomon erscheint und ihre Mutterschaft beweist, indem sie die Wahrheit verleugnet, um das Leben ihres Kindes zu retten. Es ist die Ethik eines Reifezustands, die sich auf Kosten der Zuwendung an Prinzipien orientiert, woran Erikson in seiner Bewertung von Gandhis Leben schließlich Kritik übt.

Dieselbe Kritik wird im *Kaufmann von Venedig* ausdrücklich als ein Gegensatz zwischen den Geschlechtern dramatisiert, wo Shakespeare ein außerordentliches Verwirrspiel geschlechtlicher Identität anzettelt und einen männlichen Schauspieler als weibliche Figur auftreten läßt, die ihrerseits die Rolle eines männlichen Richters spielt, um die weibliche Bitte um Barmherzigkeit in die männliche Zitadelle der Gerechtigkeit einzuschmuggeln. In ihrem Appell um Gnade plädiert Portia für die Lösung, durch die niemand zu Schaden kommt, und so wie den Männern ihr Versagen verziehen wird, ihre Ringe bewahrt und ihr Wort gehalten zu haben, verzichtet Antonio seinerseits auf sein »Recht«, Shylock zu ruinieren.

Aus der Abtreibungsuntersuchung geht hervor, daß Frauen mit einer ganz eigenen Auffassung an moralische Probleme herangehen und moralische Dilemmas als miteinander in Widerstreit liegende Verantwortlichkeiten betrachten. Diese Auffassung war in drei aufeinanderfolgenden Perspektiven zu verfolgen, wobei jede Perspektive ein komplexeres Verständnis der Beziehung zwischen dem Selbst und den anderen repräsentierte und jeder Entwicklungsschritt eine kritische Neuinterpretation des Konflikts zwischen Egoismus und Verantwortung mit sich brachte. Das Moralurteil der Frauen entwickelt sich von der anfänglichen Sorge um die Selbsterhaltung zu dem Wunsch, Gutes zu tun, und schließlich zu einem reflektierten Verständnis von Zuwendung und gegenseitiger Rücksichtnahme als dem tragfähigsten Grundprinzip für die Lösung menschlicher Beziehungsprobleme. Die Abtreibungsuntersuchung zeigt die zentrale Rolle, welche die Begriffe *Verantwortung* und *Anteilnahme* im Moralverständnis der Frauen innehaben, den engen Zusammenhang zwischen Selbstverständnis und Moralvorstellungen im Denken der Frauen und schließlich die Notwendigkeit einer erweiterten Entwicklungstheorie, die die Andersartigkeit der weiblichen Stimme nicht aus der Betrachtung ausschließt, sondern sie ausdrücklich einbezieht. Eine solche Einbeziehung erscheint wesentlich, nicht nur zur Erklärung der weiblichen Entwicklung, sondern auch zum Verständnis der Merkmale und Vorläufer eines reifen Moralbegriffs.

4. Krise und Neubeginn

In dem Film *Wilde Erdbeeren* fährt Marianne, die schwangere Schwiegertochter des alten Isak Borg, mit ihm nach Lund, wo ihm die höchste Auszeichnung seines Faches, Medizin, zuteil werden soll. Als sie zurückkehrt, weiß sie, daß sie ihre Ehe beenden wird, da ihr Mann Evald sie vor die Entscheidung gestellt hat, zwischen ihm und dem Kind zu wählen. In der Hoffnung, dieser Entscheidung zu entgehen, hatte sie sich an seinen Vater um Hilfe gewandt, getrieben von »irgendeiner idiotischen Idee«, daß der alte Doktor den Bruch heilen werde. Statt dessen fand sie »gut versteckt hinter (seiner) Maske altmodischer Galanterie und Freundlichkeit« dieselbe Mauer »starrer Ansichten« vor, hinter der sich sein Sohn verschanzte, einen Mangel an Rücksichtnahme auf andere und die Weigerung, »irgend jemandem außer (sich selbst) zuzuhören«. So wie Evald behauptete, seinen Wunsch, kein Kind zu haben, absolut klar gemacht zu haben mit dem Hinweis, daß er »kein Bedürfnis nach einer Verantwortung verspüre, die ihn zwingen könnte, einen Tag länger zu existieren, als er es will«, so wollte auch sein Vater nichts von Mariannes Eheproblemen hören; er sagte, sie seien ihm »piepegal« und er empfinde »keinen Respekt vor seelischen Wehwehchen«. Auf der Fahrt nach Lund äußert Borg die Meinung, daß er und Evald einander »sehr ähnlich« seien. »Wir haben unsere Prinzipien, ... und ich weiß, daß mich Evald versteht und respektiert«, und er ist schockiert, als Marianne antwortet: »Das mag stimmen, aber er haßt dich auch«.

Mit diesem Kontrapunkt zwischen der auf Prinzipien pochenden Indifferenz des alten Mannes und den Bemühungen der jungen Frau, den Kontakt aufrechtzuerhalten, beginnt die Handlung des Films. Der Zusammenhang, der zwischen Borgs »schlimmen und angsterregenden Träumen« und Mariannes Erkenntnis hergestellt wird, daß es »schrecklich wäre, in irgendeiner Weise von dir abhängig zu sein«, läßt erkennen, daß seine Altersdepression durch das Scheitern der familiären Beziehungen bedingt ist. Erikson (1976), der anhand von Bergmans Film den menschlichen Lebenszyklus erläutert, bezeichnet

Marianne als den Katalysator, der die Krise auslöst, die zur Veränderung führt. Er vergleicht Marianne mit Cordelia, weil sie wie diese die Verzweiflung eines alten Mannes ans Licht bringt und ihn mit der Quelle seines Mißbehagens konfrontiert, indem sie ebenso verstörende wie befreiende Wahrheiten über Beziehungen enthüllt. Und Erikson führt vor Augen, wie durch diese Konfrontation die Assoziationsketten der Erinnerungen und Träume in Gang gesetzt werden, durch die Borg seinen Weg durch die Stationen seines Lebens zurückverfolgt bis zur Intimität, dem Punkt, an dem er versagte. Er träumt von einer Prüfung, bei der er vergißt, daß es »die erste Pflicht eines Arztes ist, um Verzeihung zu bitten«, und er nicht unterscheiden kann, ob eine Frau tot oder lebendig ist. Der Prüfer spricht ihn »schuldig der Schuld«. Das Urteil lautet: »Einsamkeit, natürlich«. Nachdem Borg solchermaßen die Gegenwart mit der Vergangenheit in Beziehung gesetzt hat, gesteht er schließlich seine eigene Niederlage ein (»daß ich tot bin, obwohl ich lebe«), aber gleichzeitig gibt er die Zukunft frei, indem er Marianne seine Hilfe anbietet.

Erikson weist auf die Rolle Mariannes hin, die den Teufelskreis von Wiederholungen durchbricht, der Generationen in kalter Einsamkeit gefangenhielt, die »schrecklicher als der Tod selbst war«, und er preist die »unerhörte Fähigkeit der Zuwendung« dieses »stillen, selbständigen Mädchens mit ihren offenen und aufmerksamen Augen«. Auch wenn er die Entwicklung dieser Tugend der Zuwendung schildert, die er als die Stärke menschlicher Reife betrachtet, wendet er sich häufig den Lebensläufen von Männern zu. Da die Geschichte Mariannes in der Lebenszyklustheorie ebenso wie im Film nicht erzählt wird, gewinnt man niemals Klarheit darüber, wie sie dazu kam, das zu sehen, was sie sieht, und das zu wissen, was sie weiß.

In der Abtreibungsuntersuchung schilderten Frauen Dilemmas, die demjenigen glichen, mit dem sich Marianne konfrontiert sah, und die Analyse ihrer Darstellungen ergibt eine stufenweise Entwicklung des Verständnisses für Verantwortung und Beziehungen. Diese Entwicklung, die durch einen Vergleich unterschiedlicher Perspektiven in der Abtreibungsfrage herausdestilliert wurde, brachten wir in ein logisches Schema, indem wir die Widersprüche zwischen diesen Perspektiven herausarbeiteten, die sich im weiblichen Denken manifestieren. Aber während man durch eine vergleichende Analyse Unterschiede herausarbeiten kann und durch den Nachvollzug der inneren Logik ein stufenweiser Fortschritt nachzuweisen ist, wird die Entwicklung nur durch Betrachtung größerer Zeiträume deutlich. Nur indem man die Lebensläufe von Frauen über längere Zeit hinweg unmittelbar verfolgt, wird es möglich, zumindest in vorläufiger Weise zu überprüfen, ob die von der Theorie vorausgesagten Veränderungen der Realität dessen entsprechen, was tatsächlich passiert. Bei meinem Vergleich der Interviews, die zur Zeit der Abtreibungsentscheidung gemacht wurden, mit denjenigen, die am Ende des folgenden Jahres entstanden, benutze ich das Anschwellen der Krise, um den Prozeß, der zum nächsten Entwicklungsstadium führt, zu verdeutlichen und das Entwicklungsmuster herauszuarbeiten. Dabei beziehe ich mich auf das Werk von Piaget (1968), der Konflikt als Voraussetzung des Wachstums bezeichnete, und auch auf die Arbeit von Erikson (1964), der in seiner Darstellung der Entwicklung durch Krisen demonstriert, daß eine erhöhte Verletzbarkeit die Entstehung einer potentiellen Kraft signalisiert, daß dadurch eine gefährliche Wachstumschance geschaffen wird, »ein Wendepunkt zum Besseren oder Schlechteren« (S. 139).

Dreiundzwanzig Frauen wurden zur Teilnahme an der Nachfolgeuntersuchung eingeladen, und 21 folgten diesem Ruf. Das Interview war ähnlich strukturiert, wie das zum Zeitpunkt der Entscheidung. Obwohl der Abtreibungsentschluß nunmehr rückblickend erörtert wurde, waren die Fragen im großen und ganzen die gleichen, sie betrafen die Entscheidung und das Bild, das sich die Frau von ihrem Leben und sich selbst machte. Gemessen an einer Lebenslaufskala, die zur Bewertung des Auftretens und der Richtung von Veränderungen im Verlauf des Jahres entwickelt worden war und auf den Aussagen der Frauen über ihre Beziehungen, ihre Arbeit und ihre Gefühle in bezug auf ihr Leben basierte, hatte sich das Leben von acht Frauen gebessert, das von neun war unverändert und das von vier hatte sich verschlechtert (Belenky, 1978; Gilligan und Belenky, 1980).

Bei den in dieser Analyse berücksichtigten Frauen handelt es sich um diejenigen, bei denen die Schwangerschaft eine Krise auslöste, die schließlich mit einer Niederlage endete. Die Schmerzhaftigkeit dieser Erfahrung und des Verlusts, der durch den Umbruch erlitten wurde, läßt die Bedeutung der Krise als solche erkennen und offenbart die Gefährdung menschlicher Beziehungen. So wie die Schwangerschaft in Hinblick auf die damit verbundene Verantwortung eine Verbundenheit höchster Ordnung darstellt, so stellt der Schwangerschaftsabbruch die Frau vor ein Dilemma, in dem es keine Möglichkeit des Handelns ohne Konsequenzen für den anderen und für das eigene Selbst gibt. Weil es die Realität der gegenseitigen Abhängigkeit und der Unwiderrufbarkeit der Entscheidung nur zu deutlich macht, rückt das Abtreibungsdilemma das Problem der Verantwortung und der Rücksichtnahme in den Mittelpunkt, das sich aus dem Faktum der Beziehung ergibt. Freud, der die Entwicklung durch die Aufdeckung von Krisen verfolgt, vergleicht die Psyche unter Streß mit einem Kristall, der zu Boden fällt und »dabei zerbricht, aber nicht willkürlich, er zerfällt dabei nach seinen Spaltrichtungen in Stücke, deren Abgrenzung, obwohl unsichtbar, doch durch die Struktur des Kristalls vorherbestimmt war« (1933, S. 64). Ich möchte diese Metapher auf Beziehungen unter Streß ausdehnen und auf die Art und Weise aufmerksam machen, wie Beziehungen, wenn sie zerbrechen, ihr inneres Gefüge enthüllen und die psychische Struktur der Verbindung im Moral- und im Selbstverständnis erkennen lassen.

Das Studium der Lebensläufe von Frauen über längere Zeiträume hinweg beleuchtet die Bedeutung von Krisen für die Reifung und verdeutlicht die Möglichkeiten des Wachstums und der Verzweiflung, welche die Erfahrung der Niederlage birgt. Die Beispiele von Betty und Sarah veranschaulichen den Wachstumsprozeß in der Entwicklung einer Ethik der Anteilnahme. Die Verlagerung des Schwerpunkts von der Selbsterhaltung zum Guten und vom Guten zum Wahren ist in den Lebensläufen dieser beiden Frauen über längere Zeiträume hinweg zu erkennen. Beide Untersuchungen illustrieren das Potential von Krisen, einen Teufelskreis der Wiederholung zu zerbrechen, und deuten darauf hin, daß die Krise als solche die Rückkehr zu einer versäumten Wachstumschance signalisieren könnte. Auf diese Darstellung von Übergangsphasen folgen Schilderungen von Verzweiflung, Beispiele eines moralischen Nihilismus bei Frauen, die keine Antwort auf die Frage finden konnten: »Warum mich kümmern?«

Betty war sechzehn, als sie zum zweitenmal innerhalb von sechs Monaten eine Abtreibungsklinik aufsuchte, um einen Schwangerschaftsabbruch durchführen zu lassen. Besorgt über diese Wiederholung, schlug die Beraterin ihre Bitte ab, die Abtreibung am gleichen Tag vorzunehmen, und verwies Betty an unsere Untersuchung, um ihr Gelegenheit zu geben, ihren Entschluß zu überdenken und sich zu überlegen, was sie tat. Obwohl die Geschichte von Betty, einer adoptierten Halbwüchsigen, deren Lebenslauf wiederholte Abtreibungen, Erregung öffentlichen Ärgernisses und mehrfach Aufenthalt in Erziehungsheimen aufwies, von einem in extremen Bahnen verlaufenden Leben zeugt, veranschaulicht sie doch auch Veränderungspotential selbst unter reduziert erscheinenden Umständen. Auch in dieser Geschichte zeichnet sich die Verlagerung des Schwerpunkts vom eigenen Überleben auf eine »gute« Handlungsweise ab, die dem Entwicklungsschritt vom »Egoismus« zur Verantwortung entspricht.

Im ersten Interview erklärt Betty zunächst, daß die zweite Schwangerschaft ebenso wie die erste nicht ihre Schuld sei. Sie hatte sich hilflos und machtlos gefühlt, sich ein Verhütungsmittel zu verschaffen, weil sie kein Geld hatte und glaubte, die Erlaubnis ihrer Eltern zu benötigen, und auf der anderen Seite hatte sie sich außerstande gefühlt, dem ständigen Drängen ihres Freundes Widerstand zu leisten. Am Ende gab sie nach, weil sie seiner Versicherung glaubte, er wisse schon, was er tue, und werde sie nicht schwängern. Zu ihrer Nachgiebigkeit wurde sie nicht zuletzt durch ihre Furcht bewogen, er werde mit ihr brechen, wenn sie sich weigere. Da sie sowohl ihn als auch ihre Mutter vergeblich um ein Verhütungsmittel gebeten hatte, erklärte Betty, sie sei schwanger geworden, weil niemand bereit gewesen sei, ihr zu helfen. Im nachhinein wünschte sie, sie hätte sich vorgesehen, aber sie machte andere dafür verantwortlich, daß sie es nicht tat. Als sie ihre Schwangerschaft bemerkte, habe sie zunächst nicht gewußt, was sie tun sollte:

Ich wollte mich umbringen, weil ich es einfach nicht ertrug. Ich wußte, daß ich eine Abtreibung wollte. Ich wußte, daß ich das Kind nicht zur Welt bringen konnte, aber ich ertrug einfach nicht den Gedanken, das alles noch einmal durchzumachen.

Sie spricht von den körperlichen Schmerzen, die sie beim vorangegangenen Mal zu ertragen hatte.

Ihr Zögern, mit ihrem Freund zu brechen, hatte mit der Tatsache zu tun, daß er sie anders behandelte als jeder andere Junge, den sie je gekannt hatte: »Er hat alles für mich getan. *Was zum Beispiel?* Er hat mich angerufen, hat mich abgeholt, hat mich überall hingeführt, wo ich hinwollte, hat mir Zigaretten gekauft, hat mir Bier gekauft, wenn ich es wollte.« Da sie erwartet hatte, daß er fortfahren werde, ihre Bedürfnisse zu befriedigen, wenn sie mit ihm ins Bett ging, war ihre Enttäuschung groß, als sie entdeckte, daß er »bloß wollte, daß ich alles mache, was er wollte, nachdem ich mit ihm ins Bett gegangen war. Er behandelte mich mehr wie seine Frau als wie seine Freundin, und das hat mir nicht gefallen.« Während sie zunächst meinte, in der Beziehung habe ein Austausch geherrscht, kommt sie schließlich zu dem Schluß, daß sie »im Grunde einseitig war« und er nur seine Bedürfnisse zu befriedigen suchte und sich nicht »um die Tatsache kümmerte, daß ich mehr Freiheit wollte«. Sie war auch über die Beraterin verärgert, die ihr den Wunsch abschlug, eine Abtreibung machen zu lassen, dennoch hat sie aber das Gefühl, die Beraterin habe »bloß dafür sorgen wollen, daß ich festen Boden unter den Füßen hatte, wenn ich von dort wegging. Ich finde, das ist gut, denn die kümmern sich wenigstens um einen.«

Vielleicht zum Teil aufgrund dieses Beweises der Fürsorge beginnt Betty darüber nachzudenken, wie sie für sich selbst gesorgt hat. Sie räumt ein, daß die Schwangerschaft vielleicht doch ihre Schuld sei, und führt sie darauf zurück, daß sie nicht auf sich selbst gehört habe. Sie habe auf andere gehört, weil sie glaubte, daß »ihr das etwas bringen wird oder die Sache dadurch besser wird und man sie in Ruhe läßt«. Aber nachdem diese Gründe durch ihre Erfahrung widerlegt wurden, beginnt sie über die Annahmen nachzudenken, die bisher ihr Verhalten und ihr Denken geleitet haben. Das Verknüpfen der Abtreibung einzig und allein mit körperlichen Schmerzen, ihr Wunsch, die Schwangerschaft geheimzuhalten, um keinen »schlechten Ruf« zu bekommen, ihre Sorge um die Erhaltung ihrer Freiheit, statt etwas für andere tun zu müssen – all dies beweist, daß sie ihren eigenen Bedürfnissen den Vorrang einräumt und um ihr eigenes Überleben in einer Welt ringt, die sie als ausbeuterisch und bedrohlich erlebt, eine Welt, die ihr das Gefühl gibt, daß sich niemand um sie kümmert und daß sie allein ist. Diese Sichtweise der sozialen Realität tritt deutlich in ihrer Rechtfertigung von Heinzens Diebstahl des Medikaments zutage:

Der Apotheker linkt ihn, und seine Frau liegt im Sterben, also verdient auch der Apotheker, gelinkt zu werden. *Ist es richtig, das zu tun?* Wahrscheinlich. Ich glaube, die Selbsterhaltung zählt zu den wichtigsten Dingen im Leben, um die die Menschen kämpfen. Ich glaube, es ist das Wichtigste überhaupt, wichtiger als Stehlen. Stehlen mag zwar nicht richtig sein, aber wenn man stehlen muß, um zu überleben, oder vielleicht sogar töten muß, dann sollte man das tun. *Warum?* Ich finde, Selbsterhaltung ist das Wichtigste. Das kommt vor allem anderen. Viele behaupten, Sex sei für viele Menschen das Wichtigste, aber ich glaube, daß Selbsterhaltung das Wichtigste für den Menschen ist.

Bettys vorrangige Betonung der Selbsterhaltung in ihrer Darstellung menschlicher Beziehungen zeugt von ihren Erfahrungen als adoptiertes Kind, dessen Überleben besonders gefährdet scheint. Bettys Gefühle in bezug auf ihr eigenes gefährdetes Überleben kommen ans Licht, als sie ihre Überlegungen bei der Abtreibungsentscheidung von ihren eigenen Bedürfnissen auf die des Kindes verlagert. Dieser Schwenk ist durch das Auftreten moralischer Wendungen gekennzeichnet, als sie erklärt, »Abtreibung ist die *richtige Lösung* in einer Situation wie der meinen, wenn jemand noch mitten in der Ausbildung ist oder wieder in die Schule zurück muß wie ich«. Die Erwägung ihrer eigenen Bedürfnisse aus der etwas anderen Perspektive einer angenommenen Verpflichtung gegenüber ihren Eltern, wieder zur Schule zurückzukehren, führt dann zu einer Erweiterung der moralischen Bedenken von sich auf das Kind: »Es wäre unfair von mir, ein Kind zu bekommen, unfairer gegenüber dem Kind als mir gegenüber.«

Bei der vorangegangenen Schwangerschaft, die Folge einer Vergewaltigung auf einer Fahrt per Anhalter, konnte sie »den Gedanken an das Kind einfach nicht ertragen«, aber diesmal hat sie »viel darüber nachgedacht«. Ihr Gebrauch des Begriffs der Fairneß spricht dafür, daß es sich tatsächlich um moralische Bedenken handelt, wie aus ihrer Erkenntnis der Verbindung zwischen dem Kind und ihr selbst deutlich wird:

Wenn ich an das Kind denke, fühle ich mich irgendwie komisch, weil ich adoptiert bin, und ich denke mir, meine Mutter hat mich wahrscheinlich nicht gewollt, sonst hätte sie mich nicht zur Adoption freigegeben. Aber ich denke mir, vielleicht hätte ich auch abgetrieben werden können oder vielleicht war so etwas geplant, und das gibt mir ein komisches Gefühl in bezug auf mein Kind.

Betty stellt eine Verbindung zwischen der Gegenwart und der Vergangenheit her, wenn sie ihre Gefühle gegenüber dem Kind mit ihrem eigenen Gefühl verknüpft, in gewissem Sinn ein ungewolltes Kind gewesen zu sein, und sie beginnt dann über die Gefühle ihrer eigenen biologischen Mutter nachzudenken und zu hoffen, daß sie vielleicht in dem Sinne gewollt gewesen sei, daß ihre Mutter »den Mann wirklich geliebt hat, aber nicht für mich sorgen konnte«.

Nach dieser Verschiebung ihrer Perspektive über Generationen denkt Betty auch an die Zukunft und stellt sich vor, daß sie eines Tages imstande sein könnte, eine Mutter zu werden, die für ein Kind sorgen kann. Durch den Begriff der Fairneß artikuliert sie ihren Wunsch, ihrem eigenen Kind das zu geben, was sie selbst haben wollte: »Ich glaube, es wäre nicht fair, einem Kind das Leben zu schenken, wenn es nicht bei seiner eigenen Mutter bleiben kann.« Durch das Nachdenken über das Kind beginnt sie auch sich selbst auf eine neue Weise zu sehen und in Verbindung mit der Schwangerschaft zu erkennen, daß die Sorge um das Kind bedeutet, daß sie für sich selbst sorgen muß:

In vieler Hinsicht hat mir diese Schwangerschaft geholfen, weil ich aufgehört habe, zu kiffen und zu trinken. Das ist das erstemal seit drei Jahren, daß ich damit aufgehört habe. Und jetzt, wo ich es gemacht habe, weiß ich, daß ich es kann, und ich werde einfach ganz damit aufhören. *Wie hat Ihnen die Schwangerschaft dabei geholfen?* Als ich schwanger wurde, wußte ich zunächst nicht, was ich tun sollte, und als sich herausstellte, daß ich schwanger war, dachte ich zuerst: »Diesmal war es meine Schuld, und ich muß das Kind behalten.« Dann hörte ich auf zu trinken und zu kiffen, weil ich dem Kind nicht schaden wollte. Aber dann nach einigen Wochen dachte ich wieder darüber nach und sagte mir: »Nein, ich kann es nicht kriegen, weil ich wieder in die Schule zurück muß.«

So wie Betty aus ihrem Wunsch heraus, dem Kind nicht zu schaden, anfängt, auf sich achtzugeben, so wird ihr Gefühl, daß sie wieder zur Schule gehen sollte, zum Teil durch den Gedanken ausgelöst, »ein Kind zu haben, aber keine Ausbildung und nichts zu können«. Da sie erkennt, daß sie ohne finanzielle Mittel außerstande ist, für ein Kind zu sorgen, und da sie glaubt, das Kind könnte durch die Drogen bereits geschädigt sein, die sie nahm, bevor die Schwangerschaft feststand, sieht Betty die Notwendigkeit ein, zuerst für sich selbst zu sorgen, bevor sie imstande sein wird, sich um ein Kind zu kümmern: »Ich glaube, ich muß anfangen, besser für mich selber zu sorgen. Früher oder später muß man sich entschließen, für sich selbst zu sorgen und selbständig zu handeln, statt sich immer von anderen sagen zu lassen, was man zu tun hat.«

In dem Nachfolgeinterview ein Jahr später sind die Ausdrücke der egozentrischen Sichtweise verschwunden. Sie schildert jetzt ihr Leben in der Sprache der Verbundenheit und Zuwendung, mit der sie ursprünglich über sich und ihr Kind gesprochen hatte. Die Verlagerung von der Sorge um die Selbsterhaltung zur Bedachtnahme auf richtiges, das heißt gutes Handeln, der den Entwicklungsschritt vom Egoismus zur Verantwortung in ihrem Denken kennzeichnet, steht in Einklang mit den Veränderungen, die sich in Bettys Leben im Laufe des vergangenen Jahres vollzogen haben.

An die Zeit nach dem Schwangerschaftsabbruch zurückdenkend, schildert sie eine Periode der Depression und erzählt von ihren Gefühlen der Trauer und des Verlusts, als sie auf ein Hündchen verzichtete, den ganzen Tag zu Hause blieb und fernsah, mit ihrer Mutter stritt und ständig zunahm: »So viel wie damals hatte ich noch nie gewogen, und ich war so deprimiert. Ich blieb den ganzen Winter zu Hause. Ich habe das Haus nie verlassen, weil ich mich so geschämt habe.« Aber im Juni trat dann eine Veränderung ein:

Ich sagte mir, ich muß abnehmen, und das war eine solche Veränderung für mich, weil ich so viele Jahre lang dick gewesen war. Und als ich schlank war, wußte ich nicht, was es heißt, Kleider tragen zu können, die gut aussehen. Ich fühlte mich einfach super, weil so viele Leute und so viele Männer mit mir ausgehen wollten. Das war der erste Sommer, in dem ich einen Badeanzug tragen konnte.

Diese dramatische Veränderung begann zu der Zeit, da das Kind zur Welt gekommen wäre, wenn die Schwangerschaft fortbestanden hätte. Auch im Leben anderer Frauen erwies sich dies als ein signifikantes Datum, welches das Ende der Krise markierte und eine Wende zum Besseren oder Schlechteren signalisierte. Unter den Frauen, für die der Abtreibungsentschluß den Anfang einer psychischen Weiterentwicklung bedeutete – eine neue Übernahme von Verantwortung, eine Konfrontation mit der Wahrheit –, war dies oft der Zeitpunkt, zu dem die Depression endete, als ob die Dauer der Schwangerschaft eine natürliche Trauerperiode markiert hätte, deren Abschluß zu Unternehmungen führte, die bedeutende Verbesserungen im Leben der Betreffenden zur Folge hatten. Bei den Frauen, deren Entscheidung nach ihren eigenen Begriffen einen Rückzug darstellte, war dies die Zeit, da alles in die Brüche ging.

Betty hatte eine erstaunliche Verbesserung zu verzeichnen. Nach jahrelangen Schwierigkeiten zu Hause, in der Schule und in der Gemeinschaft besucht sie zum Zeitpunkt des zweiten Interviews eine alternative Schule, arbeitet fleißig und nimmt aktiv an den Freizeitangeboten teil. Sie hat eine feste Beziehung zu einem jungen Mann, die insofern wesentlich anders klingt als früher geschilderte Verhältnisse, als gegenseitige Fürsorge und Zuwendung an die Stelle erpresserischer und ausbeuterischer Spielchen getreten sind. Unterstützt von ihrer Schule, bereitet sich Betty auch darauf vor, im kommenden Herbst ein örtliches College zu besuchen.

Der Wandel im moralischen Verständnis Bettys zeigt sich auch in ihrer Reaktion auf das Heinzsche Dilemma. Sie sagt jetzt, daß Heinz das Medikament stehlen sollte, »weil seine Frau im Sterben liegt, dem Tode nahe ist, und weil er seine Frau liebt«. Obwohl sie erklärt, daß sie im Hinblick auf die Entscheidung als solche »genauso antwortet wie zuvor«, argumentiert sie in ihrer Rechtfertigung jetzt grundlegend anders. Während sie zuvor auf den Vorrang der Selbsterhaltung hinwies, betont sie jetzt die Bedeutung von Beziehungen. Sprach sie zuvor von Berechtigung, so spricht sie jetzt von Schuldgefühlen. Heinz sollte den Diebstahl begehen, »weil er seine Frau liebt, und wenn sie stirbt, wird er das Gefühl haben, daß er etwas hätte tun können, aber es nicht getan hat.« Sicherheit, die sie zuvor als Selbstverteidigung in einer ausbeuterischen Welt betrachtete, in der jeder betrogen wird, hängt für sie jetzt von Beziehungen zu anderen und von Äußerungen der Liebe und Fürsorge ab.

Der Wandel von Bettys Moralvorstellungen korrespondiert mit der Veränderung ihres Selbstbildes. Im ersten Interview sagte sie von sich, daß es »schwer sei, mit ihr auszukommen«, und sie beschrieb sich als eigensinnig, impulsiv und »beeinflußbar«; im zweiten sagt sie: »Ich glaube, ich bin ein Mensch, der Herausforderungen mag. Ich lerne gern. Ich mag interessante Dinge. Ich spreche gern mit Menschen. Ich bin sehr sensibel.« Auf die Frage, ob sie sich jetzt anders sieht als früher, antwortet sie: »Auf jeden Fall. Jetzt nehme ich mich selbst wirklich wichtig, und damals war mir alles ziemlich egal. Mich hat alles so angekotzt. Jetzt bekomme ich allmählich eine bessere Einstellung, und ich habe das Gefühl, viele Dinge ändern zu können, von denen ich das früher nie für möglich gehalten hätte.« Betty fühlt sich nicht mehr so machtlos, ausgebeutet, allein und gefährdet, sondern spürt, daß sie ihr Leben besser im Griff hat. Im Laufe eines Jahres haben sich die Dinge für sie so »drastisch verändert«, daß sie jetzt überzeugt ist, »es im Leben zu schaffen«.

So wie die Welt der Moral eine Welt ersetzt hat, in der jeder gelinkt wurde, so ist auch die Welt der Gegenseitigkeit an die Stelle von Beziehungen getreten, die enttäuschend »einseitig« waren. Obwohl Betty die Zeit ihrer Schwangerschaft als eine schwierige Zeit in Erinnerung ist, glaubt sie, es sei »besser, durch schmerzhafte Erfahrungen zu lernen, weil das dann haften bleibt. Man lernt dann wirklich etwas. Das bleibt einem. Man vergißt es nicht.«

In Bettys Leben brachte die zweite Schwangerschaft somit Konflikte aus ihrer Vergangenheit an die Oberfläche und machte Widersprüche in der Gegenwart offenkundig. Die Intervention der Schwangerschaftsberaterin, die sich genügend um Betty sorgte, um gegen die sich abzeichnende Kette von Abtreibungen einzuschreiten und Betty eine Gelegenheit zum Nachdenken und zur Reflexion zu geben, löste eine klinische Krise aus und beschleunigte einen Entwicklungsschritt. Der Wachstumsprozeß, der den größten Teil des Jahres in Anspruch nahm, das zwischen dem ersten und zweiten Interview lag, war gekennzeichnet durch eine Periode der Trauer, der Desorganisation und der Verzweiflung.

Ein Jahr später, im zweiten Interview, weist Betty ein neues Verständnis der Ereignisse ihrer Vergangenheit und eine neue Denkweise in bezug auf ihre Zukunft auf. Sie hat sich mit früheren Konflikten auf eine Weise auseinandergesetzt, die es ihr gestattet, die gegenwärtigen Probleme ihrer Entwicklung anzupacken und ein klares Gefühl für sich selbst als verantwortlicher Mensch in ihren Beziehungen zu ihrer Familie, ihrem Freund und ihren Mitschülern zu äußern. Obwohl die zweite Schwangerschaft die Vergangenheit rekapituliert und das repetitive Phänomen des Ausagierens illustriert, weist sie auch nach vorn in die Zukunft und konfrontiert Betty mit den Fragen der Verantwortung und der Fürsorge, die für ihre Entwicklung entscheidend waren.

Robert Coles (1964) bemerkt, daß Krisen zum Wachstum führen können, wenn sie Gelegenheit bieten, sich mit Hindernissen der weiteren Entfaltung auseinanderzusetzen. Zur Veranschaulichung dieser Behauptung führt er John Washington an, einen in Armut lebenden schwarzen Jugendlichen, dessen Eltern Symptome »ernster Geisteskrankheiten« aufwiesen. Doch als freiwilliger Teilnehmer an einer Aktion gegen Rassentrennung an den Schulen von Atlanta begann John einen Wachstumsprozeß unter außerordentlich belastenden Bedingungen. Als Coles ihn fragte, was ihn dazu befähigt habe, sagte

John: »Durch diese Schule bin ich wieder auf die Füße gekommen; sie hat mich stärker gemacht, als ich es je für möglich hielt, und ich glaube, ich werde niemals vergessen können, was geschehen ist. Ich werde wahrscheinlich für den Rest meines Lebens ein anderer sein« (S. 122).

Die Vorstellung, daß Entwicklung durch Erfahrungen von Streß zustandekommt, daß Konflikte Möglichkeiten zum Wachstum eröffnen, steht im Mittelpunkt von Coles' Analyse. Unter Belastungen anderer Art trifft Betty eine ähnliche Feststellung. Ihre Gegenwart mit ihrer Vergangenheit vergleichend, sagt sie:

Ich bin wirklich froh über die Richtung, die mein Leben jetzt eingeschlagen hat. Verglichen mit letztem Jahr hat es sich so sehr verändert und ist um so viel besser. Es gefällt mir besser, was ich jetzt mache. Ich stehe morgens auf und gehe zur Schule. Eineinhalb Jahre lang bin ich bloß herumgesessen und habe nichts gemacht. Mein Leben hatte kein Ziel. Ich wußte nicht, was ich tun sollte, und jetzt habe ich das Gefühl, gewissermaßen eine Richtung zu haben. Ich weiß, wofür ich mich interessiere.

Jetzt, nach der Überwindung ihrer Krise, ist Betty fest im Leben verankert und betrachtet sich als Mensch mit einem Ziel, verantwortlich in ihrer Fürsorge für andere und für sich selbst.

Die 17jährige Josie, deren Denkweise den Schritt vom Egoismus zur Verantwortung kennzeichnet, berichtet über ähnliche Veränderungen in ihrem Leben nach der Abtreibungsentscheidung. Zur Zeit des zweiten Interviews hat sie sich ebenfalls »stark verändert, weil ich viel mit Drogen und solchen Sachen zu tun hatte und große Probleme mit meinen Eltern und mit dem Gericht und so hatte. Das war irgendwie eine Phase, die ich durchgemacht habe, und wenn ich darauf zurückblicke, verstehe ich nicht, wie ich das tun konnte. Ich bin irgendwie da rausgewachsen. Ich habe manchmal immer noch Probleme, aber nicht mehr wie früher, und ich bin auch nicht mehr auf Drogen.« Sie geht auch wieder zur Schule und arbeitet mit einer Lehrerin an einem Buch über Jugendliche zusammen. Aber ihre rückblickende Schilderung ihres Abtreibungsentschlusses läßt schon die Probleme der zweiten Perspektive erkennen. Im ersten Interview hatte sie sich für den Schwangerschaftsabbruch entschieden und dies als die »verantwortungsvolle« im Gegensatz zu einer »egoistischen« Entscheidung bezeichnet, als einen Schritt, um »erwachsener zu werden, wenn es darum geht, realistische Entscheidungen zu treffen und für mich selbst zu sorgen«. Im zweiten Interview erklärte sie, man habe sie »unter Druck gesetzt« und sie hätte »keine Wahl gehabt«. Ebenso wie Betty berichtet sie, daß sie nach der Abtreibung und vor der erstaunlichen Verbesserung in ihrem Leben eine Zeit der Depression durchgemacht habe, und sie schwankt zwischen ihrer eigenen Auffassung, daß die Abtreibung eine verantwortliche Entscheidung gewesen sei, und der konventionellen Interpretation der Abtreibung als einer selbstsüchtigen Handlung.

Sie sagt, daß sie gegen Abtreibung sei, aber dann bezeichnet sie diese Äußerung als »Heuchelei« und kritisiert auch die Leute, die »sagen, daß es Mord sei, weil sie noch nie in der Lage waren, schwanger zu sein und niemanden zu haben, der ihnen hilft, und kein Geld zu haben«. Wenn sie das Kind bekommen hätte, sagt sie, hätte sie »die nächsten sechs Jahre von Sozialhilfe leben müssen, und mein Kind hätte keinen Vater gehabt«, und sie fügt hinzu, sie wisse nicht, »ob das sinnvoll gewesen wäre«. Sie ist sich auch nicht schlüssig, wer die Entscheidung eigentlich getroffen hat. »Vor einem Jahr habe ich vielleicht gesagt, es sei meine eigene Entscheidung und so, und in gewisser Weise glaube ich auch, daß es meine eigene Entscheidung war, aber ich weiß nicht recht.« Da sie sich jetzt als gut und verantwortungsvoll sieht, möchte Josie nicht egoistisch und schlecht sein. Ebenso wie Betty, die im zweiten Interview erklärte, »wenn ich über die Abtreibung nachdenke, weiß ich nicht, was ich glauben soll, wie ich sie einschätzen soll«, ist sich auch Josie nicht sicher, ob die Abtreibung ein egoistischer oder ein verantwortungsvoller Entschluß war. Jetzt, da ihre frühere Einsicht der Dichotomie des zweiten Standpunkts weicht, kann Josie nicht entscheiden, ob Abtreibung »moralisch falsch« oder »vernünftig« sei.

Die 25jährige Sarah, die zur Zeit des ersten Interviews lebhaft und sympathisch wirkte, äußerte sich intelligent und humorvoll, aber auch traurig über die Erfahrung ihrer selbstverschuldeten Niederlage. Wieder vom gleichen Mann schwanger und vor einer zweiten Abtreibung stehend, begreift sie die Hoffnungslosigkeit der Beziehung. Da sie die erste Schwangerschaft zu einem Zeitpunkt entdeckte, als er sie verlassen hatte, erschien ihr die Abtreibung »fast als erfreuliches Erlebnis, fast, als hätte ich diesen Mann aus meinem Leben hinauskatapultiert«. Diesmal »war ich dagegen durch die Erkenntnis, daß da ein Kind ist, wie vor den Kopf geschlagen«. Die Krise, die ihr bevorstand, wurde durch die Erklärung ihres Liebhabers beschleunigt, daß er sie verlassen werde, wenn sie sich das Kind nicht nehmen lasse.

Da Sarah keine Möglichkeit sieht, ohne emotionale und finanzielle Unterstützung ein Kind allein großzuziehen, stellt sie sich der Realität ihrer Situation und beginnt über ihr Leben nachzudenken. Sie ist hin- und hergerissen von dem Widerspruch zwischen ihrem Bild von sich selbst als verantwortlich und gut und ihrer Ansicht, daß es »verantwortungslos« und »egoistisch« sei, eine zweite Abtreibung machen zu lassen. Ihre Überlegungen werden jedoch durch die Tatsache kompliziert, daß die Entscheidung, die ihr »verantwortungsvoll« erscheint, nämlich für den eigenen Fehler zu bezahlen, indem man das Kind zur Welt bringt, ihr plötzlich auch »egoistisch« vorkommt – ein Kind in die Welt zu setzen, »um meine Schuldgefühle zu beschwichtigen«. Angesichts dieser scheinbaren Widersprüche ist sie außerstande, die gute oder opferbereite Lösung zu finden, da sie ihre Handlungsweise in beiden Fällen so interpretieren kann, daß diese nicht nur anderen, sondern auch ihr selbst nütze.

Aber als sie sich vor der Entscheidung sieht, die ihr Liebhaber durch die Ablehnung eines Kindes heraufbeschworen hat, bemerkt Sarah, daß sie sich bisher selbst abgelehnt hatte. Sie begreift, daß ihre Selbstaufopferung eine Beziehung trug, die kein Kind tragen konnte, und dadurch wandelt sich ihre Wahrnehmung der Situation. Sie betrachtet die Schwangerschaft jetzt nicht mehr bloß als eine Niederlage, sondern auch als eine Konfrontation mit der Wahrheit:

Gerade die Streßsituation bringt all die Dinge in meiner Beziehung zu (dem Vater) ans Licht, mit denen ich mich die ganze Zeit abgefunden hatte und mich ewig hätte abfinden können. Aber jetzt, wumm, ist alles klar, in Breitwandformat, jetzt kann ich nicht mehr davonlaufen. Und deshalb könnte man sagen, daß es eine sehr entscheidende Zeit ist. Es tut mir leid.

Da die Schwangerschaft die mangelnde Lebensfähigkeit der Beziehung enthüllt, betrachtet Sarah dies als eine entscheidende Zeit, als Vorbote der Veränderung; aber, da es auch um ein lebensfähiges Kind geht, ist es ein Anlaß zur Trauer. Die Verantwortung für die Beendigung dieses Lebens zu übernehmen, bedeutet für Sarah auch, die Verantwortung für sich selbst zu übernehmen, sich in ihre moralischen Überlegungen einzubeziehen und der Wahrheit hinsichtlich ihrer Beziehungen ins Auge zu sehen. Indem sie das tut, stellt sie ihr früheres Bild von sich selbst als braves Opfer der Umstände in Frage, das selbstverantwortlich handelte, aber unter den Folgen des unverantwortlichen Handelns anderer zu leiden hatte. Diesem Bild steht ihre Erkenntnis entgegen, daß sie mehr Kräfte hat, als sie dachte, und de facto »genau wußte, was passierte«.

An die Grenzen ihres sich stetig wiederholenden Musters enttäuschender Beziehungen zu stoßen, bedeutet für Sarah nicht nur, sich mit den Überresten ihrer Vergangenheit auseinanderzusetzen, nämlich der Scheidung ihrer Eltern und ihrem Bild von ihrer Mutter als jemandem, der sich ständig selbst aufopfert und anderen Schuldgefühle macht, sondern auch, sich in der Gegenwart der Frage nach den Maßstäben zu stellen, nach denen sie ihr Leben gestalten und bewerten soll. Sie behauptet »es satt zu haben, sich immer nach den Maßstäben anderer Leute zu richten«, und verweist auf die Quäkertradition, der sie sich angeschlossen hat und die besagt, daß »einem niemand etwas aufzwingen kann, weil man an erster Stelle seiner inneren Stimme verpflichtet ist, die einem sagt, was richtig ist«. Doch wenn die innere Stimme als Schiedsrichter über Moral und Wahrheit an die Stelle der äußeren tritt, ist sie damit zwar von der Einflußnahme anderer befreit, aber sie trägt weiterhin die Verantwortung für ihr Urteil und ihre Entscheidungen.

Abtreibung ist die letzte Wahl: »Wie kann man die Verantwortung übernehmen, ein Leben auszulöschen?«, aber wie kann man andererseits ein Kind in die Welt setzen, um »seine Schuldgefühle zu beschwichtigen?« Der »Wendepunkt« kommt für Sarah durch die Erkenntnis, daß es in dieser Situation keine Handlungsweise gibt, die weder anderen noch ihr selbst schadet, und daß in diesem Sinn keine Entscheidung »richtig« ist. Da sie keine Lösung erkennt, die ohne Konflikt wäre, keine Handlungsweise, die niemanden ausschließt, spürt sie in den Zwängen dieses Dilemmas die Grenzen ihrer früheren Denkweise. Sarah überdenkt deshalb aufs neue den Gegensatz zwischen Egoismus und Verantwortung und erkennt, daß dieser Gegensatz die Wahrheit der Beziehung zwischen dem Kind und ihr nicht trifft. Nachdem sie zu dem Schluß gekommen ist, daß es keine Formel gibt, die ihr sagt, wen sie ausschließen soll, und da sie die Notwendigkeit sieht, sich selbst einzuschließen, gelangt sie zu der Überzeugung, daß in ihrer gegenwärtigen Situation Abtreibung die bessere Wahl ist, wobei sie gleichzeitig erkennt, daß sie sich anders entscheiden würde, wenn die Situation anders aussähe.

Obwohl Sarah in dieser Krise imstande ist, sich und ihr Leben auf neue Weise zu sehen, fällt es ihr schwer, diese Vorstellung zu verwirklichen. Aufgrund ihres Wunsches, zu heiraten und ein Kind zu haben, hängt sie an dieser Schwangerschaft; ihre Beendigung bedeutet deshalb einen großen Verlust für sie. Der Vorgang der Trauer wird von Sarah eindringlich beschrieben; sie rief mich nach sechs Monaten an und fragte mich, ob ich sie vielleicht jetzt interviewen wolle, da sie im Begriff sei, die Stadt zu verlassen. Sarahs zweites Interview fand deshalb gegen Ende der Schwangerschaft, wäre diese nicht unterbrochen worden, statt – in der Zeit, die von anderen Frauen als Periode der Desorganisation und der seelischen Not erlebt wurde.

Als sich Sarah für das zweite Interview einfand, war sie fast nicht wiederzuerkennen, sie wirkte hager, ängstlich und niedergeschlagen, und von ihrer früheren Lebhaftigkeit war wenig zu merken. Sie sagte, es sei eine schwierige Zeit gewesen, und sie habe das Gefühl eines großen Verlusts erlitten. Nach dem Schwangerschaftsabbruch machte sie eine Reihe von Krankheiten durch, die sie auf die Belastungen »des ganzen Umbruchs« zurückführte, nämlich die Beendigung der Beziehung zu ihrem Freund, die Aufgabe ihres Arbeitsplatzes und mehrmalige Wohnungswechsel. Doch trotz ihrer Pein setzt sie sich auch weiterhin mit der Frage nach der Wahrheit auseinander, sie versucht die Geschehnisse zu entwirren, die zu der Krise führten und konfrontiert sich zuletzt selbst:

Ich glaube, es war beinahe ein bewußter Entschluß, schwanger zu werden. Ich habe viel an Babys gedacht und träumte auch immer wieder davon. Das war etwas, das ich mir wirklich wünschte. Wenn ich mit meinem Freund schlief, kam mir der Gedanke, »hm, es wäre schön, schwanger zu werden« – all diese Dinge. Es war ganz bestimmt ein beabsichtigter Zufall. Nicht einmal das ist richtig. Es war fast die pure Absicht.

Sie hat erkannt, daß sie es darauf anlegte, die Frage der Bindungsbereitschaft zu forcieren, obwohl sie bereits wußte, wie das Ergebnis aussehen würde, aber sie ist sich auch bewußt, daß sie die Wahrheit vor sich selber verschleierte und »sich Illusionen machte«:

Die Schwangerschaft hat das alles aufgedeckt. Wenn ich nicht schwanger geworden wäre, hätte ich vielleicht eine andere Lösung finden können, denn alles, was an der Beziehung nicht stimmte, lag so offen zutage, daß nicht einmal ich mir mehr etwas vormachen konnte. Und das hatte ich zwei Jahre lang ziemlich gründlich getan. Die Schwangerschaft erfüllte also ihren Zweck. Und trotzdem, auf der anderen Seite wollte ich wirklich schwanger werden, nicht bloß um die Beziehung zu festigen oder sie ganz in die Brüche gehen zu lassen, sondern ich wollte wirklich ein Kind, und ich will es immer noch.

Die Folge sei, daß sie »jetzt das Gefühl habe, völlig in der Luft zu hängen«.

Im ersten Interview bezeichnete sie sich selbst als »müde« und »frustriert« angesichts ihrer Versuche, andere Menschen dazu zu bringen, ihre Bedürfnisse zu erfüllen, indem sie »fleißig und geduldig« war, kurz, in einer Weise tugendhaft, die nur zum Mißerfolg führte: »Das muß aufhören. Das kann nicht ewig so weitergehen. Ich habe dieselben Fehler jetzt mehrmals hintereinander gemacht, und ich glaube, jetzt ist es genug.« Im zweiten Interview ist das Selbst, das Sarah geschildert hatte, schließlich auseinandergebrochen:

Wie würden Sie sich selbst beschreiben? Ich weiß es nicht. Ich würde sagen, daß ich die letzten Reste zusammenklaube. Ich habe einfach das Gefühl, daß alles hinweggefegt wurde, und nach dem letzten Windstoß unternehme ich eine verzweifelte Anstrengung, wieder auf die Beine zu kommen. Obwohl ich mich seit meinem Entschluß, die Stadt zu verlassen, wesentlich besser fühle, zumindest körperlich, als seit langer Zeit. Als ich zu packen anfing, hatte ich das Gefühl, daß es irgendwie paradox sei. Man müßte meinen, das Wichtigste bei einer Übersiedlung ist, daß man seinen Körper woanders hinbewegt und daß einem seine Habe natürlich folgt, aber mir scheint es fast, als ob meine Habe schwerer wiege als ich, denn das ist alles, was von mir übrig ist. Ich fühle mich wirklich geschlagen, verwirrt und müde. Meine Habseligkeiten, die ich in den Koffer packte, schienen mir mehr Substanz zu besitzen als ich selbst. Ich dachte: »Der ganze Schrott, mit dem du dein Leben anfüllst, ist wichtiger als du selbst.«

Sarah vermittelt somit ihr Gefühl, in gewisser Weise verschwunden zu sein und unzusammenhängende Fragmente hinterlassen zu haben, einen Leib und einen Koffer gefüllt mit Habseligkeiten, den Überresten ihres früheren Selbst. Auf die Abtreibung zurückblickend, stellt sie fest, daß auch sie ihr Verständnis überstiegen habe, daß es ihr nicht mehr gelinge, die Gedanken und Gefühle auf einen Nenner zu bringen, die dadurch ausgelöst wurden:

Wenn man eine Frau ist und schwanger – da ist etwas, das man nicht leugnen und nicht hinwegerklären kann. Alle guten Gründe in der Welt mögen für die Abtreibung sprechen. Ich bin sicher, das Richtige getan zu haben. Es wäre scheußlich für das arme Kind und auch für mich gewesen. Aber ich weiß nicht, ob Sie verstehen, worauf ich hinauswill, denn ich verstehe selbst nicht, worauf ich hinauswill. Die Gründe wiegen irgendwie das Ganze nicht auf. Es ist einfach so, daß das Ganze irgendwie größer ist als die Summe seiner Teile, wenn man es auseinandernimmt. Irgend etwas geschieht, wenn man das Ganze nimmt, das nicht da ist, wenn man es auseinandernimmt und versucht, es zusammenzusetzen, und ich weiß nicht, was das ist.

Bei ihrem Versuch, ein Ereignis, das sich in seine Teile aufgelöst hat, in seiner Gesamtheit zu begreifen, beleuchtet Sarah den Augenblick des Übergangs von der alten zur neuen Perspektive. Nicht länger imstande, ihre Erfahrungen rational zu verstehen, und ohne »zu wissen, was es ist«, das sie in diese verzweifelte Lage brachte, hat sie den Punkt der Krise erreicht, an dem das einzige, was sie empfindet, der Verlust ist. Das zweite Interview ist durchdrungen von einem Gefühl des Verlusts und der Trauer. Das zeigt sich in ihrer Bemerkung, wenn sie daran denke, die Stadt zu verlassen, »geht es mir irgendwie nahe, daß ich ein Baby hier zurücklasse«. Es zeigt sich in ihrem Gefühl, »daß ich etwas verlegt hatte, und dann wurde mir klar, ›du hast dein Baby am anderen Ende der Stadt zurückgelassen‹«, und auch in ihrer Überzeugung, »wenn ich eines Tages drei Kinder habe, werde ich mir sagen, ich habe drei Kinder und zwei weitere, die im Augenblick nicht bei uns sind. Ich habe fünf Kinder und drei davon sind hier.«

Die Bedeutung des Erinnerns liegt für Sarah darin, die Vergangenheit nicht zu wiederholen, da sie die zweite Abtreibung auf die Tatsache zurückführt, daß sie sich niemals mit der ersten auseinandersetzte. Sie sei »wirklich traurig« gewesen und habe ihr Leben »nicht mehr unter Kontrolle gehabt«, und dann habe sie »den Ball ins Rollen gebracht« und jetzt lasse sie sich einfach treiben. Dieser ganze Sommer sei »sehr, sehr verrückt gewesen«, eine Periode »großer persönlicher Umwälzungen«, eine Zeit der Desorganisation, der Trauer, der Krise und des Kummers – doch in ihren Augen auch eine Zeit des Wandels.

Nach ihrer Rückkehr in die Stadt, ein Jahr nach der Abtreibung, fand sich Sarah zu einem dritten Gespräch ein, in dem sie über die Veränderung sprach und sie als »etwas Sichtbares« bezeichnete – »wie wenn sich der Kreis schließt, jetzt, da ich an den Ausgangspunkt dieser ganzen Reise zurückkehre«. Ihre Reise begann im Alter von zwölf Jahren, als sie sich als eigenständiges Mitglied ihrer Familie zu begreifen begann:

Meine Kindheit war genau das. Einfach eine Kindheit. Und dann erinnere ich mich, etwa im Alter von zwölf Jahren eine bewußte Entscheidung getroffen zu haben. Plötzlich sehe ich mich als abgetrennte Person im Kreise meiner Familie, und plötzlich werden mir sehr deutlich Dinge bewußt, die ich mag, Dinge, die ich in Ordnung finde und die außer mir niemand in der Familie in Ordnung findet, und mir wird bewußt, daß ich mich nicht so entwickeln werde, wie meine Mutter das von mir glaubt, nachdem ich bisher mein ganzes Leben lang Resultate produziert hatte, die ihren Erwartungen entsprachen. Was ich also tun mußte, war, mich friedlich zu verhalten, bis ich von dort wegkonnte, nach der Pfeife zu tanzen, soweit es nötig war, nur so weit es nötig war, und genau das habe ich auch getan.

Der Umbruch in ihrer Familie, der durch die Scheidung ihrer Eltern eintrat, hatte Sarahs Entwicklung damals belastet und Probleme hinterlassen, die sich mit den Problemen der Pubertät verquickten und Fragen der Identität und Moral aufwarfen, die sie dann aus eigener Kraft zu lösen versuchte. Nachdem sie »viele verschiedene Lebensweisen ausprobiert hatte«, versuchte sie herauszufinden, was sich im Leben als wertvoll erwies:

Ich wollte buchstäblich alle moralischen Wertvorstellungen über Bord werfen, die man mir beigebracht hatte, und selbst entscheiden, welche wichtig für mich waren. Und ich dachte mir, daß ich schon merken würde, welche wichtig für mich waren, wenn sie mir fehlten, wenn ich etwas auf den Müll geworfen und mir gesagt hatte, »zum Teufel damit«, und wenn mich das dann einige Monate später wirklich bedrückte, weil es in meinem Leben fehlte. Dann würde ich wissen, daß *das* wichtig war. Ich wollte also alles über Bord werfen und mir dann einzeln wieder zurückholen, was ich wollte. Und ich bin irgendwie selbst überrascht über mich, denn ich bin jetzt wieder zurückgekommen, nicht zu einer Lebensweise, die meiner Mutter für mich vorschwebt, aber dieser doch weit ähnlicher, als ich dachte. Und es ist so interessant, wenn ich zurückblicke und mir denke: »Hm, ich hätte nie geglaubt, daß ich so werden würde. «

Sie wiederholt mit mehr Selbstvertrauen und Klarheit ihre Entdekkung einer inneren Stimme, und sie erklärt, ihre Entscheidungen seien früher »von woanders ausgegangen, ich bin nicht wirklich sicher, von wo, aber sie kamen von woanders«. Im Gegensatz dazu fühlt sie sich jetzt »wirklich in Kontakt mit meinem Inneren, wirklich gut. Ich fühle mich einfach stark in einer Weise, wie ich mich nicht erinnere, mich je gefühlt zu haben, ich habe mein Leben wirklich unter Kontrolle und lasse mich nicht mehr einfach ziellos treiben. « Als Sarah dieses Gefühl, ihr Leben im Griff zu haben, beschreibt, tritt das Wort *ich* an die Stelle von *es*, zum Zeichen, daß die Zeit des Sichtreibenlassens zu Ende gegangen ist. Zum Zeitpunkt des ersten Interviews hatte Sarah den Gegensatz von Egoismus und Verantwortung kritisiert. Da sie sich ihrer eigenen Beteiligung an den Ereignissen, die zu ihrer Niederlage führten, bewußt war und die Unehrlichkeit ihrer Suche nach Zuwendung erkannte, betrachtete sie die Abtreibungsentscheidung als einen Entschluß, auf sich Bedacht zu nehmen, sich nicht von jeder Rücksichtnahme auszuschließen, sondern bei der Suche nach der besten Lösung sowohl ihre eigenen Bedürfnisse als auch die anderer in Betracht zu ziehen.

Aber die Integration dieser Einsicht in Sarahs Leben, die Vollendung des durch die Krise ausgelösten Entwicklungsschrittes, bedeutete einen langen und schmerzhaften Prozeß, der fast ein ganzes Jahr in Anspruch nahm. Durch diese Erfahrung wurde sie nachdenklicher: »Ich sehe mich, wie ich bin, und beobachte mich, wie ich Entscheidungen treffe und was ich tue. « Und sie ist jetzt im Begriff, ihr Leben in bezug auf ihre Arbeit und ihre Beziehungen auf einem »starken Fundament erstaunlich alter Weisheiten« zu errichten. Sie meint, »man löst die Krise selbst aus, um sich damit auseinandersetzen zu müssen«, und sie ersetzt den Kreis als Sinnbild ihrer Entwicklung durch eine Spirale, denn einen Kreis zu schließen bedeute, »auf dieselbe Stelle hingewachsen zu sein«, während man bei einer Spirale »nicht zur selben Stelle zurückkehrt, sondern zwar dieselbe Position erreicht, aber auf einer höheren Ebene. Man hat einen Fortschritt gemacht, und ich habe das Gefühl, daß das geschehen ist.«

Den Veränderungen in Sarahs Leben und in ihrem Selbstgefühl entspricht eine Wandlung ihres moralischen Urteils, das von einer negativen zu einer positiven Betrachtungsweise übergeht, von der defensiven Frage, »wer am wenigsten verlieren werde und wer am wenigsten verletzt werden würde«, zu einem »Mitgefühl«, das es ihr ermöglicht, ihre eigenen Bedürfnisse und die anderer Personen zu berücksichtigen und zu respektieren. Früher setzte sie Moral mit der »Einhaltung der Gesetze« gleich, während sie diese zur selben Zeit als »stupid« ablehnte. Jetzt artikuliert sie eine Basis zur Beurteilung der Gesetze im Hinblick darauf, ob diese der Gesellschaft schaden oder nicht und ob sie »eine Barriere« gegen Mitgefühl und Respekt aufrichten. Jetzt, da ihr Urteil von der konventionellen Betrachtungsweise – wonach andere definieren, was »richtig« ist und diese anderen die Verantwortung tragen – zu einer reflektierenden Sichtweise übergeht, die zur Folge hat, daß man die Verantwortung für sich selbst übernimmt, ändert sich auch ihr Handeln, und die Haltung der Distanzierung und Rebellion wird ersetzt durch das Engagement für ihre Arbeit und ihre Beziehungen.

Ebenso wie Sarah ist auch Betty ein Beispiel dafür, daß Krisen ein Potential für Entwicklungsschritte enthalten, und ihr Fall zeigt, daß die Anerkennung einer Niederlage zur Entdeckung eines neuen Weges führen kann. Aber der Wendepunkt der Krise enthält auch ein Potential für Nihilismus und Verzweiflung. Sarahs Metapher der Entwicklung – das Fortschreiten auf einer nach oben führenden Spirale der Veränderung, so daß sie am Ende die gleichen Dinge in einem anderen Licht zu sehen beginnt – steht im Gegensatz zu Annes Bild ihrer Niederlage, ihrem Gefühl, »im Kreis zu gehen« und »mein Selbstvertrauen zu verlieren«. Dieses Bild taucht im zweiten Interview mit Anne auf, der Frau, die das Dilemma des ersten Entwicklungsschrittes deutlich machte, und vermittelt ihr Gefühl von sich, daß sie »zu etwas zurückkehrt, was ich früher war, statt auf neue Ideen zu kommen«. Während des vergangenen Jahres hat sie ihr Leben zerbrechen sehen. Nachdem Beziehungen endeten und sie vorzeitig von der Schule abging, glaubt Anne, ihre Fähigkeit verloren zu haben, »es zu schaffen«.

Dieselbe Verzweiflung spricht aus der fünfzehnjährigen Lisa, die im Glauben an die Liebe ihres Freundes seinen Wunsch erfüllte, »sein Kind nicht zu ermorden«. Aber nachdem sie sich entschlossen hatte, das Kind nicht abzutreiben, verließ er sie und »ruinierte dadurch mein Leben«. Zu Hause isoliert und mit der Betreuung des Kindes beschäftigt, von der Sozialhilfe abhängig, von ihrem Vater verstoßen und von ihrem Freund verlassen, kennt sie sich selbst nicht mehr:

Ich bin nicht derselbe Mensch, der ich vor eineinhalb Jahren war. Ich war damals sehr glücklich. Jetzt bin ich einfach nicht mehr ich selbst. Ich habe das Gefühl, jetzt alle meine Freunde zu verlieren, weil ich eine andere geworden bin. Ich bin nicht mehr ich. Ich mag mich nicht, und ich weiß auch nicht, ob mich andere Leute mögen könnten. Ich mag mich nicht, wie ich jetzt bin. Deshalb bin ich so unglücklich. Bevor ich das Baby hatte, war ich frei. Ich hatte viele Freunde. Es machte Spaß, mit mir zusammen zu sein. Ich war glücklich. Ich hatte an vielen Dingen Gefallen, und jetzt bin ich einfach anders. Ich bin einsam. Ich bin still. Ich bin nicht mehr, wie ich war. Ich habe mich völlig verändert.

Früher hatte sie sich als »freundlich« geschildert, aber jetzt sagt sie, sie sei »verwirrt«, denn »ich weiß nicht, was ich tun soll, jetzt, da mein Freund weg ist. Ich liebe ihn immer noch, ganz egal, was er getan hat, und das verwirrt mich wirklich, denn ich weiß nicht, warum ich ihn immer noch liebe«. In einem Teufelskreis der Verzweiflung gefangen, da sie keine Möglichkeit findet, um wieder zur Schule zu gehen, und ohne Ausbildung keine Möglichkeit, um sich und das Kind zu erhalten, ist sie »einfach verwirrt durch all das, weil ich ihn nicht vergessen kann«, und außerstande zu begreifen, wie ein Akt der Liebe zu solchem Elend und Verlust führen konnte.

Sophie Tolstoj (1865 / 1928) stellt den Zusammenhang her und gelangt zu einem logisch erscheinenden Schluß:

Man hat mir immer gesagt, eine Frau müsse ihren Mann lieben und ehrbar und eine gute Gattin und Mutter sein. Solche Dinge liest man in Schulbüchern, und das ist alles Unsinn. Viel gescheiter ist es, *nicht* zu lieben, raffiniert und schlau zu sein und alle eigenen Fehler zu verbergen als ob es irgend jemanden in der Welt gäbe, der keine Fehler hätte! Aber die Hauptsache ist, *nicht* zu lieben. Schau doch, was ich mir selbst angetan habe, indem ich ihn so abgrundtief liebte! Es ist verletzend und demütigend; aber er findet es bloß lächerlich

... Ich bin nichts als ... eine nutzlose Kreatur, der jeden Morgen schlecht wird, mit einem dicken Bauch, zwei schlechten Zähnen, schlecht gelaunt, ohne Selbstachtung und mit einer Liebe, die niemand will und die mich fast in den Wahnsinn treibt.

Moralischer Nihilismus ist auch der Standpunkt, zu dem Frauen gelangen, die durch den Abbruch ihrer Schwangerschaft ihre Gefühle abtöten und gleichgültig werden möchten. Die Sprache moralischer Ideologie in die Mundart menschlicher Beziehungen übersetzend, fragen sich diese Frauen, »was kümmert's mich?« in einer Welt, in der die »Starken« Beziehungen abbrechen. Schwanger und von dem Wunsch erfüllt, in einem Kreis wachsender familiärer Bindungen zu leben, stoßen sie bei ihren Ehemännern oder Liebhabern auf unnachgiebige Ablehnung und Zurückweisung. Da sie ihr Engagement als Schwäche interpretieren und die Position des Mannes mit Stärke identifizieren, gelangen sie zu dem Schluß, daß die Starken nicht moralisch zu sein brauchen und daß nur die Schwachen Wert auf Beziehungen legen. Aus dieser Sicht wird der Schwangerschaftsabbruch für die Frau zu einem Prüfstein ihrer Kraft.

Die Geschichte nimmt im Leben der Frauen, die an diesem Punkt angelangt sind, verschiedene Formen an. Ihr durchgängiges Thema ist das Verlassenwerden durch andere, ihre durchgängige Reaktion ist, sich selbst zu verlassen. Das Bild Raskolnikows wird von einer Frau heraufbeschworen, ebenfalls einer Studentin, die um die Zeit, da das Kind zur Welt gekommen wäre, krank wurde und damals allein in einem kleinen Zimmer wohnte. Sie bezeichnet die Abtreibung als einen Akt des Mordes, über den sie jedoch keine Reue empfindet, und erklärt im zweiten Interview, »es gibt viele Arten, jemanden zu töten, und ich habe Dinge gesehen, die weniger barmherzig sind als der Tod«. Als sie schwanger wurde, hatte ihr Liebhaber zu ihr gesagt, daß sie sich nicht »auf ihn verlassen« könne. Sie selbst betrachtete den Schwangerschaftsabbruch als eine »egoistische Entscheidung«. Es war nie klar, wer die Entscheidung getroffen hatte, da sie, als sie im ersten Interview ankündigte, sie werde eine Abtreibung vornehmen lassen, bemerkt hatte, »das einzige, was mich veranlassen könnte, meinen Entschluß zu ändern, ist, daß etwas geschieht und wir zusammenbleiben«.

Sie betrachtet daher das Geschehene als »nicht meine Schuld«. Die Abtreibung, sagt sie, habe sie »von etwas abgeschnitten, wonach ich ein Bedürfnis hatte, was mir sehr viel bedeutete«, und sie macht sich selbst zwar für die Konsequenzen, aber nicht für die Entscheidung als solche verantwortlich. Das heißt, sie macht sich verantwortlich dafür, daß »jemand geopfert werden mußte, weil ich diese Entscheidung zu treffen hatte«. Doch obwohl sie sich bewußt ist, daß sie diejenige ist, »die damit leben muß«, und obwohl sie spürt, daß ihre Welt »viel kleiner geworden ist«, ist sie »nicht sicher, ob man selbst den Preis bezahlt«. Sie zieht es vor »zu sagen, ich bekenne mich zu dem, was ich getan habe, aber es gibt viele Arten des Tötens. Wenn ich das nicht tue, dann hat nichts etwas zu bedeuten, dann ist alles wischi-waschi, nichts ist wirklich, und man verliert jedes Gefühl von Verantwortung«. Sie sagt von sich, daß sie im Auftrag eines anderen gehandelt habe, und es bleibt unklar, warum sie diese Entscheidung getroffen hat. Sie sagt, sie sei »im falschen Boot gewesen, alles andere wäre völlig verrückt gewesen. Wie kann man ein Kind in diese schreckliche Welt setzen?« Sie verweist auf ihre »Verantwortung gegenüber anderen«, aber vergißt, die Verantwortung für sich selbst zu übernehmen.

In einem anderen Fall von Nihilismus ließ eine verheiratete Frau, die ihr zweites Kind erwartete, eine Abtreibung vornehmen, weil ihr Mann drohte, sie sonst zu verlassen. Sie gab ihm die Verantwortung, führte dann seine Entscheidung aus, indem sie »völlig gefühllos« wurde, und inszenierte die ganze Situation dann ein zweites Mal durch eine erneute Schwangerschaft und eine zweite Abtreibung. Beim zweiten Mal faßte sie ursprünglich den Entschluß, das Kind zur Welt zu bringen. Aber als ihr Mann dann sagte, er werde bei ihr bleiben, begriff sie, daß sie sich beim ersten Mal unnötigerweise selbst verraten hatte. Diese Erkenntnis bewog sie schließlich zu einer zweiten Abtreibung, um die Ehe auf eine Weise zu beenden, die es ihr gestatten würde, für sich selbst und ihr vierjähriges Kind zu sorgen.

Im Zentrum des Moralbegriffs dieser Frauen steht *care*, Zuwendung und Fürsorglichkeit, aber wenn andere nicht für sie sorgen, sind sie außerstande, für ein Kind oder für sich selbst zu sorgen. Das Problem, um das es geht, ist das der Verantwortung, und das Leben ist in ihren Augen von Beziehungen abhängig. Eine Frau, die Kritik an Leuten übte, die »persönliche Rechte« über »Fragen der Verantwortung« stellen, wies darauf hin, daß das Dilemma der Abtreibung Gefühle auslöse und sich deshalb der Einordnung in »eine festgelegte Hierarchie von Grundsätzen« entziehe:

Manchmal sind solche Hierarchien gut, solange man sie für sich betrachtet, aber sie fallen auseinander, wenn man seine Entscheidungen danach auszurichten sucht. Irgendwie sind sie nicht dazu geschaffen, für Entscheidungen des wirklichen Lebens herangezogen zu werden, und sie lassen nicht viel Raum für Verantwortlichkeit. Die nihilistische Position kennzeichnet einen Rückzug von der Sorge um andere zur Sorge um die eigene Selbsterhaltung, den Selbstschutz als oberstes Ziel. Aber nach diesem Versuch der Selbsterhaltung ohne Sorge um andere kehren diese Frauen am Ende zur Wahrheit im Hinblick auf Beziehungen zurück. Die Studentin, die von ihrem Bestreben spricht, »mir selbst gegenüber viel ehrlicher zu sein in bezug auf das, was ich wollte und wozu ich fähig war und wie ich mich fühlte«, bemerkt, daß sie ihr Bedürfnis nach einer »Bindung an andere Menschen« entdeckt habe. Sie habe erkannt, daß sie ein »viel emotionalerer Mensch sei, als sie vorher zugeben oder einräumen wollte«, und sie strebe jetzt danach, mit anderen »behutsamer« umzugehen und sich mehr um sich selbst zu kümmern. Statt andere auszuschließen und auf Gefühle und Zuwendung zu verzichten, wird sie somit ehrlicher im Hinblick auf ihre Beziehungen und nimmt sich selbst wichtiger.

Die Forschungsergebnisse bezüglich der Reaktionen betroffener Frauen auf das Abtreibungsdilemma lassen einen bestimmten Ablauf in der Entwicklung einer Ethik der Zuwendung erkennen, dem zufolge ein Wandel in der Auffassung von Verantwortlichkeit Veränderungen im Erleben und im Verständnis von Beziehungen widerspiegelt. Diese Ergebnisse wurden in einem bestimmten historischen Moment zusammengetragen, die Stichprobe war klein, und die Frauen wurden nicht so ausgewählt, daß sie eine größere Population repräsentieren konnten. Diese Einschränkungen schließen die Möglichkeit einer Verallgemeinerung aus und behalten die Aufgabe einer Untersuchung der verschiedenen Variablen wie Kulturzugehörigkeit, Zeit, Anlaß und Geschlecht weiterer Forschung vor. Zusätzliche Langzeituntersuchungen des Moralverständnisses von Frauen sind nötig, um den geschilderten Ablauf noch stärker zu differenzieren und zu validieren. Untersuchungen der Einstellungen anderer Menschen zu anderen realen Dilemmas sind nötig, um die besonderen Merkmale der Abtreibungsentscheidung herauszuarbeiten.

»In der Krise zeigt sich der Charakter«, sagte eine der Frauen, als sie dem Problem in ihr selbst auf die Spur zu kommen suchte. Daß die

Krise auch den Charakter prägt, ist die Quintessenz eines entwicklungsbezogenen Ansatzes. Die geschilderten Veränderungen in der Einstellung der Frauen zu Verantwortung und Beziehungen deuten darauf hin, daß sich die Fähigkeit zu Verantwortung und Zuwendung in einer bestimmten kohärenten Reihenfolge von Gefühlen und Gedanken entwickelt. Wenn persönliche Erfahrungen und historische Ereignisse ihren Niederschlag im Fühlen und Denken der Frauen gefunden haben, beginnen sie die Sorge um die individuelle Selbsterhaltung als »egoistisch« zu brandmarken und ihr die »Verantwortlichkeit« eines in Beziehungen gelebten Lebens gegenüberzustellen. Und Verantwortlichkeit wird ihrerseits in ihrer konventionellen Interpretation mit einer Aufgeschlossenheit für andere verwechselt, die einer Wahrnehmung des Selbst hemmend im Wege steht. Die Wahrheit über Beziehungen kommt jedoch aufs neue zu ihrem Recht durch die Wiederentdeckung der Verbundenheit, durch die Erkenntnis, daß das Selbst und die anderen wechselseitig voneinander abhängig sind und daß das Leben, so wertvoll es als solches sein mag, nur durch Zuwendung in Beziehungen genährt werden kann.

5. Frauenrechte und Frauenurteil

Als Elizabeth Cady Stanton und Lucretia Mott 1848 eine Konferenz nach Seneca Falls im Staat New York einberiefen, um über »die soziale, bürgerrechtliche und religiöse Lage und die Rechte der Frauen« zu beraten, präsentierten sie der Versammlung eine Gesinnungserklärung, die nach dem Vorbild der Unabhängigkeitserklärung gestaltet war. Die Sache, um die es ging, war einfach, und die Analogie machte ihr Anliegen deutlich: Auch Frauen stehen die Rechte zu, die von den Männern für natürlich und unverzichtbar gehalten werden. Die Konferenz von Seneca Falls wurde angefeuert von Stanton und Mott, die zusammen mit anderen weiblichen Delegierten von der Teilnahme am internationalen Antisklavereikongreß 1840 in London ausgeschlossen worden waren. Empört über ihre Verbannung auf die Galerie, von wo aus sie die Vorgänge beobachten durften, an denen teilzunehmen sie gekommen waren, forderten diese Frauen 1848 für sich selbst nur das, was sie acht Jahre zuvor hatten für andere fordern wollen, das Bürgerrecht in einem sich demokratisch nennenden Staat. Die Deklaration von Seneca Falls, die diesen Anspruch in der Prämisse der Gleichberechtigung verankert und mit den Begriffen des Gesellschaftsvertrages und der Naturrechte argumentiert, fordert keinerlei besondere Berücksichtigung der Frauen, sondern geht einfach davon aus, daß »diese Wahrheiten auf der Hand liegen: daß alle Männer und Frauen gleich erschaffen sind; daß sie von ihrem Schöpfer mit bestimmten unveräußerlichen Rechten ausgestattet sind und daß dazu das Recht auf Leben, Freiheit und das Streben nach Glück zählen«.

Der Anspruch auf Rechte, wie er seitens der Frauen nun geltend gemacht wurde, hatte sie von Anfang an in einen scheinbaren Gegensatz zur Tugend gebracht, ein Gegensatz, der 1792 von Mary Wollstonecraft in Frage gestellt wurde. In ihrer Schrift »Eine Rechtfertigung der Frauenrechte« argumentiert sie, daß Freiheit nicht zur Zügellosigkeit führe, sondern im Gegenteil »die Mutter der Tugend sei, da Sklaverei nicht nur Erniedrigung und Verzweiflung, sondern auch List und Tücke bewirke«. Der »Arroganz« Wollstonecrafts, die es wagte, »meinen eigenen Verstand zu gebrauchen« und »die falschen Vorstellungen in Frage zu stellen, die mein Geschlecht versklaven«, erwies sich später die Kühnheit Stantons als ebenbürtig, mit der diese einen Reporter aufgefordert hatte, »in Großbuchstaben hinzuschreiben: SELBSTVERWIRKLICHUNG IST EINE HÖHERE PFLICHT ALS SELBSTAUFOPFERUNG. Was die Frauen am meisten in ihrer Selbstentfaltung hemmt und hindert, ist die Selbstaufopferung.« Diese frühen Vorkämpferinnen der Frauenrechte begegneten dem Vorwurf der Eigennützigkeit – der Todsünde auf der Skala weiblicher Tugenden, an deren Spitze ein Ideal vollkommener Hingabe und Selbstverneinung stand, nicht nur gegenüber Gott, sondern auch gegenüber den Männern – indem sie Selbstaufopferung mit Sklaverei gleichsetzten und versicherten, daß die persönliche Entfaltung der Frauen ebenso wie die der Männer dem allgemeinen Wohl dienen würde.

So wie die Frauen mit ihrem Anspruch auf Rechte auch Verantwortung für sich forderten, so begannen sie durch den Gebrauch ihres Verstandes sich mit Fragen der Verantwortlichkeit in gesellschaftlichen Beziehungen auseinanderzusetzen. Dieser Gebrauch des Verstandes und das Bestreben der Frauen, die Kontrolle über die Bedingungen auszuüben, die ihr Leben beeinflußten, führten in der zweiten Hälfte des 19. Jahrhunderts zur Entstehung verschiedener sozialer Reformbewegungen, die von der sozialen Reinheitsbewegung für Abstinenz und Volksgesundheit bis zu den radikaleren Bewegungen für freie Liebe und Geburtenkontrolle reichten. Alle diese Bewegungen unterstützten das Frauenwahlrecht, als die Frauen Anspruch auf ihre Intelligenz und in verschiedenem Maße auf ihre Sexualität als Teil ihrer menschlichen Natur erhoben und durch das Stimmrecht an der Gestaltung der Geschichte und an der Veränderung herrschender Verhältnisse, die den gegenwärtigen und künftigen Generationen Schaden zufügten, mitzuwirken suchten. Obzwar sich die Enttäuschung über das Wahlrecht im Verzicht vieler Frauen auf ihre Stimmabgabe und der Tendenz anderer, durch ihre Stimme nur die Meinungen ihrer Männer zu bekräftigen, niederschlägt, wurden im 20. Jahrhundert dennoch viele der Rechte legitimiert, um die die ersten Feministinnen gekämpft hatten.

Angesichts dieses Fortschritts in bezug auf die Frauenrechte erhebt sich die Frage nach ihren Auswirkungen, eine Frage, die gegenwärtig besondere Aktualität erhält, sowohl durch den erneuten Kampf um Frauenrechte, als auch durch die Hundertjahrfeiern vieler Frauenhochschulen, die ihre Existenz der Forderung der Feministinnen nach Frauenbildung verdanken. Die frühen Feministinnen banden die Selbstentfaltung der Frauen an den Gebrauch ihres Verstandes und betrachteten Bildung als wesentliches Gut für Frauen, wenn diese ein selbstbestimmtes Leben führen wollten. Aber so wie die gegenwärtige Debatte über das Equal Rights Amendment (E. R. A.), den Verfassungszusatz zur Gleichstellung der Frau, eine Neuauflage vieler Auseinandersetzungen der Vergangenheit ist, so beschwört die Frage der Selbstentfaltung der Frauen immer noch das Gespenst der Selbstsucht herauf, die Furcht, daß Freiheit für Frauen zu einer Vernachlässigung ihrer Verantwortung in Beziehungen führen könnte. Der Dialog zwischen Rechten und Verantwortungen rückt somit sowohl in seiner öffentlichen Erörterung als auch in seiner psychischen Repräsentanz die Konflikte in den Mittelpunkt, die durch die Einbeziehung von Frauen in den Fragenkomplex von Verantwortung und Beziehungen aufgeworfen werden. Dieser Dialog erhellt zwar einerseits einige der rätselhaften Aspekte des weiblichen Widerstands gegen Frauenrechte, er illustriert aber andererseits auch, wie der Begriff der Rechte das Denken der Frauen über moralische Konflikte und Entscheidungen beeinflußt.

Das Jahrhundert, welches durch die Frauenrechtsbewegung geprägt wurde, hat an seinem Beginn und an seinem Ende zwei Romane hervorgebracht, die beide von Frauen geschrieben wurden und dasselbe moralische Dilemma behandelten, eine Heldin, die den Mann ihrer Cousine Lucy liebt. Mit ihren analogen Dreiecken liefern diese Romane einen historischen Rahmen, innerhalb dessen wir die Auswirkung der Frauenrechtsbewegung auf die Moralvorstellungen der Frauen studieren können und die uns dadurch einen Weg zur Beantwortung der das Jahrhundert bewegenden Frage weisen, was sich verändert hat und was gleich geblieben ist.

In George Eliots Roman *The Mill on the Floss* (1860) hält Maggie Tulliver »an dem fest, was richtig ist«. Hin- und hergerissen zwischen ihrer Liebe zu ihrer Cousine Lucy und ihrem »stärkeren Gefühl« für Stephen, Lucies Verlobten, hält Maggie an ihrer Überzeugung fest, »ich darf nicht, ich kann nicht mein eigenes Glück finden, indem ich andere opfere«. Als Stephen erklärt, ihre ohne ihr Zutun erwachte

Liebe mache es »richtig, daß wir einander heiraten«, antwortet Maggie, zwar sei »Liebe natürlich, aber Mitleid, Treue und Erinnerung seien dies gewiß ebenso«. Selbst nachdem es »schon zu spät war, um Unglück zu vermeiden«, weigert sich Maggie, »ein Gut für mich in Anspruch zu nehmen, das ich dem Elend (anderer) entrungen habe«, und entschließt sich statt dessen, auf Stephen zu verzichten und allein nach St. Oggs zurückzukehren.

Während der Priester, Mr. Kenn, meint, »das Prinzip, nach dem sie handelte, (sei) eine bessere Richtlinie als jedes Abwägen der Konsequenzen«, ist das Urteil der Erzählerin weniger eindeutig. Nachdem George Eliot ihre Heldin in ein Dilemma verstrickte, das keine tragfähige Lösung zuläßt, beendet sie den Roman, indem sie Maggie ertrinken läßt, aber nicht ohne die Leser vorher zu warnen, »das schwankende Verhältnis zwischen Leidenschaft und Pflicht versteht kein Mensch, der es nur rational erfassen kann«. Da »die geheimnisvolle Komplexität unseres Lebens« nicht »in Formeln gezwängt« werden könne, dürften auch für das moralische Urteil keine »allgemeinen Regeln« gelten, sondern es müßte sich aus den Einsichten eines Lebens nähren, das »so pulsierend und intensiv (sei), daß es ein umfassendes Mitgefühl mit allem, was menschlich ist, hervorgerufen hat«.

Doch da die »Augen von intensiver Lebendigkeit«, die Maggie besaß, am Ende aus einem »müden, erschöpften Gesicht« blicken, ist es nicht überraschend, daß Margaret Drabble, bewandert in der literarischen Tradition des 19. Jahrhunderts, aber engagierte Verfechterin der feministischen Anliegen des 20. Jahrhunderts, Eliots Geschichte wieder aufgreifen und die Möglichkeit einer alternativen Lösung untersuchen sollte. In *The Waterfall* (1969) inszeniert sie aufs neue Maggies Dilemma von *The Mill on the Floss*, aber, wie der Titel andeutet, mit dem Unterschied, daß das gesellschaftliche Hindernis nunmehr beseitigt ist. Drabbles Heldin, Jane Grey, hält deshalb nicht an dem fest, was richtig ist, sondern an Lucies Mann, sie entsagt der Entsagung und »ertrinkt im ersten Kapitel« in einem Meer der Selbstentdeckung. Jane, der es »egal ist, wer ertrinkt, solange ich das Ufer erreiche«, verheddert sich in das Problem der Beurteilung, als sie das Wunder ihres Überlebens zu begreifen sucht und einen Weg finden will, um diese Geschichte zu erzählen. Ihre Liebe zu James, Lucies Mann, wird von zwei verschiedenen Stimmen erzählt, einer ersten und einer dritten Person, die in einer ständigen Auseinandersetzung über das Problem des Urteilens und der Wahrheit begriffen sind und sich für die moralischen Fragen der Verantwortung und Wahl engagieren, um sich dann wieder von ihnen loszusagen.

Obwohl sich die Balance zwischen Leidenschaft und Pflicht zwischen 1860 und 1969 verändert hat, ist das moralische Problem in beiden Romanen dasselbe geblieben. Über das vergangene Jahrhundert hinweg werden beide Heldinnen als selbstsüchtig verurteilt. Dieselbe Anklage, die Maggies Verzicht erzwingt, ist aus Janes Beschwörungen ihrer Hilflosigkeit und ihren weitschweifigen Entschuldigungen herauszuhören: »Ich versuchte mich bloß gegen den Vorwurf der Selbstsüchtigkeit zu verteidigen; beurteilt mich milde, sagte ich, bin nicht wie andere, ich bin traurig, ich bin wahnsinnig, deshalb muß ich bekommen, was ich will.« Aber das Problem von Aktivität und Begierde, daß der Vorwurf der Selbstsucht impliziert, verführt Jane nicht nur zu bekannten Strategien der Flucht und Verstellung, sondern zwingt sie auch, sich der zugrundeliegenden Prämisse zu stellen, auf der dieser Vorwurf basiert. Jane zerpflückt das Moralurteil der Vergangenheit, das es »gewissermaßen als besser hinstellte, mich zu opfern als die anderen«, und versucht es so neu zu gestalten, daß es »mich zuläßt und einschließt«. Sie versucht somit, »eine neue Gestalt, eine neue Tugend« zu schaffen, die Aktivität, Sexualität und Selbsterhaltung einschließen könnte, ohne die alten Tugenden der Verantwortung und Fürsorglichkeit aufzugeben: »Wenn ich verstehen muß, was ich tue, kann ich nicht ohne meine eigene Billigung handeln – und ich muß handeln, ich habe mich verändert, ich bin nicht mehr fähig zur Passivität – dann werde ich eine Moral erfinden, die mir vergibt. Obwohl ich damit riskiere, all das zu verdammen, was ich gewesen bin.«

Diese Romane demonstrieren somit, daß das Verdikt der Selbstsucht und die damit einhergehende Moral der Selbstverleugnung nach wie vor Macht über die Frauen haben. Dies ist das Urteil, das regelmäßig im Drehpunkt von Romanen über junge Mädchen erscheint, am Wendepunkt des *Bildungsromans*, der die Unverwundbarkeit kindlicher Unschuld von der Verantwortlichkeit erwachsener Teilnahme und Entscheidungsfreiheit trennt. Die Auffassung, daß die Tugend der Frauen in der Selbstaufopferung liege, hat den Verlauf der weiblichen Entwicklung kompliziert, indem das moralische Problem der Tugendhaftigkeit den für reife Menschen relevanten Fragen der Verantwortlichkeit und Entscheidungsfähigkeit gegenübergestellt wurde. Darüber hinaus befindet sich die Ethik der Selbstaufopferung in einem unmittelbaren Konflikt mit dem Konzept von Rechten, das in den vergangenen hundert Jahren den Anspruch der Frauen auf einen fairen Anteil an sozialer Gerechtigkeit unterstützt hat.

Aber ein weiteres Problem entsteht durch die Spannung zwischen einer Moral der Rechte, die »natürliche Bindungen« zugunsten individueller Ansprüche auflöst, und einer Moral der Verantwortung, die solche Ansprüche zu einem Netz von Beziehungen verwebt und die Unterscheidung zwischen dem Selbst und den anderen durch den Hinweis auf ihre Interdependenz verwischt. Mit diesem Problem setzten sich Wollstonecraft und Stanton ebenso auseinander wie Eliot und Drabble. Diese Auseinandersetzung trat auch in den Gesprächen zutage, die in den siebziger Jahren mit Studentinnen geführt wurden. Alle diese Frauen redeten über denselben Konflikt, alle zeigten, welch unerhörte Macht die Verurteilung als selbstsüchtig im Denken der Frauen hat. Aber das Auftreten dieses Urteils in den moralischen Konflikten, die von zeitgenössischen Frauen geschildert werden, zeigt, welche Rolle das Konzept von Rechten in der moralischen Entwicklung der Frauen spielt. Diese Konflikte demonstrieren den Fortbestand einer Ethik der Verantwortung als Kern der weiblichen Moralvorstellungen, die das Selbst in einer Welt der Beziehungen verankert und Akte der Zuwendung (care) auslöst, aber sie deuten auch darauf hin, wie diese Ethik durch die Erkenntnis der Gerechtigkeit des Rechte-Ansatzes transformiert wird.

Das Interview, das mit Nan, einer der Teilnehmerinnen der Studentenuntersuchung in ihrem letzten Studienjahr durchgeführt wurde, veranschaulicht einige der Dimensionen weiblicher Moralvorstellungen im Jahre 1973, in dem Jahr, in dem der Oberste Gerichtshof den Schwangerschaftsabbruch legalisierte und den Frauen das Recht einräumte zu wählen, ob sie eine Schwangerschaft fortbestehen lassen wollen oder nicht. Zwei Jahre zuvor hatte Nan an einem Seminar über moralische und politische Entscheidungsfreiheit teilgenommen, weil sie »andere Sichtweisen kennenlernen wollte« und sich für »Argumente zugunsten des Schutzes persönlicher Freiheit« interessierte. Sie sagt von sich, daß sie an »Minderwertigkeitsgefühlen« leide, in ihrem Abschlußjahr jedoch ein Gefühl moralischen Fortschritts und Wachstums empfunden habe, das sie darauf zurückführt, daß sie infolge einer Schwangerschaft und ihres Entschlusses, eine Abtreibung vornehmen zu lassen, »viel von dem revidieren mußte, was ich über mich dachte«. Sie führte ihre Schwangerschaft auf »Verlust an Selbstbeherrschung, eine falsche Entscheidung und sehr viel Dummheit« zurück und betrachtete die Abtreibung als ebenso verzweifelte wie lebensrettende Lösung (»Ich hatte das sehr deutliche Gefühl, daß ich es tun mußte, um mein eigenes Leben zu retten«), aber eine Lösung, die ihr »zumindest in den Augen der Gesellschaft, wenn nicht in meinen eigenen (als) moralische Sünde erschien.

Angesichts ihres »persönlichen Gefühls, ein sehr schlechter Mensch zu sein«, hat sich ihre Entdeckung, daß ihr »Menschen trotzdem geholfen haben, äußerst positiv auf meine Gefühle für sie und für mich selbst« ausgewirkt. In dem Monat, den sie wartend und die Abtreibung erwägend zubrachte, dachte sie »viel über das Treffen von Entscheidungen nach, und zum erstenmal wollte ich die Kontrolle und die Verantwortung für meine eigenen Entscheidungen im Leben« übernehmen. Die Folge war, daß sich ihr Selbstbild veränderte:

> Weil ich jetzt die Kontrolle über mein Leben übernehme, habe ich nicht mehr das Gefühl, ein Pfand in den Händen anderer Leute zu sein. Ich habe die Tatsache zu akzeptieren, daß ich etwas falsch gemacht habe, und das gibt mir auch etwas mehr Integrität, denn ich bin jetzt nicht mehr ständig damit beschäftigt, diese Dinge in mir selbst abzuwehren. Viele Konflikte sind gelöst, und ich habe das Gefühl eines neuen Anfangs, das auf einer Art Überzeugung beruht, in einer bestimmten Situation handeln zu können.

So ist sie schließlich »als sich selbst akzeptierend aus dem Ganzen hervorgegangen, nicht als ein guter oder schlechter Mensch, sondern einfach als ein Mensch, der so oder so viel zu lernen hatte«. Sie weiß, daß sie gegenwärtig imstande ist, Entscheidungen zu treffen, und fühlt sich auf neue Weise für sich selbst verantwortlich. Aber während die Erfahrung der Entscheidungsfreiheit Nan ein größeres Gefühl persönlicher Integrität verliehen hat, ist ihr Urteil über die Wahlmöglichkeiten bemerkenswert unverändert geblieben. Obwohl sie zu einem umfassenderen und toleranteren Selbstverständnis und einer neuen Auffassung von Beziehungen gelangt ist, die es ihr gestatten werden, wie sie glaubt, »offener gegenüber sich selbst und unabhängiger« zu sein, bleibt das moralische Problem das der Verantwortung.

In diesem Sinne meint sie, die Schwangerschaft sei »ihr zu Hilfe gekommen«, indem sie ihr ihr bisheriges Versäumnis, Verantwortung zu übernehmen, klargemacht habe:

Es war eine so ernste Sache, daß es Dinge in mir ans Licht brachte wie meine Gefühle in bezug auf mich selbst, meine Gefühle in bezug auf die Welt. Was ich getan hatte, war in meinen Augen so falsch, daß mir klar wurde, daß ich keine Verantwortung übernahm, wo ich es hätte tun können, und ich hätte genauso weitermachen können, ohne Verantwortung zu übernehmen. Der Ernst der Situation führt einem die Fragen klar vor Augen. Man sieht sie sehr deutlich, und dann liegen auch die Antworten auf der Hand.

Da sie meint, ihre eigene Verantwortungslosigkeit habe zu einer Situation geführt, in der sie sich keine Handlungsweise mehr vorstellen konnte, die niemandem schaden würde, beginnt sie, sich »von alten Moralvorstellungen zu befreien«, die ihr jetzt als Behinderung ihres Zieles erscheinen, in einer Weise zu leben, die kein »menschliches Leid« verursacht. Dabei stellt sie den Gegensatz von Selbstsucht und Moral in Frage, denn sie hat entdeckt, daß »das Wort *selbstsüchtig* schillernd ist«. Da sie erkannt hat, daß »individuelle Freiheit« nicht »völlig unvereinbar mit Moral« ist, dehnt sie ihren Moralbegriff aus und definiert Moral als »Anteilnahme (*concern*) an anderen Menschen und Anteilnahme an einem selbst«. Obwohl die moralischen Fragen – »wieviel Leid verursachen wir?« und »woher nimmst du das Recht, menschliches Leid zu verursachen?« – bestehen bleiben, gelten diese Fragen nicht nur für andere, sondern auch für sie selbst. Losgelöst von der Selbstaufopferung, verbindet sich Verantwortung statt dessen mit dem Verständnis der Ursachen des Leidens und der Fähigkeit vorauszusehen, welche Handlungsweisen wahrscheinlich Schaden verursachen könnten.

Das Recht, sich selbst in den Geltungsbereich einer Moral der Verantwortung einzuschließen, war in den siebziger Jahren eine entscheidende Frage für Studentinnen. Diese Frage, die in verschiedenen Zusammenhängen auftauchte, stellte ein Problem des Ein- oder Ausschließens dar, das durch die Logik der Gerechtigkeit und die Fairneß der Gleichsetzung anderer und des eigenen Selbst gelöst werden konnte. Aber es stellte auch ein Beziehungsproblem dar, dessen Lösung ein neues Verständnis von Verantwortlichkeit und Zuwendung erforderte. Hilary, die im Alter von 27 Jahren erklärt, wie sich ihr

Denken über Moralfragen verändert hat, schildert ihr Moralverständnis zu der Zeit, als sie an der Hochschule zu studieren begann:

Ich war damals viel einfältiger. Ich machte eine Zeit durch, in der ich glaubte, daß es auf die Fragen von »richtig« oder »falsch« im Leben ziemlich einfache Antworten gibt. Ich machte sogar eine Periode durch, die mir jetzt als geradezu naiv erscheint: Ich dachte, solange ich niemandem weh tue, würde alles in Ordnung sein. Aber bald oder schließlich kam ich darauf, daß die Dinge nicht so einfach liegen, daß man zwangsläufig Menschen verletzt, daß sie einen zwangsläufig verletzen und daß das Leben voll von Spannungen und Konflikten ist. Man verletzt zwangsläufig die Gefühle des anderen, absichtlich oder unabsichtlich, einfach durch die Art und Weise, wie die Dinge liegen. Deshalb habe ich diese Idee aufgegeben.

Diese Veränderung trat in ihren ersten Studienjahren ein:

Ich hatte eine Liebesbeziehung zu einem Mann, der sich niederlassen und heiraten wollte, und ich konnte mir kein schlimmeres Schicksal vorstellen, aber ich hatte ihn wirklich recht gern. Wir machten Schluß, und das traf ihn so hart, daß er sein Studium auf ein Jahr unterbrach, und ich begriff, daß ich ihm sehr weh getan hatte, ohne es zu wollen. Ich hatte gegen mein Grundprinzip moralischen Verhaltens verstoßen, aber ich hatte die richtige Entscheidung getroffen.

Hilary erklärte, daß sie »ihn unmöglich hätte heiraten können«, und ihr ist bewußt, daß es insofern eine »leichte Antwort« auf das Dilemma gab, mit dem sie konfrontiert war. Doch in anderer Hinsicht, nämlich angesichts ihres moralischen Gebots, niemandem weh zu tun, stellte die Situation ein unlösbares Problem dar, da es ihr keinen Ausweg offenließ, der niemandem schadete. Diese Erkenntnis veranlaßte sie, ihr früheres absolutes moralisches Gebot zu hinterfragen und zu begreifen, daß dieses Prinzip, niemandem weh zu tun, nicht das einzige ist, worum es geht. Dessen Begrenztheit, die sie jetzt erkannte, hatte unmittelbar mit der Frage der persönlichen Integrität zu tun; »was dieses Prinzip nicht einmal zu erreichen versuchte, war die Maxime: ›Dir selbst sei treu.‹« Sie sagt, sie habe angefangen, stärker auf die Wahrung ihrer persönlichen Integrität zu achten, denn diese Erfahrung habe sie zu der Einsicht geführt: »Man kann sich keine Sorgen machen, ob man anderen Menschen schadet; man soll einfach tun, was richtig für einen ist. «

Doch angesichts ihrer fortbestehenden Gleichsetzung von Moral mit der Sorge um andere und ihrer unveränderten Überzeugung, daß

»Akte der Selbstaufopferung und Handlungen, die für andere Menschen oder zum Wohl der Menschheit geschehen, gute Handlungen sind«, war ihre Preisgabe des Prinzips, anderen nicht zu schaden, gleichbedeutend mit einer Preisgabe des moralischen Anspruchs. Sie erkennt die Richtigkeit ihrer Entscheidung, ist sich aber auch der schmerzhaften Konsequenzen bewußt und sieht keine Möglichkeit, ihre Integrität zu wahren und gleichzeitig an einer Ethik der Zuwendung in Beziehungen festzuhalten. Während sie Konflikte und Kompromisse in Entscheidungssituationen zu vermeiden sucht, indem sie »einfach tut, was richtig für mich ist«, bleibt sie de facto mit einem Gefühl des Kompromisses in bezug auf sich selbst zurück.

Dieses Gefühl wird deutlich, als sie von dem Dilemma erzählt, in das sie in ihrer Arbeit als Anwältin geriet, als der gegnerische Anwalt in einem Prozeß ein Dokument übersah, das den »berechtigten Anspruch« seines Klienten in entscheidender Weise unterstützte. Hilary überlegte, ob sie ihren Gegner auf das Dokument hinweisen sollte, das der Sache seines Klienten nützen würde, und dabei wurde ihr klar, daß unser Justizsystem nicht nur »die angebliche Suche nach der Wahrheit« behindert, sondern auch die Äußerung von Anteilnahme für den Menschen auf der Gegenseite. Nachdem sie sich zum Teil wegen der Schwäche ihrer eigenen beruflichen Stellung zuletzt dafür entschied, am System festzuhalten, wirft sie sich jetzt vor, sowohl ihrem Grundsatz persönlicher Integrität als auch ihrem moralischen Ideal der Selbstaufopferung untreu geworden zu sein. Die Beschreibung, die sie von sich selbst gibt, steht somit in Gegensatz sowohl zu ihrer Schilderung ihres Mannes als eines Menschen »von absoluter Integrität, der niemals etwas tun würde, was er nicht für richtig hält«, als auch zu dem Bild ihrer Mutter als »eines sehr fürsorglichen Menschen«, der anderen in »selbstloser Weise« gibt.

In bezug auf sich selbst sagt Hilary etwas entschuldigend, daß sie seit ihrem Studium toleranter und verständnisvoller geworden sei, weniger bereit, Menschen zu beschuldigen, die sie früher verurteilt hätte, fähiger, die Integrität verschiedener Perspektiven zu begreifen. Obwohl sie als Anwältin über die Sprache der Rechte verfügt und die Bedeutung von Selbstbestimmung und Selbstachtung klar erkennt, bleibt das Konzept von Rechten für sie in einem Spannungsverhältnis mit einer Ethik der Zuwendung. Der fortbestehende Gegensatz zwischen Egoismus und Verantwortung läßt ihr jedoch keinen Weg offen, um das Gebot, sich selbst treu zu sein, mit dem Ideal von Verantwortung in Beziehungen auszusöhnen.

Der Zusammenprall zwischen einer Moral von Rechten und einer Ethik der Verantwortung löste für Jenny, eine weitere Teilnehmerin der College-Studie, eine moralische Krise aus, die sie uns beschrieb. Auch sie bekennt sich zu einer Moral der Selbstlosigkeit und des aufopfernden Verhaltens, exemplifiziert durch ihre Mutter, die ihr Ideal darstellt.

Wenn ich wie irgend jemand in der Welt werden könnte, dann möchte ich wie meine Mutter werden, weil ich noch nie einen selbstloseren Menschen kennengelernt habe. Sie macht alles für jeden bis zu einem Punkt, wo sie sich selbst viel geschadet hat, weil sie anderen Menschen so viel gibt und keine Gegenleistung verlangt. Das wäre auch mein Ideal, ein selbstloser und hilfsbereiter Mensch zu sein.

Im Gegensatz dazu beschreibt sich Jenny selbst als »viel egoistischer in vieler Hinsicht«. Da sie die Grenzen der Selbstaufopferung in der potentiellen Gefahr sieht, anderen zu schaden, die der eigenen Person nahestehen, sucht sie die Spannung zwischen Selbstsucht und Zuwendung aufzulösen, indem sie ihre Definition des »besten Menschen, der man überhaupt sein könnte,« durch Erweiterung ihres Grundprinzips – »anderen Menschen so viel Gutes wie möglich zu tun« – mit dem Zusatz ergänzt: »und gleichzeitig seine eigenen Anlagen zu entwickeln«.

Zwei Jahre zuvor, in dem Seminar über moralische und politische Entscheidungsfreiheit, war Jenny darangegangen, Moral in Hinblick auf die Fragen zu untersuchen: »Wieviel schuldest du dir selbst?« und: »Wieviel schuldest du anderen Menschen?« Moral als Problem von Verpflichtungen definierend, versuchte sie durch die Gleichsetzung des Selbst und der anderen die der Selbstaufopferung zugrundliegenden Prämissen zu hinterfragen und ihre Auffassung von Verantwortung mit einem Verständnis von Rechten in Einklang zu bringen. Aber eine Krise, die sich damals in ihrer Familie ereignete, stellte die Logik dieses Unterfangens in Frage, indem sie ihr die Unzulänglichkeit der Rechte-Terminologie im Umgang mit Fragen der Verantwortung in Beziehungen vor Augen führte. Die Krise wurde durch den Selbstmord eines Familienangehörigen ausgelöst, zu einem Zeitpunkt, als die Ressourcen der Familie bereits durch die Krankheit von

Jennies Großvater belastet waren, der ständiger Pflege bedurfte. Obwohl der moralische Aspekt des Suizids in dem Seminar in der Perspektive persönlicher Freiheitsrechte erörtert worden war, erschien ihr diese Selbsttötung vielmehr als ein Akt höchster Verantwortungslosigkeit, da er die Belastungen der Pflege für die anderen erhöhte und weiteres Leiden verursachte.

Bei ihrem Versuch, ihre Gefühle der Wut in Beziehung zu ihrer Logik der Vernunft zu setzen, geriet sie an einen toten Punkt, als sie entdecken mußte, daß sie mit ihrer alten Denkweise nicht mehr weiterkam:

Das ganze Semester lang hatten wir darüber diskutiert, was richtig und was falsch ist, was gut ist und wieviel man sich selbst schuldet und wieviel man anderen Menschen schuldet, und dann hat sich mein (Verwandter) umgebracht, genau dann, und das ist doch eine moralische Krise, nicht wahr? Und ich wußte nicht, wie ich damit umgehen sollte, denn zuletzt haßte ich ihn einfach, weil er das getan hatte, und ich wußte, daß ich das eigentlich nicht tun durfte. Ich meine, das war falsch von mir, aber wie konnte er seiner Familie das antun? Und ich mußte wirklich das ganze Seminar ernsthaft neu überdenken, denn das alles funktionierte einfach nicht mehr. All diese hübschen Dinge, über die wir diskutiert hatten, sind schön, wenn man darüber redet. Ich erinnere mich, daß wir kleine Geschichten behandelten, beispielsweise, wenn jemand im Krieg einen Spähtrupp anführt und einer muß hingehen und eine Handgranate werfen oder so etwas. Das ist schön und gut, aber wenn es sich um jemand handelt, der einem nahesteht, dann paßt das alles nicht mehr. Und ich mußte alles ernsthaft überdenken, was ich in dem Seminar gesagt hatte. Wenn ich an all das glaubte, wie konnte ich dann zuletzt einen solchen Haß empfinden?

Angesichts der erdrückenden Dimensionen dieses Problems begann die logische Grundlage des Vergleichs, wieviel man sich selbst bzw. wieviel man anderen schuldet, brüchig zu werden und dann auseinanderzufallen.

Plötzlich brachen all die Definitionen und die ganze Terminologie einfach auseinander. Es wurde zu etwas Unbewertbarem, von dem man nicht sagen konnte, »ja, das war moralisch« oder »nein, das war unmoralisch«. Das zählt zu den Dingen, die einfach irrational und undefinierbar sind.

Jenny war sich bewußt, daß der Akt als solcher, wie man ihn auch beurteilte, irreversibel war und Konsequenzen hatte, die sich auch auf das Leben anderer auswirkten. Da Rechte und Verantwortungen, Selbstsucht und Selbstaufopferung in dieser Situation so unentwirrbar verquickt waren, fand sie keine andere Einstellung dazu, als zu sagen, daß es sich zwar in gewisser Hinsicht um eine moralische Krise handelte, daß es ihr andererseits aber »einfach irrational und undefinierbar« erschien.

Als Jenny fünf Jahre später erneut interviewt wird, sagt sie, diese Ereignisse hätten ihr Leben verändert, indem sie ihr »diese ganze Sache mit der Verantwortung« zu Bewußtsein brachten. Als der Gegensatz zwischen Selbstsucht und Moral zutage trat, wurde sie weder anderen noch sich selbst gerecht; sie wollte weder »die Verantwortung für ihren Großvater übernehmen« noch war sie bereit, die Verantwortung für sich selbst zu übernehmen. Da sie sich in diesem Sinn sowohl selbstsüchtig als auch selbstlos verhalten hatte, wurde sie sich der Grenzen des Gegensatzes als solchem bewußt. Nachdem sie erkannt hatte, daß »es zu einfach war, so durchs Leben zu gehen, wie ich es getan hatte, indem ich jemand anderem die Verantwortung für die Weichenstellungen meines Lebens überließ«, raffte sie sich dazu auf, selbst das Steuer zu übernehmen, und »veränderte die Richtung« ihres Lebens.

Die grundsätzliche Auffassung von Moral als einem Problem der Verantwortung und das Ringen von Frauen, die Verantwortung für ihr eigenes Leben zu übernehmen, treten in den Dilemmas zutage, die von anderen Studentinnen geschildert wurden, welche an der Rechte-und-Verantwortung-Untersuchung teilnahmen. Ein Vergleich der von drei Frauen geschilderten Dilemmas zeigt trotz unterschiedlichster Formulierungen, wie der Gegensatz zwischen Egoismus und Verantwortung die Entscheidungsfreiheit der Frauen belastet und sie zwischen einem Ideal der Selbstlosigkeit und der Realität ihrer eigenen Handlungen und Bedürfnisse hängen läßt. Das Entwicklungsproblem, das durch den Gegensatz zwischen Moral und Wahrheit entsteht, wird deutlich aus dem Versuch aller drei Frauen, eine Möglichkeit zur Überwindung dieses Gegensatzes zu finden und sowohl ehrlicher gegenüber sich selbst zu sein als auch weiterhin anderen gerecht zu werden. Sie suchen nach einem Weg zur Auflösung der Spannung, die sie zwischen der Verantwortung gegenüber anderen und der

Aufgabe der Selbstentwicklung empfinden, und alle drei schildern Dilemmas, die sich um den Konflikt zwischen persönlicher Integrität und Loyalität in Familienbeziehungen drehen. Alle drei Frauen haben Schwierigkeiten, wenn sie vor eine Wahl gestellt sind, und führen diese Schwierigkeiten auf ihren Wunsch zurück, niemanden zu verletzen. Ihre verschiedenen Lösungen dieses Problems enthüllen nacheinander die Selbstverblendung des Gegensatzes zwischen Egoismus und Verantwortung, die Herausforderung, die das Konzept von Rechten für die Tugend der Selbstlosigkeit darstellt, und die Art und Weise, wie sich durch den Begriff der Rechte das Verständnis von Zuwendung und Beziehungen verändert.

Alison, Studentin im zweiten Studienjahr, definiert Moral als Bewußtsein von Macht:

Eine Art von Bewußtsein, eine Sensibilität gegenüber der Menschheit, daß man das Leben eines anderen Menschen beeinflussen kann, daß man sein eigenes Leben beeinflussen kann und daß man eine Verantwortung hat, das Leben anderer Menschen nicht zu gefährden und anderen Menschen nicht weh zu tun. Die Moral ist deshalb etwas Komplexes; ich vereinfache sehr stark. Moral bedeutet die Erkenntnis, daß es ein Wechselspiel zwischen dem Selbst und den anderen gibt und daß man die Verantwortung für beides übernehmen muß. Ich gebrauche immer das Wort *Verantwortung;* das ist bloß eine Art Bewußtsein des eigenen Einflusses auf die Geschehnisse.

Alison, die Moral als ein Bewußtsein von Macht interpretiert, aber Verantwortung mit dem Bestreben gleichsetzt, anderen nicht weh zu tun, meint, Verantwortung bedeute, »daß man den anderen Menschen mag, daß man sensibel gegenüber seinen Bedürfnissen ist und sie als Teil seiner eigenen Bedürfnisse betrachtet, weil man von anderen Menschen abhängig ist«. Die Gleichsetzung von Moral mit Zuneigung zu anderen veranlaßt sie, »Egoismus« als Gegenteil von Verantwortung zu bezeichnen, ein Gegensatz, der sich in ihrer Auffassung manifestiert, daß das Erlebnis persönlicher Befriedigung die Moralität von Akten kompromittiert, die ansonsten als verantwortlich und gut gelten könnten: »Die Arbeit als Studienberaterin hatte fast etwas Egoistisches, weil es mir ein gutes Gefühl gab, anderen zu helfen, und weil es mir Spaß machte.«

Obwohl Moral also als Ergebnis eines Wechselspiels zwischen dem

Selbst und den anderen gesehen wird, wird sie schließlich auf einen Gegensatz zwischen dem Selbst und den anderen reduziert und am Ende mit der Abhängigkeit von anderen verbunden und mit der Verantwortung, für diese zu sorgen, gleichgesetzt. Das moralische Ideal ist nicht Zusammenarbeit oder Interdependenz, sondern vielmehr die Erfüllung einer Verpflichtung, die Rückzahlung einer Schuld, indem man anderen gibt, ohne etwas für sich zu fordern. Das verblendende Element dieser Auffassung wird jedoch deutlich, als Alison ihre Beschreibung von sich mit den Worten beginnt: »Ich bin mir selbst gegenüber nicht sehr ehrlich.« Die Quelle dieser Unaufrichtigkeit ist ihr Bedürfnis nach Selbsttäuschung, hervorgerufen durch einen scheinbaren Widerspruch in ihrem Bild von sich selbst:

Ich bin ein Mensch mit vielen Ideen, wie die Dinge sein sollten, der einfach durch Liebe alles besser machen möchte, aber ich bin auch egoistisch, und oft verhalte ich mich nicht sehr liebevoll.

In ihrem Bestreben, das Problem des Egoismus zu lösen, befindet sich Alison in einem ständigen Kampf, »meine Handlungen zu rechtfertigen«, und sie hat »Schwierigkeiten, Entscheidungen zu treffen«. Da sie begreift, daß sie die Macht hat, andere zu verletzen, aber dies nicht zu tun wünscht, fällt es ihr schwer, ihren Eltern zu sagen, daß sie ein Jahr mit dem Studium aussetzen möchte, da sie weiß, welchen Wert sie darauf legen, daß sie an der Universität bleibt. Hin- und hergerissen zwischen dem Wunsch, anderen nicht weh zu tun, und dem Wunsch, sich selbst treu zu sein, versucht sie, ihre eigene Motivation zu klären und in einer Weise zu handeln, die untadelig ist. Bemüht, »ehrlich zu mir selbst zu sein, warum ich hier unglücklich bin, was eigentlich los ist, was ich tun möchte«, findet sie es schwierig, sowohl sich selbst gegenüber als auch ihren Eltern gegenüber zu erklären, »warum ich mir eigentlich dieses Jahr freinehmen muß, warum es mir wirklich wichtig ist«. In ihren Augen ist die Universität eine »egoistische« Institution, wo Konkurrenz den Vorrang vor Kooperation hat, so daß man »für sich arbeitet, für sich Dinge tut und anderen Menschen nicht hilft«, während sie »zugewandt, sensibel und hilfsbereit« sein möchte und sich für Beziehungen engagieren will, die von Zusammenarbeit und nicht von Konkurrenz geprägt sind. Aber angesichts der Kompliziertheit dieser Lage sieht sie keine Möglichkeit, ein Ideal persönlicher und moralischer Integrität mit einer Ethik der Verantwortung und Zuwendung zu verbinden, denn wenn sie ihr Studium unterbricht, tut sie ihren Eltern weh, und wenn sie bleibt, tut sie sich selbst weh. Die Spannung ist offenkundig, als sie über ihren Wunsch spricht, sowohl ehrlich als auch zugewandt zu sein, »jemand, der sich bestimmten Ideen verpflichtet fühlt, aber auch imstande ist, mit anderen Menschen in Beziehung zu sein und die Ideen anderer Menschen zu respektieren und dennoch keine Kompromisse zu schließen und sich nicht bloß zu unterwerfen und anderen Menschen anzupassen«.

Emily, die zweite Frau, sucht zu klären, welche Rolle der Begriff der Rechte in ihrem Konflikt spielt. Als sie in ihrem letzten Studienjahr gefragt wird, ob sie je mit einer Entscheidung konfrontiert war, bei der sie sich über das moralische Prinzip nicht klar gewesen sei, schildert sie den Konflikt mit ihren Eltern über die Frage, wo sie im folgenden Jahr ihr Medizinstudium fortsetzen sollte. Sie erklärt den Standpunkt ihrer Eltern, daß sie nicht weit weggehen sollte, und stellt einen Gegensatz zwischen moralischen und egoistischen Rechtfertigungen her:

Sie hatten sowohl gute als auch weniger gute moralische Begründungen prinzipieller Art und andere Rechtfertigungen, weshalb sie mich in ihrer Nähe haben wollten. Die guten kann ich als moralisch und die schlechten als egoistisch klassifizieren.

Das Dilemma in die Begriffe von Rechten fassend, erklärt sie:

Meine Eltern haben ein Recht, mich zu bestimmten Zeiten in bestimmter Weise sehen zu wollen. Ich glaube, das Schlechte daran war gewissermaßen der Mißbrauch dieses Rechtes, wodurch die Frage des Egoismus ins Spiel kommt und mein moralischer Standpunkt: Mein Weggehen bedeutete für mich nicht, daß ich die Familie in irgendeiner Hinsicht auseinanderriß.

Sie setzt Rechte mit Bedürfnissen gleich und Moral mit Verantwortung in Beziehungen und erklärt, es sei nicht ihr »Ziel oder ihre Absicht, die Familie auseinanderzureißen«. Vielmehr »glaubte ich und glaube ich in gewisser Hinsicht immer noch, daß ich mich besser entfalten könnte, wenn ich an einem anderen Ort mit anderen Leuten zusammen wäre«. Sie stellt den »positiven Aspekt der Trennung«, ihren Versuch, die Verantwortung für ihr eigenes Wachstum zu übernehmen, »dem Negativen auf meiner Seite« gegenüber, der Tatsache, daß ihre Eltern gekränkt wären, und stößt dabei auf ein Interpretationsproblem. Die alten Moralbegriffe tauchen wieder auf, werden aber sofort relativiert, als sie ihren eigenen Standpunkt darstellt:

Meine Motivation war teilweise etwas egoistisch oder nicht hoch genug. Unsere Familie war für mich nicht nur etwas Selbstverständliches, sondern gewissermaßen etwas, das sich auch das ganze Leben lang von selbst verstand, und es war gewissermaßen meine moralische Pflicht, da nun mal alles relativ ist, auch diesen Aspekt des Nichtweggehens zu akzeptieren, hier zu bleiben, und ich ließ meine Selbstlosigkeit den Sieg davontragen.

Ihre sich abzeichnende Einsicht, daß Egoismus und Selbstlosigkeit nicht absolute, sondern relative Größen sein könnten – eine Frage der Interpretation oder Perspektive und keine absoluten Wahrheiten –, erstreckt sich auf zwei verschiedene Moralkonzepte, deren Zentralbegriffe in einem Fall die Rechte, im anderen die Verantwortungen sind. Das Schwanken zwischen diesen beiden Konzepten wird deutlich, als sie den moralischen Konflikt schildert, vor dem sie stand:

Der Konflikt war, ob ich das Recht hatte oder nicht, als eine unabhängige Partei zu handeln, als ich der Ansicht war, mein Weggang würde den anderen Betroffenen nicht schaden, sondern sei eine völlig neutrale Handlung. Sie sahen es ihrerseits als negativ an, obwohl es mir selber nicht so erschien. Der Konflikt lag nicht in meiner Interpretation, sondern in der Tatsache, daß wir verschiedene Interpretationen dieser Moral hatten, und es bestand insofern kein großer Unterschied zwischen ihnen, als mir beide Interpretationen gleichermaßen relativ fragwürdig erschienen, und ich habe mich wohl für ihre entschieden, indem ich hierblieb, und das war wohl der Konfliktpunkt.

Vorher hatte Emily gemeint, daß es »immer einen moralischen Standpunkt gibt, einen höheren, und dieses Höhere kann ein Viertelprozent ausmachen. Ich glaube wirklich, daß es möglich ist, die Dinge so genau zu vergleichen«. In dieser Situation stellte sie jedoch fest, daß es »unmöglich ist, eine moralische Entscheidung zu treffen«. Nachdem sie ihr Recht, als unabhängige Partei zu handeln, durch ihre Überzeugung gerechtfertigt hatte, daß sie anderen damit nicht schaden würde, fügte sie sich am Ende doch der Interpretation ihrer Eltern, daß ihr Weggang egoistisch wäre, da sie verletzt sein würden. Zur Erklärung des »entscheidenden Grundes« für ihren Entschluß zu bleiben, berichtet sie, daß sie das Dilemma als ein Abwägen zwischen zwei Arten von Egoismus gesehen habe und zu dem Schluß gekommen sei, daß »der größere Egoismus« auf ihrer Seite sei:

Die ganze Situation hat ihnen sehr, sehr weh getan, während es mir kein so großer Verlust erschien, nicht wegzugehen. Deshalb begann mir wahrscheinlich mein Egoismus als größer zu erscheinen als der ihre. Beide Egoismen waren zunächst gleich groß, aber irgendwie schienen sie mehr zu leiden.

Die Rechte-Konzeption, die hier in den Begriffen der Verantwortung als ein Abwägen von Egoismen dargestellt wird, wich also am Ende Erwägungen der Verantwortung, der Frage, wer mehr leiden würde. Der Versuch, das Dilemma als einen Konflikt von Rechten zu sehen, machte daraus einen Wettstreit von Egoismen, der die Möglichkeit einer moralischen Entscheidung ausschloß, da beide Lösungen aus der einen oder anderen Perspektive als egoistisch gedeutet werden konnten. Die Wahrung von Rechten wurde deshalb zurückgestellt zugunsten einer Beachtung von Verantwortung, und sie löste das Dilemma, indem sie »ihre Selbstlosigkeit den Sieg davontragen ließ«, da ihr ihre Eltern als verletzlicher erschienen als sie selbst.

Den ihr selbst zugefügten Schaden als etwas Entgangenes bagatellisierend (»keine neuen Erfahrungen zu machen, ist kein Schaden im absoluten Sinn«), stellt sie ihm den Akt der Pflicht gegenüber, die Verantwortung, die sie empfinden würde, wenn sie ihren Eltern »einen ziemlich großen Verlust zufügte«. Für sie ist Verantwortung »mit Moral verbunden«, und Verantwortung zieht für sie »eine Kette von Erwartungen nach sich, und wenn man die unterbricht, unterbricht man einen ganzen Prozeß, nicht nur für einen selbst, sondern für alle Menschen um einen herum«. Die Folge ist, daß die Einforderung von Rechten, ausgehend von einem Standpunkt der Unabhängigkeit, die Kette von Beziehungen zu zerreißen droht, und daß ihr deshalb die Beachtung von Verantwortungen entgegengestellt wird, die sich als schwererwiegend erweisen. Am Ende hängt die Entscheidung davon ab, wo die größere Verantwortung liegt, eine Frage, die nach dem Kriterium der Verletzbarkeit entschieden wird, nach einer relativen Einschätzung, wer den größeren Schaden erleidet.

Indem sie auf ihr »Recht, als unabhängige Partei zu handeln«, verzichtet und statt dessen ihre »Selbstlosigkeit den Sieg davontragen läßt«, hat sie jedoch ihre eigene Interpretation einer Moral der Verantwortung übergangen, und indem sie ihre Interpretation übergeht, übergeht sie sich selbst. Dieses Gefühl des Übergangenseins geht auch aus der Beschreibung hervor, die Emily von sich selbst gibt. Sie sagt, sie fühle sich wie »ein kleines, rundes Geleebonbon, das herumwandert und an dem da und dort etwas Schnee hängenbleibt, das aber nie mit dem Gewicht des Schnees einsinkt«. Gegen Ende des Interviews spricht sie von ihrem Wunsch, sich selbst fester zu verankern, indem sie »bewußter« an ihre Beziehungen herangeht, sich klarer darüber wird, wie sie »mit Leuten umgeht«, statt sich einfach »treiben zu lassen«. Während sie früher »gewissermaßen in der Defensive war und Angst davor hatte«, darüber nachzudenken, was sie in Beziehungen machte, merkt sie jetzt, daß »das Nachdenken darüber diese Furcht verschwinden ließ, denn wenn man über das nachdenkt, was man tut, dann weiß man, was es ist. Wenn man es nicht weiß, läßt man sich einfach treiben; man weiß dann nicht, was als Nächstes kommen wird.«

Das Bild des Sich-treiben-Lassens, des passiven Geschehenlassens, kehrt in den Interviews immer wieder und zeugt von den Erfahrungen von Frauen, die keinen Ausweg aus dem Gegensatz zwischen Egoismus und Verantwortung finden. Sie schildern ein in der Hinwendung zu anderen gelebtes Leben, das von der Wahrnehmung der Bedürfnisse anderer gelenkt wird, und sehen keine Möglichkeit, das Steuer zu übernehmen, ohne eine Selbstbehauptung zu riskieren, die ihnen egoistisch und daher moralisch gefährlich erscheint. Ebenso sagt die Heldin des Romans *The Waterfall* zu Beginn des Buches: »Wenn ich in Gefahr wäre zu ertrinken, könnte ich meine Hand nicht ausstrecken, um mich zu retten, so wenig bin ich bereit, mich gegen mein Schicksal aufzulehnen.« Ohne auch nur zu denken, »daß das die Wahrheit sein könnte«, werden diese Frauen vom Image der Passivität angezogen, ohne es zu hinterfragen. Es gefällt ihnen, sich vor der Verantwortung zu drücken, indem sie sich ebenso wie Jane in eine »Eiszeit der Inaktivität« versinken lassen, so daß »die Vorsehung ohne ihr eigenes Zutun über sie verfügen konnte«.

Aber die Vorstellung des Sich-treiben-Lassens, die einen von der Bürde der Verantwortung zu befreien scheint, bringt die Gefahr mit sich, in einer noch schmerzhafteren Konfrontation mit der Entscheidung zu landen, wie etwa bei den krassen Alternativen einer Abtreibungsentscheidung oder Maggie Tullivers Erkenntnis, daß sie, ohne es zu wollen, genau das getan hatte, was sie am meisten fürchtete. Sobald man dann die Folgen erkennt, taucht die Frage der Verantwortung wieder auf, begleitet von den damit zusammenhängenden Fragen der Wahlmöglichkeiten und der Wahrheit.

Maggie, die sich ihren Gefühlen für Stephen überläßt, indem sie ihren Widerstand gegen ihn vorübergehend aufgibt, spürte, wie sie zwischen den Rosen durch den Garten geleitet wurde, wie man ihr mit bestimmter und behutsamer Fürsorge in das Boot half, wie das Kissen und die Decke für ihre Füße arrangiert wurden und wie der Sonnenschirm (den sie vergessen hatte) für sie geöffnet wurde – all dies durch diese stärkere Präsenz, die sie ohne eigene Willensanstrengung dahinzutragen schien.

Aber als ihr bewußt wurde, wie weit sie gegangen waren, »ergriff eine schreckliche Unruhe Besitz von ihr«, und ihre »Sehnsucht, sich einzubilden, daß das alles von selbst geschehe«, machte rasch zunächst Gefühlen zornigen Widerstands gegenüber Stephen« Platz, den sie beschuldigte, daß er sie ihrer Entscheidungsfreiheit habe berauben wollen und ihre Gedankenlosigkeit ausgenutzt habe, dann aber der Erkenntnis ihrer eigenen Beteiligung. Nicht länger »gelähmt«, erkannte sie, daß »die Gefühle einiger kurzer Wochen sie in die Sünden getrieben hatten, vor denen ihre Natur den größten Abscheu hegte: Treubruch und skrupelloser Egoismus«. Die sich »nach vollkommener Tugend sehnende Maggie« entschließt sich dann, »ihren stilleren Neigungen treu zu sein und ohne die Freuden der Liebe zu leben«.

Während sich Maggie nach Tugend sehnt, sucht ihr Gegenstück Jane nach der Wahrheit. Während sie in ihrem Verlangen nach James zunächst »solche Abgründe von Egoismus« entdeckt, daß sie daran denkt, sich zu ertränken, »um ihre verlorengegangene Fähigkeit zur Entsagung wiederzugewinnen wie Maggie Tulliver«, entschließt sich Jane statt dessen die Entsagung in Frage zu stellen und sich »am Ende mit der Liebe zu identifizieren«. Jane bemerkt, daß Maggie Tulliver, obwohl sie »nie mit ihrem Geliebten schlief, trotzdem allen nur denkbaren Schaden anrichtete, gegenüber Lucy, gegenüber ihr selbst und gegenüber den zwei Männern, die sie liebten, um sich dann wie eine Frau früherer Zeitalter zurückzuziehen«, und sie fühlt sich mit »einem Ereignis konfrontiert, das sie von verschiedenen Blickwinkeln aus sieht, während es früher nur ein Ereignis und eine einzige Möglichkeit gab, damit umzugehen«. Sie »fragt sich deshalb, wie soll man sich in diesem Zeitalter verhalten?«.

Die moralische Unterscheidung zwischen egoistischem und selbstlosem Verhalten, die Maggie zunehmend klar geworden war, wird also für Jane immer verschwommener. Nachdem sie »Tugend ge-

sucht« hatte, nur um festzustellen, daß sie »über die Stufen nicht auf-
steigen konnte, die andere zu benutzen schienen«, strebte sie dann
nach Unschuld »in der Entsagung, in der Selbstverleugnung, im Verzicht«, in der Annahme, wenn ich mich selbst genügend verleugnen
könnte, würde ich eine Art von Unschuld erreichen, trotz dieser immer wieder hörbaren alptraumartigen Einflüsterungen meiner wahren Natur. Ich dachte, ich könnte mich selbst verleugnen und auslöschen.

Dennoch muß sie entdecken, daß sie, gleichgültig wie sie die Geschichte auch erzählen mag, ob in der ersten oder in der dritten Person,
am Ende mit der Wahrheit konfrontiert ist, daß sie trotz aller Entsa-
gungen »in einem verschlingenden Meer ertrunken ist.«

Gegen den Sog solcher Neigungen zum Verzicht, die Vision einer
Unschuld, die durch Selbstverleugnung erlangt wird, beginnen Frauen
nach der Wahrheit ihrer eigenen Erfahrungen zu suchen und davon zu
sprechen, das Steuer selbst in die Hand zu nehmen.

*Wenn Sie an das vergangene Jahr denken, was war für Sie von größter
Bedeutung?*

Mein Leben selbst bestimmt zu haben.

So beginnt Kate, die dritte Befragte, die ihr Studium kürzlich abge-
schlossen hat, von ihrem Kampf zu berichten, den Gegensatz zwischen Egoismus und Verantwortung zu überwinden und ihr Leben
selbst zu bestimmen. Zum Konflikt kam es in ihrem letzten Studienjahr, als sie sich außerstande sah, ihren Wunsch in die Tat umzusetzen,
aus einem Hochschul-Sportteam auszutreten, um »andere Dinge zu
tun, die wichtig für mich waren«. Als sie den radikalen Akt erwog,
nein zu dem »früher nie in Frage gestellten Vorrang« des Sports in
ihrem Leben zu sagen, fühlte sie sich »irgendwie gelähmt« und unfähig, eine Entscheidung zu treffen:

Ich hatte die größten Schwierigkeiten. Die Entscheidung fiel mir
sehr schwer. Es schien mir, als könnte ich mich nicht dazu durchrin-
gen; ich kam nicht los davon. Ich versuchte darüber nachzudenken,
und es war, als ob ich gegen eine Mauer anrannte, schon bei dem
Versuch herauszufinden, warum es mir so schwer fiel und warum
ich mich so abquälte. Schließlich entwickelte es sich zu einer kleinen
Krisensituation, weil die Trainerin zu mir sagte: »Hör zu, du mußt
dich entscheiden, so oder so!«, und ich hatte das Gefühl, mich einfach nicht entscheiden zu können. Ich war völlig durcheinander in

meinen Gefühlen und allem. Damals gestand ich mir interessanter-
weise, soweit ich mich erinnern kann, zum erstenmal ein, daß ich in
großen Schwierigkeiten war.

Ihre Schwierigkeiten stammten von der Tatsache, daß sie, indem sie
nein sagte, eine »ganze Ethik« in Frage stellte, die sie bis dahin nie
angezweifelt hatte. Sie war in der Überzeugung aufgewachsen, daß
die von ihrem Vater repräsentierte Weltanschauung – »Erfolg bei allem, was man tut, und die Ethik des Sports« – »die einzige legitime«
sei, aber jetzt erkannte sie, »wie tief das inzwischen in mir verwurzelt
war, so daß es zu einer Einstellung geworden war, nach der ich lebte«.
Als sie sich bewußt wurde, daß »es andere Dinge gab, die mir wichtiger waren«, brachte sie »eine der Grundüberzeugungen, nach der ich
lange Zeit gelebt hatte, ernsthaft in Gefahr bzw. stellte sie in Frage«,
eine Überzeugung, die ein Anker ihrer Identität und ein Band zwischen ihrem Vater und ihr selbst gewesen war.

Kate, die von sich sagt, sie habe sich bisher durch ihr »Studium
treiben lassen, ohne im geringsten zu wissen, was ich später machen
wollte, so daß ich gewissermaßen den Weg des geringsten Widerstandes ging«, hat jetzt das Steuer in die Hand genommen, indem sie »immer öfter die Dinge tut, die sie tun will, und immer seltener Dinge, die
ich glaubte, tun zu sollen oder tun zu müssen«. Auf diese Weise hat sie
angefangen, »mehr in sich selbst zu ruhen«. Jetzt, da sie die Legitimität
verschiedener Weltanschauungen anerkennt, verläßt sie sich mehr auf
ihre eigenen Interpretationen. Dieser Prozeß, ihr Leben in den Griff zu
bekommen, »ein genaueres Gespür dafür zu entwickeln, was ich tun
will und welche Wahlmöglichkeiten mir offenstehen und welche
Wege sinnvoll sind«, hat somit jetzt eine neue Bedeutung für sie ange-
nommen:

Es bedeutete, ein bißchen mehr ich selbst zu werden und meinem
eigenen Urteil mehr zu vertrauen, weil ich etwas hatte, auf das ich
mein Urteil stützen konnte; da ich mich selbst stärker fühlte, verließ
ich mich mehr auf mich selbst, wenn es darum ging, Entscheidungen zu treffen und Situationen zu bewerten, statt das Urteil meiner
Eltern oder (der Universität) zu akzeptieren; ich fand mich in Situationen, in denen ich einen anderen Standpunkt vertrat als jemand
anderer, und beide Standpunkte erschienen mir legitim und keiner
war *der* richtige, und ich lernte auch das zu akzeptieren; und ich
versuchte herauszufinden, warum das so war, aber ich war im-

stande, es zu akzeptieren oder jedenfalls im Begriff dazu, oder ich war im Begriff, die ganze Vorstellung in Frage zu stellen, daß ein Mensch mehr recht hat als der andere oder es besser macht als der andere.

Sobald sie die Vorstellung in Frage stellte, daß es eine einzige richtige Lebensweise gibt und daß Unterschiede immer als besser oder schlechter zu klassifizieren sind, begann sie, Konflikte auf neue Weise zu sehen, als Bestandteil von Beziehungen und nicht mehr als Gefahr für diese. Sie stellt ihre jetzigen Moralvorstellungen ihrer früheren Ansicht gegenüber, daß es »richtige Antworten gibt«, und bezieht sich dabei auf ein Seminar über moralische Entwicklung, das sie im zweiten Studienjahr belegt hatte:

> Die Vorstellung, daß man auf der höchsten Stufe moralischer Argumentation eine Gruppe von Leuten an einem Problem arbeiten läßt und daß sie idealerweise alle zur selben Auffassung kommen, leuchtete mir ein. Ich fand es erstaunlich, wenn auch sehr verwirrend. Es war so sauber. Es war so sauber, diese Vorstellung, daß es richtige Antworten gibt, daß schließlich jeder zu den richtigen Antworten gelangt.

Da die Vorstellung, daß es möglich sein müsse, sich auf eine bestimmte Auffassung zu einigen, auf dem Konzept von Rechten basierte, stimmte sie mit Kates damaliger Auffassung von Feminismus überein. Das Bewußtsein von Frauenrechten »legitimierte weitgehend den Groll und die Unzufriedenheit, die ich angesichts der Wahlmöglichkeiten empfand, die den Frauen offenstanden«. In ähnlicher Weise rechtfertigte die Gleichsetzung von Moral mit dem Respekt für Rechte die Entscheidungsfreiheit, die sie anstrebte, denn sie schränkte die Verantwortung ein, indem sie die Pflicht auf wechselseitige Nichteinmischung begrenzte. Jetzt sieht sie jedoch die Grenzen des »auf das Individuum zentrierten« Ansatzes ausbalancierter Rechte und Ansprüche im Versäumnis dieses Ansatzes, die Realität von Beziehungen in Rechnung zu stellen, »eine ganze weitere Dimension menschlicher Erfahrung«. Da sie das Leben einzelner als untereinander verbunden und in einen Kontext sozialer Beziehungen eingebettet sieht, erweitert sie ihre moralische Perspektive um den Begriff eines »kollektiven Lebens«. Verantwortung schließt jetzt sowohl das eigene Selbst als auch den anderen ein, der als verschieden, aber verbunden und nicht als abgetrennt und gegensätzlich begriffen wird. Diese Erkenntnis der Interdependenz und nicht mehr die Forderung nach Wechselseitigkeit prägt ihre Überzeugung, daß »wir alle bis zu einem gewissen Maß die Verantwortung haben, für einander zu sorgen«.

Da moralische Probleme in Konfliktsituationen entstehen, in denen, »wie ich mich auch verhalte, etwas oder jemand zu kurz kommen wird«, liegt ihre Lösung nicht »in einer einfachen Ja- oder Nein-Entscheidung; es ist schlimmer.« In einer Welt, die aus einem komplexen Netzwerk von Beziehungen besteht, zieht die Tatsache, daß jemand verletzt wird, alle Beteiligten in Mitleidenschaft, kompliziert den moralischen Aspekt jeder Entscheidung und beseitigt die Möglichkeit einer klaren oder einfachen Lösung. Moral hat also, statt im Gegensatz zu Integrität zu stehen oder an ein Ideal der Einigung geknüpft zu sein, mit »jener Art von Integrität« zu tun, die sich ergibt, wenn »Entscheidungen getroffen werden, nachdem man alle an einer Situation beteiligten und für sie wichtigen Aspekte durchdacht hat« und die Verantwortung dafür übernimmt. Letzten Endes ist Moral eine Frage der Zuwendung:

> Es bedeutet, die Zeit und die Energie aufzuwenden, um alles in Betracht zu ziehen. Gedankenlos oder rasch auf der Basis von ein oder zwei Faktoren zu entscheiden, obwohl man weiß, daß da noch andere Dinge sind, die wichtig sind und davon berührt werden, das ist unmoralisch. Die moralische Art, Entscheidungen zu treffen, besteht darin, so viel in Erwägung zu ziehen, wie man nur irgend kann, so viel, wie man weiß.

Kate, die sich als »starker Mensch« bezeichnet, obwohl sie zugibt, daß sie sich nicht immer stark fühlt, empfindet sich auch als »nachdenklich und behutsam« und sagt, sie »beginne jetzt, mühsam zu lernen, sich selbst zu äußern und offener zu sein«, statt, wie vorher, eine »stoische Haltung« einzunehmen. Während sie ihrer Teilnahme am Sport verdankte, daß sie sich »körperlich ernstnahm«, bewirkte ihr Engagement für den Feminismus, daß sie auch ihre Gedanken und Gefühle ernstnahm. Aufgeschlossener für sich selbst und auch unmittelbarer aufgeschlossen für andere, beschreibt sie eine Moral, welche die Logik von Rechten in ein neues Verständnis von Verantwortung integriert. Sie sieht das Leben nicht als »einen Weg«, sondern als »ein Geflecht, in dem man zu jedem Zeitpunkt verschiedene Wege wählen kann, es ist also nicht so, daß es bloß einen Weg gibt«, und mithin ist ihr auch klar, daß es immer Konflikte geben wird und daß »kein Faktor absolut ist«.

Die einzige »wirkliche Konstante ist der Prozeß«, auf der Basis dessen, was man weiß, behutsam Entscheidungen zu treffen und die Verantwortung dafür zu übernehmen, während man gleichzeitig die mögliche Legitimität anderer Lösungen im Auge behält.

Indem sie Verantwortung mit Zuwendung gleichsetzt und nicht mit der Vermeidung von Schaden, erkennt Kate das Problem der Grenzen: »Wir haben eine Verantwortung gegeneinander im Sinne einer Pflicht, anderen Menschen zu helfen – ich weiß aber nicht, wie weit diese geht.« Obwohl Einschließung das Ziel moralischen Bewußtseins ist, mag Ausschließung eine Lebensnotwendigkeit sein. Die Menschen, die sie bewundert, sind »Personen, die wirklich mit den konkreten Situationen in ihrem Leben verbunden sind«, die ihr Wissen nicht aus der Distanzierung, sondern aus einem Leben in Kontakt mit sich selbst und mit anderen und aus ihrer Einbettung in die Lebensumstände ziehen.

In gewissem Sinn hat sich also nicht viel verändert. George Eliot, die bemerkte, daß wir »keinen Hauptschlüssel besitzen, der für alle Schlösser moralischer Entscheidungen paßt«, kommt auf die Kasuisten zurück, in deren »pervertiertem Geist pedantischer Differenzierung« sie »den Schatten einer Wahrheit (entdeckt), vor der sich die Augen und Herzen zu häufig in fataler Weise verschließen – die Wahrheit, daß Moralurteile falsch und hohl bleiben müssen, wenn sie nicht durch ständige Bezugnahme auf die besonderen Umstände, die das individuelle Los bestimmen, überprüft und erhellt werden«. Moralurteile müssen demnach von »wachsender Einsicht und Einfühlung« geprägt sein, gestützt auf die durch Erfahrung gewonnene Erkenntnis, daß »allgemeine Regeln« Menschen nicht »durch eine pauschal anwendbare Patentmethode zu Gerechtigkeit führen werden, ohne daß man sich die Mühe macht, Geduld, Unterscheidungsvermögen und Unparteilichkeit walten zu lassen und ohne daß man sich vergewissert, daß sie über die Einsicht verfügen, die man durch eine mühsam erworbene Kenntnis der Versuchung oder durch ein Leben erlangt, das intensiv und leidenschaftlich genug ist, um einem ein Gefühl geschwisterlichen Verständnisses mit allem Menschlichem vermittelt zu haben«.

Dennoch bleibt auch für Eliot, zumindest in diesem Roman, das moralische Problem eines des Verzichts, eine Frage, »ob der Augenblick gekommen ist, in dem ein Mensch unter die Möglichkeit eines

Verzichts gesunken ist, der wirksam werden kann, und sich von einer Leidenschaft fortreißen lassen muß, gegen die er als ein Vergehen angekämpft hatte«. Der Gegensatz zwischen Leidenschaft und Pflicht bindet die Moral somit an ein Ideal der Selbstlosigkeit, die »vollkommene Tugendhaftigkeit«, die auch Maggie Tulliver angestrebt hatte. Sowohl dieser Gegensatz als auch dieses Ideal werden durch das Konzept von Rechten, durch die dem Gedanken der Gerechtigkeit zugrundeliegende Annahme, daß das Selbst und die anderen gleichberechtigt seien, in Frage gestellt. Das Konzept von Rechten tauchte in den siebziger Jahren im Denken der Studentinnen als Herausforderung einer Moral der Selbstaufopferung und Selbstverleugnung auf. Den Stoizismus der Selbstverleugnung in Frage stellend und die Illusion der Unschuld durch ein Bewußtsein der Entscheidungsfreiheit ersetzend, rangen sie darum, die essentielle Vorstellung von Rechten zu verstehen, nämlich, daß die Interessen des Selbst als legitim betrachtet werden können. In diesem Sinne verwandelt sich durch das Konzept von Rechten das Selbstverständnis der Frauen, weil es ihnen gestattet, sich selbst stärker zu begreifen und ihre eigenen Bedürfnisse unmittelbar in Betracht zu ziehen. Wenn die Selbstbehauptung nicht länger gefährlich erscheint, verwandelt sich das Beziehungskonzept: An die Stelle der durch dauernde Abhängigkeit gekennzeichneten Bindung tritt die Dynamik der Wechselseitigkeit. Der Begriff der Zuwendung erweitert sich dann von dem lähmenden Gebot, anderen nicht zu schaden, zu einem Gebot, sich selbst und anderen gerecht zu werden und die Verbundenheit dadurch aufrechtzuerhalten. Ein Bewußtsein der Dynamik menschlicher Beziehungen wird dann von zentraler Bedeutung für das Moralverständnis, bei dem Herz und Verstand die Grundlage einer Ethik bilden, in der die geistige Durchdringung eine ebenso wichtige Rolle spielt wie die Akte der Zuwendung.

Veränderungen in Hinblick auf die Frauenrechte wirken somit auch verändernd auf das moralische Urteil der Frauen: Barmherzigkeit wird durchsetzt von Gerechtigkeit, sobald Frauen imstande sind, es als moralisch zu betrachten, nicht nur für andere zu sorgen, sondern auch für sich selbst. Die Frage der Einbeziehung, zunächst von den Feministinnen in der öffentlichen Domäne zur Sprache gebracht, findet ihren Niederschlag auch in der Psychologie der Frauen, sobald diese die eigene Ausschließung ihrer Person zu merken beginnen. Wenn sich der Anspruch der Zuwendung von einem Gebot, anderen nicht zu schaden, zu einem Ideal der Verantwortlichkeit in sozialen Beziehungen erweitert, beginnen Frauen ihr Verständnis von Beziehungen als eine Quelle moralischer Kraft zu begreifen. Aber das Konzept von Rechten verändert das Moralurteil von Frauen auch, indem es die Auseinandersetzung mit moralischen Problemen um eine zweite Perspektive ergänzt, mit dem Ergebnis, daß das Urteil toleranter und weniger absolut ausfällt.

Wenn Selbstsucht und Selbstaufopferung zu Fragen der Interpretation werden und Verantwortung in einem Spannungszustand mit Rechten existiert, wird moralische Wahrheit durch psychologische Einsichten kompliziert, und es wird schwieriger, Urteile zu fällen. Drabble's Heldin, die »ein Gedicht so rund und hart wie ein Stein« schreiben wollte, nur um festzustellen, daß ihr Worte und Gedanken in die Quere kommen, erkennt schließlich, daß »ein Gedicht, das so rund und glatt wäre, nichts aussagen würde«, und macht sich daran, die mannigfaltigen Kanten eines aus verschiedenen Blickwinkeln gesehenen Ereignisses zu beschreiben, ohne am Ende zu einer einheitlichen Wahrheit zu gelangen. Durch einen letzten Wechsel der Perspektive relegiert sie ihren Argwohn auf »diese distante dritte Person«, sie hört auf, sich gegen die Anklagen des Egoismus zu verteidigen, und identifiziert sich mit der in der ersten Person sprechenden Stimme.

6. Perspektiven der Reife

Bindung und Trennung sind die Pole des menschlichen Lebenszyklus, Metaphern der Biologie menschlicher Reproduktion und der Psychologie menschlicher Entwicklung. Die Konzepte der Bindung und Lösung, welche die Natur und Stadien der kindlichen Entwicklung bezeichnen, tauchen in der Adoleszenz als Identität und Intimität und später im Erwachsenenalter als Liebe und Arbeit wieder auf. Dieser immer wiederkehrende Kontrapunkt der menschlichen Erfahrung läuft jedoch, wenn er der menschlichen Entwicklung zugeordnet wird, Gefahr, im Laufe seiner linearen Reduktion auf die Gleichsetzung von Entwicklung mit Trennung zusammenzuschnurren. Diese Reduktion ist teilweise darauf zurückzuführen, daß sich das Interesse auf die Entwicklung in der Kindheit und Jugend konzentriert, in der Fortschritt leicht durch Messung der Distanz zwischen Mutter und Kind abgelesen werden kann. Die Grenzen dieser Sichtweise zeigen sich am deutlichsten durch das Fehlen von Frauen in Darstellungen des Entwicklungsverlaufs von Erwachsenen.

Entschlossen, wie Vergil »von Waffen und dem Mann zu singen«, haben sich die Psychologen, die sich mit dem Erwachsenenalter beschäftigen, auf die Entwicklung des Selbst im Zusammenhang mit dem Beruf konzentriert. Obwohl nach dem Höhepunkt des Ablösungsprozesses in der Adoleszenz im Erwachsenenalter wieder eine Rückkehr zu Bindung und Zuwendung erfolgt, werfen die neueren Darstellungen der Erwachsenenentwicklung, die nahtlos aus Untersuchungen von Männern hervorgegangen sind, nur ein schwaches Licht auf ein in intimen und fruchtbaren Beziehungen verbrachtes Leben. Daniel Levinson (1978) äußert zwar Bedauern über den Ausschluß von Frauen aus seiner zwangsläufig kleinen Stichprobe, geht aber dennoch daran, auf der Basis seiner auf männliche Probanden beschränkten Untersuchung »ein überwölbendes Entwicklungskonzept zu erarbeiten, das die diversen biologischen, psychologischen und sozialen Veränderungen einschließen könnte, die sich im Erwachsenenleben vollziehen« (S. 8).

Levinsons Konzept basiert auf der Idee »des Traumes«, der die Altersphasen im Leben eines Menschen in derselben Weise bestimmt, wie Jupiters Prophezeiung eines glorreichen Schicksals Äneas auf dessen Reise geleitet. Der Traum, von dem Levinson spricht, ist ebenfalls eine Vision von Ruhmestaten, deren Verwirklichung oder Modifizierung den Charakter und das Leben des Betreffenden formen. In den herausragenden Beziehungen in Levinsons Analyse erleichtert der »Mentor« die Realisierung des Traumes, während die »besondere Frau« die Helferin ist, die den Helden ermutigt, seine Zukunftsvision zu gestalten und auszuleben: »Wenn der junge Erwachsene versucht, sich von seiner Familie und der Welt der Heranwachsenden zu lösen und in eine Erwachsenenwelt einzutreten, muß er bedeutsame Beziehungen zu anderen Erwachsenen herstellen, die seine Arbeit an seinem Traum fördern. Zwei der wichtigsten Figuren in diesem Drama sind ›der Mentor‹ und ›die besondere Frau‹« (S. 93).

Die bedeutsamen Beziehungen des frühen Erwachsenenlebens werden somit als Mittel zum Zweck des persönlichen Aufstiegs gesehen, und von diesen »Übergangsfiguren« muß sich der Betreffende nach Eintreten des Erfolgs trennen oder eine neue Einstellung zu ihnen finden. Wenn sie jedoch im Lauf der Zeit wie Dido ein Hindernis zur Erfüllung des Traumes werden, dann muß der Held auf die Beziehung verzichten, »damit der Entwicklungsprozeß weitergehen« kann. Dieser Prozeß wird von Levinson ausdrücklich als Individuationsvorgang definiert: »Den ganzen Lebenszyklus hindurch, aber insbesondere in den entscheidenden Übergangsperioden ... vollzieht sich der Entwicklungsprozeß der *Individuation*«. Der Prozeß spiegelt »die Veränderungen in den Beziehungen eines Menschen zu sich selbst und zur Umwelt«, die Beziehungen, die seine »Lebensstruktur« bilden (S. 195).

Im Laufe dieses »Selbständigwerdens« erweist sich diese Struktur als mangelhaft und bedroht die großen Erwartungen des Traumes. Um »ein ernsthaftes Scheitern oder einen Abstieg« zu verhindern, muß der Mann nunmehr »ausbrechen«, um seinen Traum zu retten. Dieser Akt des Ausbrechens gipfelt in einem »Markstein« der Trennung, wie beispielsweise »seine Frau zu verlassen, seinen Arbeitsplatz aufzugeben oder in einen anderen Teil des Landes zu übersiedeln« (S. 206). In der Lebensmitte führt somit der rettende Pfad entweder durch Erfolg oder Trennung.

Aus dem Panorama menschlicher Möglichkeiten trifft Levinson somit dieselbe Wahl wie Vergil, indem er den Prozeß der Erwachsenenentwicklung als hartes Ringen um ein ruhmreiches Schicksal darstellt. Ebenso wie der fromme Äneas auf seinem Weg zur Gründung Roms, geben auch die Männer in Levinsons Untersuchung ihrem Leben Halt durch die Entschlossenheit, mit der sie an der Verwirklichung ihres Traumes arbeiten, wobei sie ihren Fortschritt an ihrer Entfernung von den Küsten des verheißenen Erfolgs messen. Beziehungen spielen somit, so unterschiedlich sie in ihrer Intensität auch sein mögen, in den von Levinson berichteten Lebensläufen eine relativ untergeordnete Rolle im individuellen Drama der Erwachsenenentwicklung.

Der Fokus auf die Arbeit ist auch in George Vaillants (1977) Darstellung von Anpassung an die Lebensumstände erkennbar. Die Variablen, die bei Erwachsenen mit Anpassungsleistungen korrelieren, drehen sich, ebenso wie das Interview, aus dem die Daten stammen, in erster Linie um den Beruf und verlangen nach einer Erweiterung der Eriksonschen Entwicklungsstadien. Vaillant füllt die »unerforschte Entwicklungsperiode« aus, die Erikson seiner Ansicht nach »zwischen den Jahrzehnten der Zwanziger und Vierziger« offengelassen hat. Er schildert die Dreißiger als die Ära der »Karrierekonsolidierung«, jene Zeit, in der sich die Männer seiner Stichprobe »wie Shakespeares Soldat ›das tolle Renommee‹ zu erwerben suchen« (S. 202). Mit dieser Analogie zu Shakespeares Rom wird die Kontinuität von Intimität und Fortpflanzung unterbrochen, um einem Stadium weiterer Individuation und Leistung Platz zu machen, das durch Arbeit verwirklicht und von einem Erfolg gekrönt wird, der gesellschaftliche Anerkennung einbringt.

Eriksons (1950) Begriff der Generativität wird jedoch im Rahmen dieser Neuinterpretation verändert. Erikson, der Generativität als »das Anliegen (definierte), die nächste Generation ins Leben zu rufen und anzuleiten«, versteht die »Produktivität und Kreativität« der Elternschaft in ihrer buchstäblichen oder symbolischen Realisierung als eine Metapher für eine Erwachsenheit, die auf Beziehungen zentriert ist und sich der Tätigkeit des Hegens und Pflegens widmet (S. 267). In Eriksons Darstellung ist Generativität das zentrale Stadium der Erwachsenenentwicklung und umfaßt »sowohl die Beziehung des Menschen zu seiner Produktion wie auch zu seiner Nachkommenschaft« (S. 268). In Vaillants Untersuchung wird diese Beziehung statt dessen in die Lebensmitte verlegt.

Vaillant, der darauf hinweist, daß Generativität »nicht bloß ein Stadium ist, um kleine Dinge wachsen zu lassen«, argumentiert gegen Eriksons Metapher der Elternschaft mit der Warnung, daß »die Welt voll verantwortungsloser Mütter ist, die großartig im Kinderkriegen sind und ihre Kinder liebevoll betreuen, bis diese zwei Jahre alt sind, aber dann nicht wissen, wie sie den Prozeß weiter vorantreiben sollen«. Um solche Frauen auszuschließen, wird Generativität nunmehr von ihrem Erdgeruch befreit und als »Verantwortung für das Wachstum, die Führung und das Wohlbefinden der Mitgeschöpfe« definiert, »nicht bloß für die Aufzucht von Getreide oder Kindern« (S. 202). Die Weite der Eriksonschen Konzeption wird somit auf die Entwicklung in den mittleren Erwachsenenjahren eingeschränkt und dabei auch in ihrer Definition von Fürsorge restriktiver ausgelegt.

Konsequenterweise hebt Vaillant auch das Verhältnis des Selbst zur Gesellschaft hervor und mißt der Bindung an andere untergeordnete Bedeutung bei. In einem Interview, in dem es um Beruf, Gesundheit, Streß, den Tod und verschiedene Familienbeziehungen geht, erklärt Vaillant seinen Probanden, »die schwierigste Frage«, die er ihnen stellen werde, sei: »Können Sie Ihre Frau beschreiben?«. Zu dieser einleitenden Warnung veranlaßten ihn angeblich seine Erfahrungen mit dieser speziellen Stichprobe von Männern, was auf die Grenzen ihrer Anpassung oder vielleicht deren psychologische Kosten schließen läßt.

Die »Vorbilder eines gesunden Lebenszyklus« sind somit Männer, die in ihren Beziehungen distanziert erscheinen und denen es schwerfällt, ihre Frauen zu beschreiben, deren Bedeutung für ihr Leben sie jedoch anerkennen. Dasselbe Gefühl der Distanz zwischen dem Selbst und den anderen tritt in Levinsons abschließender Bemerkung zutage: »In unserem Interview fiel Freundschaft hauptsächlich durch ihre Abwesenheit auf. Als vorläufige Generalisierung könnten wir sagen, daß enge Freundschaften mit einem Mann oder einer Frau von amerikanischen Männern selten erlebt werden.« Befremdet von diesem Eindruck, hält Levinson in seiner Erörterung der drei »Aufgaben« der Erwachsenheit inne (Aufbau und Modifizierung der Lebensstruktur, Arbeit an einzelnen Aspekten der Lebensstruktur und stärkere Individuation) und bietet eine Erläuterung an: »Ein Mann kann ein umfangreiches soziales Netz haben, innerhalb dessen er freundschaftliche, ›freundliche‹ Beziehungen zu vielen Männern und vielleicht zu einigen Frauen unterhält. Im allgemeinen haben die meisten Männer jedoch keinen intimen männlichen Freund der Art, an die sie sich aus ihrer Kindheit oder Jugend liebevoll erinnern. Viele Männer hatten unverbindliche Rendezvous-Beziehungen mit Frauen und vielleicht einige komplexe Liebes- und Sexbeziehungen, aber die meisten Männer hatten keine intime nichtsexuelle Freundschaft mit einer Frau. Wir müssen verstehen, warum Freundschaft etwas so Seltenes ist, und welche Konsequenzen diese Deprivation für das Leben der Erwachsenen hat« (S. 355).

Es gibt somit einerseits Untersuchungen, die ein Bild des Erwachsenenlebens vermitteln, in dem Beziehungen dem fortlaufenden Prozeß der Individuation und des Leistungsstrebens untergeordnet werden, dessen Fortschritt jedoch durch frühere Bindungen bedingt ist und von dem man annimmt, daß er die Fähigkeit zur Intimität fördert. Andererseits hat man die Beobachtung gemacht, daß bei den Männern, deren Leben als Beispiel für Erwachsenenentwicklung gedient hat, die Beziehungsfähigkeit in gewissem Sinne beeinträchtigt ist und die Männer in ihrer emotionalen Ausdrucksfähigkeit eingeschränkt sind. Beziehungen werden oft in der Sprache des Leistungsstrebens dargestellt, durch ihren Erfolg oder Mißerfolg charakterisiert und ihrer emotionalen Spannweite beraubt:

Im Alter von 45 führte Lucky eine der besten Ehen dieser Untersuchung, die aber wahrscheinlich nicht so vollkommen war, wie er es darstellte, als er schrieb: »Sie werden mir wahrscheinlich nicht glauben, wenn ich sage, daß wir niemals eine Auseinandersetzung hatten, weder eine große noch eine kleine. «

Die Biographie von Dr. Carson veranschaulicht seinen stockend zurückgelegten Weg von der Identität zur Intimität über die Konsolidierung seiner Karriere und schließlich zu der Fähigkeit der Zuwendung, Anteilnahme und Fürsorge *(care)* im vollsten Sinn des Wortes ... Er hatte eine Scheidung und eine Neuverheiratung hinter sich und war von der Forschung in die Privatpraxis umgestiegen. Seine persönliche Metamorphose war weitergegangen. Aus dem unscheinbaren Forscher war ein charmanter Kliniker geworden ... verbindlich, gelassen, freundlich und beherrscht ... Die vibrierende Energie, die ihn in seiner Jugend ausgezeichnet hatte, war zurückgekehrt ..., seine Depression war jetzt sichtlich ein *Affekt;* und er war alles andere als schlapp. Im nächsten Atemzug gestand er: »Mein sexueller Appetit ist groß, und auch das ist ein Problem. « Er erzählte dann sehr anschaulich nicht nur von seinem warmen, väterlichen Interesse für seine Patienten (Vaillant, 1977, S. 129, 203 ff.).

Die Vorstellung, daß Trennung zur Bindung führt und daß Individuation schließlich in Wechselseitigkeit mündet, wird zwar sowohl von Vaillant als auch von Levinson wiederholt, aber von den Lebensläufen widerlegt, die sie zur Unterstützung anführen. Ähnliches gilt für Eriksons Studien über Luther und Gandhi: Während sich das Verhältnis zwischen dem Selbst und der Gesellschaft in großartiger Weise artikuliert, sind beide Männer in ihrer Fähigkeit zur Intimität kompromittiert und leben in großer persönlicher Distanz zu anderen. So ignoriert Luther in seiner Hingabe an den Glauben ebenso wie Gandhi in seiner Hingabe an die Wahrheit den Menschen in seiner unmittelbaren Nähe, indem er statt dessen zum höheren Ruhm Gottes arbeitet. Diese Männer gleichen bis in erstaunliche Details dem frommen Äneas im Epos Vergils, der ebenfalls die Bindungen überwand, die ihn auf seiner Reise nach Rom behinderten.

In all diesen Berichten sind die Frauen stumm mit Ausnahme der klagenden Stimme Didos, die sich, nachdem sie Äneas vergeblich angefleht und gedroht hatte, am Ende durch sein Schwert selbst zum Schweigen bringt. In den heutigen Darstellungen der Erwachsenenentwicklung scheint somit eine Entwicklungslinie zu fehlen; es fehlt die Beschreibung der Weiterentwicklung der Beziehungen bis zu einem Zustand reifer Interdependenz. Obwohl das Faktum der Trennung in den meisten entwicklungspsychologischen Texten anerkannt wird, geht die Realität der fortbestehenden Verbundenheit verloren oder wird in den Hintergrund verwiesen, in dem die Figuren von Frauen auftauchen. Die sich herauskristallisierende Konzeption der Erwachsenenentwicklung wirft solcherart einen vertrauten Schatten auf das Leben der Frauen, denn es wird wieder auf die Unvollständigkeit ihrer Ablösung hingewiesen, und sie werden als im Sumpf von Beziehungen steckend dargestellt. Bei Frauen scheinen die Entwicklungsstadien der Ablösung und der Bindung, die in der Regel der Adoleszenz und dem Erwachsenenleben zugeschrieben werden, in gewissem Sinn miteinander zu verschmelzen. Während diese Verschmelzung Frauen in einer Gesellschaft, die Trennung belohnt, gefährdet, weist sie auch auf eine allgemeinere Wahrheit hin, die in psychologischen Lehrbüchern gegenwärtig verdunkelt wird.

In den jungen Erwachsenenjahren, wenn Identität und Intimität zu Dilemmas einander widersprechender Verpflichtungen führen, wird das Verhältnis zwischen dem Selbst und den anderen bloßgestellt. Daß dieses Verhältnis in der Erfahrung von Männern und Frauen differiert, ist ein ständiges Thema in der Literatur über menschliche Entwicklung und ein Befund auch meiner Forschungstätigkeit. Angefangen von der unterschiedlichen Dynamik der Ablösung und Bindung in ihrer Geschlechtsidentitätsbildung über die Divergenz von Identität und Intimität, die ihre Erfahrungen in den Jugendjahren kennzeichnen, sprechen männliche und weibliche Stimmen in der Regel von der Wichtigkeit verschiedener Wahrheiten, erstere von der Rolle der Trennung für die Definition und Ermächtigung des Selbst, letztere von dem fortlaufenden Prozeß der Bindung, der die menschliche Gemeinschaft erschafft und am Leben erhält.

Da dieser Dialog die Dialektik enthält, welche die Spannung der menschlichen Entwicklung auslöst, verzerrt die Ausblendung der Frauen aus der Geschichte der menschlichen Entwicklung die Konzeption ihrer Stadien und ihrer Abfolge. Ich möchte somit, zumindest teilweise, den fehlenden Text der weiblichen Entwicklung beisteuern, so wie diese ihre Vorstellungen vom Selbst und von der Moral in den frühen Erwachsenenjahren beschreiben. Mein Ziel ist es, das Verständnis der Entwicklung zu vertiefen, indem ich die Perspektiven beider Geschlechter einbeziehe und mich in erster Linie auf die Unterschiede in den Darstellungen von Frauen und Männern konzentriere. Obwohl die in Betracht gezogenen Aussagen von einer kleinen und hochgebildeten Stichprobe stammen, verdeutlichen sie einen Kontrast und machen es möglich, nicht nur das zu erkennen, was bei der Entwicklung der Frauen fehlt, sondern auch, was vorhanden ist.

Dieses Erkenntnisproblem wurde in einem Literaturseminar eines Frauencollegs veranschaulicht, in dem die Studentinnen die moralischen Konflikte erörterten, die in zwei Romanen von Mary McCarthy und James Joyce geschildert werden:

Ich fühlte mich in einem Dilemma gefangen, das damals neu für mich war, das mir aber seither gräßlich vertraut geworden ist: die Falle des Erwachsenenlebens, in der man strampelnd festsitzt, unfähig zu handeln, weil man beide Seiten sehen kann. Damals und in der Regel auch später habe ich einen Kompromiß geschlossen. *(Memories of a Catholic Girlhood)* Ich weigere mich, dem zu dienen, woran ich nicht länger glaube, ob es sich nun mein Heim, mein Vaterland oder meine Kirche nennt: und ich werde versuchen, mich in irgendeiner Weise im Leben oder in der Kunst so frei auszudrükken, wie ich es kann, und so uneingeschränkt, wobei ich mich zu meinem Schutz der einzigen Waffen bedienen werde, deren Gebrauch ich mir zugestehe – Schweigen, Exil und Schlauheit. *(A Portrait of the Artist as a Young Man)* Als sie die Klarheit von Stephens *non serviam* mit Mary McCarthys »Zickzack-Kurs« verglichen, waren sich die Frauen einig, daß Stephen die bessere Wahl getroffen hatte. Stephen war stark in der Gewißheit seiner Überzeugungen und bewaffnet mit Strategien zur Vermeidung von Konfrontationen; die Form seiner Identität war klar und mit einer zwingenden Rechtfertigung versehen. Er hatte jedenfalls einen Standpunkt bezogen.

Die Frauen wünschten, sie könnten mehr wie Stephen mit seiner klaren Entschlußkraft und der Gewißheit seiner Wünsche sein, statt dessen fühlten sie sich wie Mary McCarthy hilflos, machtlos und ständig zu Kompromissen genötigt. Die kontrastierenden Bilder der Macht veranschaulichten als explizite Begleiterscheinung von Bindung und Trennung das Dilemma der weiblichen Entwicklung, den Konflikt zwischen Integrität und Anteilnahme *(care)*. In Stephens einfacherer Konstruktion erscheint die Trennung als kraftverleihende Voraussetzung freier und uneingeschränkter Selbstverwirklichung, während Bindung als lähmende Falle und Zuwendung als zwangsläufiges Vorspiel zum Kompromiß gesehen wird. Für die Studentinnen bestätigte Mary McCarthys Darstellung ihre eigene Zustimmung zu dieser Geschichte. In den Romanen sind jedoch gegensätzliche Schilderungen des Weges zum Erwachsenenleben enthalten. Der Kindheit zu entwachsen, bedeutet für Stephen, Beziehungen aufzugeben, um seine Freiheit des Selbstausdrucks zu wahren. Für Mary bedeutet der »Abschied von der Kindheit« den Verzicht auf die Freiheit des Selbstausdrucks, um andere zu schützen und Beziehungen zu erhalten: »Ein Gefühl von Macht und caesarhafter Großmütigkeit erfüllten mich. Ich würde nunmehr anfangen, mit Zweideutigkeiten um mich zu werfen, nicht aus Egoismus, sondern im Interesse der Allgemeinheit, wie ein verantwortungsvoller Erwachsener« (S. 162). Diese divergierenden Auffassungen von Identität als Selbstverwirklichung oder als Selbstaufopferung schaffen unterschiedliche Probleme für die weitere Entwicklung – das erstere ein Problem menschlicher Bindungen und das letztere ein Problem der Wahrhaftigkeit. Diese scheinbar disparaten Probleme sind jedoch eng miteinander verwandt, da das Zurückschrecken vor der Wahrheit Distanz in Beziehungen schafft und Trennung einen Teil der Wahrheit entfernt. Bei der Studentenuntersuchung, welche die frühen Erwachsenenjahre umfaßte, verläuft die Rückkehr der Männer aus dem Exil und der Stummheit parallel zur Rückkehr der Frauen aus der Doppelzüngigkeit, bis Intimität und Wahrheit schließlich in die Entdeckung des Zusammenhangs zwischen Integrität und Zuwendung münden. Nur ein Unterschied im Ton verrät dann noch, was Männer und Frauen von Anfang an wissen und was sie erst später durch Erfahrung entdecken.

Der augenblicklichen Neigung zur Selbstentwertung, die sich bei den Teilnehmerinnen des Englischseminars in ihrer Präferenz für Stephen äußerte, entspricht bei den Teilnehmerinnen an der Studentenuntersuchung die kindliche Bereitschaft, sich zu entschuldigen. Die Probanden dieser Untersuchung bestanden aus einer ungleich großen Zahl von Männern und Frauen, wie es der Verteilung von Studenten und Studentinnen in dem Seminar über moralische und politische Entscheidungen entsprach. Im Alter von 27 Jahren arbeiteten alle fünf Teilnehmerinnen der Untersuchung aktiv an einer eigenen Karriere – zwei in Medizin, eine in Jura, eine an der Universität und eine als Gewerkschaftsfunktionärin. In den fünf Jahren nach Abschluß ihres Studiums hatten drei geheiratet und eine hatte ein Kind bekommen.

Als sie im Alter von 27 gefragt wurden, »Wie würden Sie sich selbst beschreiben?«, verweigerte eine der Frauen die Antwort, aber die anderen vier erwiderten auf die Frage des Interviewers wie folgt:

> Das klingt etwas merkwürdig, aber ich glaube, als mütterlich mit allen entsprechenden Konnotationen. Ich sehe mich in einer nährenden Rolle, vielleicht nicht im Augenblick, aber wenn es soweit ist, als Ärztin, als Mutter ... Es fällt mir schwer, an mich zu denken, ohne an die anderen Menschen um mich herum zu denken, denen ich etwas gebe. (Claire)

Ich bin ziemlich fleißig und ziemlich gründlich und ziemlich verantwortungsbewußt, und was meine Schwächen betrifft, ich zögere manchmal, Entscheidungen zu treffen, und bin meiner selbst nicht sicher und fürchte mich davor, Dinge zu tun und Verantwortung zu übernehmen, und ich glaube, das ist vielleicht einer der größten Konflikte, die ich hatte ... Der andere sehr wichtige Aspekt meines Lebens ist mein Mann und mein Versuch, ihm das Leben zu erleichtern und ihm zu helfen. (Leslie)

Ich bin eine Hysterikerin. Ich bin intensiv. Ich bin warmherzig. Ich weiß sehr viel über Menschen ... Ich habe viel mehr weiche Gefühle als harte Gefühle. Man kann mich viel leichter dazu bringen, gütig zu sein als zornig zu sein. Wenn ich es in einem Wort ausdrücken müßte, und für mich verkörpert das sehr viel, dann würde ich sagen: typisch *adoptiertes* Kind. (Erica)

Ich habe mich sehr verändert. Zum Zeitpunkt des letzten Interviews (im Alter von 22) hatte ich das Gefühl, ein Mensch zu sein, der sich sehr für Wachstum interessiert und sich sehr bemüht, und es scheint mir, daß ich mich in den letzten zwei Jahren nicht bemüht habe, und sich nicht bemühen, heißt, nicht wachsen, und ich glaube, das ist es, was mich am meisten stört, worüber ich ständig nachdenke, daß ich nicht wachse. Es stimmt nicht, ich wachse schon, aber was ich teilweise als ein Scheitern empfinde, ist die Art und Weise, wie es mit Tom und mir auseinandergegangen ist. Die Sache mit Tom gibt mir das Gefühl, daß ich nicht wachse ... Was mir in letzter Zeit bewußt wird, ist, daß mein Verhalten manchmal nicht mit dem übereinstimmt, wie ich mich beschreibe. So habe ich Tom sehr weh getan, und das bedrückt mich. Ich habe mich immer für jemanden gehalten, der versucht, anderen Menschen nicht weh zu tun, aber schließlich habe ich ihm doch sehr weh getan, und das ist etwas, das auf mir lastet, daß ich jemand bin, der Leuten unabsichtlich weh tut. In letzter Zeit habe ich öfter das Gefühl, daß es einfach ist, sich hinzusetzen und zu sagen, welche Grundsätze man hat und welche Wertvorstellungen man hat und wie ich über mich denke, aber wie es dann in Wirklichkeit passiert, das ist manchmal ganz anders. Man kann sagen, daß man versucht, Leute nicht zu verletzen, aber dann tut man es doch wegen Dingen, die mit einem selbst zu tun haben, oder man kann sagen, das ist mein Prinzip, aber wenn die Situation tatsächlich eintritt, benimmt man sich dann doch nicht so, wie man es gerne möchte ..., deshalb finde ich mich selbst widersprüchlich und konfus. (Nan)

Die Verschmelzung von Identität und Intimität, die in der Entwicklung der Frauen häufig zu bemerken ist, artikuliert sich vielleicht nirgends klarer als in diesen Selbstbeschreibungen. Auf die Aufforderung hin, sich selbst zu beschreiben, schildern alle Frauen eine Beziehung, das heißt, sie finden ihre Identität *in* der Verbindung als künftige Mutter, gegenwärtige Ehefrau, adoptiertes Kind oder frühere Geliebte. Auch der Maßstab ihres moralischen Urteils, der ihrer Selbstbewertung zugrundegelegt wird, ist an Beziehungen orientiert, eine Ethik des Nährens, der Verantwortung und der Zuwendung. Diese überaus erfolgreichen und tüchtigen Frauen messen ihre Kraft an der Aktivität ihrer Bindungen (»geben«, »helfen«, »gütig sein«, »nicht verletzen«) und erwähnen im Kontext ihrer Selbstbeschreibungen ihre akademischen und beruflichen Auszeichnungen nicht. Allenfalls betrachten sie ihre beruflichen Aktivitäten als Gefahr für ihr eigenes Selbstgefühl, und der Konflikt zwischen Leistung und Zuwendung, in den sie geraten, läßt sie entweder in ihrem Urteil schwanken oder gibt ihnen das Gefühl, verraten zu sein. Nan erklärt:

Als ich mich um einen Studienplatz in Medizin bewarb, hatte ich das Gefühl, ein Mensch zu sein, dem andere Menschen wichtig waren und der imstande war, in der einen oder anderen Weise für sie zu sorgen. In den letzten paar Jahren hatte ich Probleme, was meine Fähigkeit betrifft, anderen Menschen etwas von mir, meiner Zeit und meiner Tätigkeit zu geben. Und die Medizin, obwohl es den Anschein hat, daß dieser Beruf genau diesem Zweck dient, scheint einen mehr oder weniger daran zu hindern. Ich hatte das Gefühl, mich nicht wirklich weiterzuentwickeln, bloß Wasser zu treten, ich hatte Mühe, das zu schaffen, was ich gerade tat, und das machte mich in gewisser Weise sehr ärgerlich, denn so hatte ich mir die Dinge nicht vorgestellt.

In allen Selbstdarstellungen der Frauen wird Identität somit im Kontext von Beziehungen definiert und nach einem Maßstab der Verantwortung und Anteilnahme beurteilt. In ähnlicher Weise wird Moral von diesen Frauen als Produkt der Erfahrung von Verbundenheit gesehen und als ein Problem der Einbeziehung und nicht als Abwägen von Ansprüchen betrachtet. Die zugrundeliegende Annahme, daß Moral durch Bindung zustandekomme, wird von Claire in ihrer Reaktion auf das Heinzsche Dilemma, ob er ein überteuertes Medikament stehlen solle, um seine Frau zu retten, ausdrücklich artikuliert. In ihrer Erklärung, warum Heinz stehlen sollte, skizziert sie ihre Sicht der sozialen Realität, auf der ihr Urteil basiert:

Wenn man allein ist, hat alles wenig Sinn. Es ist wie das Geräusch des Klatschens *einer* Hand, wie das Geräusch eines Mannes oder einer Frau, es fehlt etwas. Das Kollektiv ist es, was mir wichtig ist, und dieses Kollektiv basiert auf bestimmten Grundgedanken, zu denen zählt, daß jeder dazugehört und daß wir alle daraus hervorgegangen sind. Man muß jemand anderen lieben, denn wenn man die anderen auch nicht mag, so ist man doch von ihnen nicht zu trennen. In gewisser Weise ist es, als liebe man seine rechte Hand. *Die anderen sind ein Teil von einem;* der andere Mensch ist Teil jenes riesigen Kollektivs von Menschen, mit dem man verbunden ist.

Dieser strebsamen, mütterlichen Ärztin erscheint das Geräusch des Klatschens einer Hand nicht als transzendentales Rätsel, sondern als eine menschliche Absurdität, die Illusion eines Menschen, der in einer Realität wechselseitiger Verbundenheit alleinsteht.

Die Männer finden für ihre Identität einen anderen Ton, klarer, direkter, deutlicher, abgehoben und konturiert. Selbst wenn sie das Konzept als solches abwerten, strahlen sie das Selbstvertrauen unbezweifelbarer Wahrheit aus. Obwohl die Welt des Selbst, die Männer beschreiben, manchmal »Menschen« und »tiefe Bindungen« einschließt, wird kein bestimmter Mensch und keine Beziehung erwähnt, und die mit der Beziehung verbundenen Aktivitäten werden im Zusammenhang der Selbstdarstellung nicht geschildert. Die auf die Bindung bezogenen Verben der Frauen werden durch Adjektive der Trennung ersetzt – »intelligent«, »logisch«, »phantasievoll«, »ehrlich«, manchmal sogar »arrogant« und »eingebildet«. Das männliche »Ich« definiert sich somit in der Trennung, obwohl Männer davon sprechen, »wirkliche Kontakte« und »tiefe Gefühle« zu haben oder sie sich zu wünschen.

Zufällig ausgewählte männliche Angehörige der Stichprobe, die hinsichtlich ihres Berufs und ihres Familienstands in einer ähnlichen Lage waren wie die Frauen, beantworteten die Aufforderung nach einer Selbstbeschreibung mit folgenden ersten Reaktionen:

Logisch, kompromißbereit, äußerlich ruhig. Wenn meine Aussagen kurz und abrupt erscheinen, so ist das aufgrund meiner Vorgeschichte und meiner Ausbildung. Die Aussagen eines Architekten müssen sehr präzise und knapp sein. Tolerant. Das bezieht sich alles auf die Gefühlsebene. Ich halte mich für gebildet und einigermaßen intelligent.

Ich würde mich als einen begeisterungsfähigen und leidenschaftlichen Menschen beschreiben, der etwas arrogant ist. Ich nehme Anteil, ich bin engagiert und im Moment sehr müde, weil ich heute Nacht nicht viel geschlafen habe.

Ich würde mich als einen Menschen beschreiben, der in geistiger und emotionaler Hinsicht gut entwickelt ist. Relativ enger Kreis von Freunden, Bekannten, Menschen, mit denen ich wirklich Kontakt habe, im Gegensatz zu den beruflichen Kontakten und den Gemeindekontakten. Relativ stolz auf die geistigen Fähigkeiten und die Entwicklung, zufrieden mit der emotionalen Entwicklung als solcher, die kein sehr aktiv verfolgtes Ziel war. Das möchte ich jetzt erweitern, den emotionalen Aspekt.

Intelligent, guter Beobachter – ich bin jetzt brutal ehrlich – immer noch etwas reserviert, unrealistisch in verschiedenen gesellschaftlichen Situationen, an denen andere Leute beteiligt sind, insbesondere Behörden. Ich bessere mich, bin schon lockerer und weniger verkrampft und verkorkst als früher. Etwas faul, obwohl es schwer zu sagen ist, wieviel davon mit anderen Konflikten zusammenhängt. Phantasievoll, manchmal zu sehr. Etwas dilettantisch, an vielen Dingen interessiert, ohne unbedingt in die Tiefe zu gehen, obwohl ich mich bemühe, das zu korrigieren.

Ich neige dazu, mich zu beschreiben, indem ich zunächst meine persönliche Geschichte erzähle, wo ich geboren wurde, aufwuchs und diese Dinge, aber das befriedigt mich nicht, nachdem ich es schon tausendmal getan habe. Das scheint meinen Wesenskern nicht zu erfassen, würde ich wahrscheinlich nach einem weiteren vergeblichen Versuch sagen, denn so etwas wie meinen Wesenskern gibt es nicht, und das Ganze würde mich sehr langweilen . . ., ich glaube, mich gibt es im Grunde gar nicht. Ich sitze hier, und ich werde auch morgen da sein und so weiter.

Ich entwickle mich und ich bin ehrlich.

Ich glaube, nach außen hin wirke ich ziemlich unbekümmert und lässig, aber in Wirklichkeit bin ich wahrscheinlich etwas angespannter. Ich gerate sehr leicht in Spannung. Ein bißchen besserwisserisch oder vielleicht eingebildet. Nicht so gründlich, wie ich sein sollte. Ein bißchen hartgesotten, glaube ich, ein Typ, der sich nicht durch Emotionen und Gefühle leiten läßt. Ich habe tiefe Gefühle, aber ich bin kein Mensch, der viele verschiedene Bekannte hat. Ich habe Bindungen an einige wenige Menschen, sehr tiefe Bindungen. Oder Bindungen zu vielen Dingen, zumindest im demonstrierbaren Sinn.

Ich glaube, ich halte mich für kreativ und auch für ein bißchen schizophren ... Das hat viel damit zu tun, wie ich aufwuchs. Da ist eine Art Sehnsucht nach dem Landleben und gleichzeitig der Wunsch nach dem Glanz, dem Prestige und der Anerkennung, die man kriegt, wenn man sich richtig reinhängt und schuftet.

Zwei der Männer beginnen etwas tastender, indem sie über Menschen im allgemeinen sprechen, aber sie kehren am Ende zu großen Ideen oder einem Bedürfnis nach einer sie auszeichnenden Leistung zurück:

Ich glaube, ich bin im Grunde ein anständiger Mensch. Ich glaube, ich mag Menschen sehr, und ich mag es, Menschen zu mögen. Ich tue gern Dinge, bei denen mir einfach die Menschen Vergnügen machen, ihre bloße Existenz beinahe. Selbst Leute, die ich nicht gut kenne. Wenn ich sagte, daß ich ein anständiger Mensch bin, so glaube ich, daß es beinahe das ist, was mich zu einem anständigen Menschen macht, das ist eine wertvolle Eigenschaft, eine gute Eigenschaft. Ich finde mich sehr intelligent. Ich fühle mich etwas verloren, meine Handlungsweise ist nicht gerade inspiriert – ob es bloß ein Mangel an Inspiration ist, weiß ich nicht –, aber ich erreiche nichts, ich leiste nichts, und ich weiß nicht, wo ich eigentlich hin will oder was ich tue. Ich glaube, die meisten Leute, insbesondere Ärzte, haben eine bestimmte Vorstellung davon, was sie in vier Jahren tun werden. Ich (ein Internist) habe da eine völlige Mattscheibe ... Ich habe großartige Ideen ..., aber ich kann mir mich darin nicht vorstellen.

Ich glaube, die Dinge, die mir wichtig sind, das ist, daß ich mir dessen bewußt bin, was um mich herum vorgeht, die Bedürfnisse anderer Menschen meiner Umgebung und die Tatsache, daß ich gern Dinge für andere Menschen tue und mich gut dabei fühle. Ich nehme an, das ist schön in meiner Situation, aber ich bin nicht sicher, ob das für jeden gilt. Ich glaube, manche Menschen tun Dinge für andere und fühlen sich nicht gut dabei. Gelegentlich gilt das auch für mich, z. B. wenn ich im Haus arbeite und immer dieselben dummen Dinge tue, die alle anderen auch tun, und mit der Zeit macht mich das sauer.

In den Selbstbeschreibungen dieser Männer wird der Kontakt mit anderen nicht mit der Verwirklichung der eigenen Identität verknüpft, sondern mit einer Einschränkung derselben. Nicht Bindungen, sondern persönliche Leistungen fesseln die männliche Phantasie, und große Ideen oder herausragende Leistungen sind Maßstab der Selbsteinschätzung und des Erfolgs.

Das Nacheinander von Identität und Intimität in der Übergangsperiode von der Adoleszenz in das Erwachsenenalter trifft somit eher auf die Entwicklung der Männer als auf die Entwicklung der Frauen zu. Macht und Trennung sichern den Mann in einer durch Arbeit erzielten Identität, aber sie halten ihn in einer gewissen Distanz von den anderen, die gewissermaßen außerhalb seines Gesichtsfeldes sind. Cranly, der Stephen Daedalus drängt, seiner Mutter zuliebe den Osterpflichten nachzukommen, erinnert ihn:

Deine Mutter muß sehr gelitten haben, möchtest du nicht versuchen, ihr weiteres Leid zu ersparen, selbst wenn – oder nicht?

Wenn ich es könnte, sagte Stephen, das würde mich sehr wenig kosten.

Angesichts dieser Distanz wird Intimität zur entscheidenden Erfahrung, die das Selbst wieder in Verbindung zu anderen bringt und es ermöglicht, beide Seiten zu sehen – sowohl die Auswirkungen von Handlungen auf andere als auch ihre Kosten für das eigene Selbst zu entdecken. Das Erlebnis von Beziehung beendet die Isolierung, die sich ansonsten zu Gleichgültigkeit verhärtet, so daß aktive Anteilnahme an anderen fehlt, wenn auch vielleicht die Bereitschaft, ihre Rechte zu respektieren, da sein mag. Aus diesem Grund ist Intimität die transformierende Erfahrung für Männer, durch die sich ihre adoleszente Identität in die Generativität reifer Liebe und Arbeit verwandelt. Im Laufe dieses Prozesses verwandelt, wie Erikson (1964) bemerkt, das durch Intimität erworbene Wissen die ideologische Moral der Adoleszenz in die reife Ethik der Zuwendung und Fürsorge.

Da Frauen ihre Identität jedoch durch Beziehungen der Intimität und Fürsorge definieren, beziehen sich die moralischen Probleme, mit denen sie es zu tun haben, auf Fragen anderer Art. Wenn Beziehungen gesichert werden, indem man Wünsche verbirgt, und wenn Konflikte durch Zweideutigkeit vermieden werden, dann entsteht Verwirrung darüber, wo die Verantwortung und wo die Wahrheit ist. McCarthy beschreibt ihre »Darstellungen« gegenüber ihren Großeltern und erklärt:

> Was ich ihnen erzählte, war meist so verschwommen und beschönigend, um mir ihre Zustimmung zu sichern (denn abgesehen von allem anderen mochte ich sie und versuchte, mich ihrer Sichtweise anzupassen), daß ich, außer wenn ich eine direkte Frage beantwortete, kaum wußte, ob das, was ich sagte, wahr oder falsch war. Ich bemühte mich wirklich, so glaubte ich wenigstens, nicht zu lügen, aber es schien mir, daß sie mich durch die Verschiedenheit ihrer Sicht der Dinge dazu zwangen, so daß ich die Realität für sie immer in Begriffe faßte, die sie verstehen konnten. Um die Dinge mit meinem Gewissen vereinbaren zu können, schreckte ich, wann immer möglich, vor der blanken Lüge zurück, so wie ich mich aus einem Gefühl der Vorsicht heraus vor der ungeschminkten Wahrheit hütete.

Die entscheidende Erfahrung ist hier somit nicht die der Intimität, sondern der Entscheidungsfreiheit, denn sie ermöglicht eine Begegnung mit dem Selbst, die klärend für das Verständnis von Verantwortung und Wahrheit wirkt.

Im Übergangsstadium von der Adoleszenz zur Erwachsenheit ist das Dilemma als solches also für beide Geschlechter dasselbe, ein Konflikt zwischen Integrität und Zuwendung *(care)*. Aber wenn man an dieses Dilemma von verschiedenen Perspektiven aus herangeht, führt es zu entgegengesetzten Erkenntnissen. Diese unterschiedlichen Perspektiven spiegeln sich in zwei verschiedenen moralischen Ideologien, denn die Abtrennung wird durch eine Ethik von Rechten, die Bindung hingegen durch eine Ethik der Zuwendung gerechtfertigt.

Die Moral der Rechte basiert auf Gleichberechtigung und dem Verständnis von Fairneß, während sich die Ethik der Verantwortung auf das Konzept der Billigkeit, der Anerkennung von Unterschieden in den Bedürfnissen stützt. Während die Ethik der Rechte eine Manifestation des gleich großen Respekts und der Ausgewogenheit der Ansprüche des anderen und des Selbst darstellt, beruht die Ethik der Verantwortung auf einem Verständnis, das Mitgefühl und Fürsorge auslöst. Der Kontrapunkt von Identität und Intimität, der die Zeit zwischen der Kindheit und den Erwachsenenjahren kennzeichnet, artikuliert sich somit durch zwei verschiedene Moralvorstellungen: Daß diese sich gegenseitig ergänzen, wird in den Jahren der Reife entdeckt.

Die Entdeckung dieser Komplementarität wird in meiner Studie durch Fragen über persönliche Erfahrungen mit moralischen Konflikten und Entscheidungen aufgespürt. Zwei aus der Stichprobe ausgewählte Anwälte, ein Mann und eine Frau, illustrieren, wie die Divergenz im Urteil zwischen den Geschlechtern schließlich durch die Entdeckung der Perspektive des jeweils anderen und der Beziehung zwischen Integrität und Zuwendung aufgelöst wird.

Das Dilemma von Verantwortung und Wahrheit, das McCarthy beschreibt, wird auch von der Anwältin Hilary dargestellt, der Frau, die sagte, es falle ihr zu schwer, sich am Ende dieser »wirklich harten Woche« selbst zu beschreiben. Auch sie findet, ebenso wie McCarthy, Akte der Selbstaufopferung »mutig« und »lobenswert« und erklärt, »wenn sich alle Erdenbewohner in einer Weise verhalten würden, die von Fürsorge für andere und von Mut zeugt, dann wäre die Welt ein viel besserer Ort, es gäbe kein Verbrechen und vielleicht auch keine Armut«. Dieses moralische Ideal der Selbstaufopferung und Fürsorge geriet jedoch in Schwierigkeiten, nicht nur in einer Beziehung, in der die widersprüchlichen Wahrheiten der Gefühle beider Beteiligten es unmöglich machten, Verletzungen zu vermeiden, sondern auch vor Gericht, wo sie sich trotz ihrer Anteilnahme an dem Klienten der Gegenseite dazu entschloß, dem gegnerischen Anwalt nicht zu helfen, seinen Prozeß zu gewinnen.

In beiden Fällen sah sie das absolute Gebot, anderen nicht zu schaden, als unzulängliche Richtlinie zur Lösung der konkreten Dilemmas an, mit denen sie konfrontiert war. Ihre Entdeckung der Divergenz zwischen Intention und Folge und die beschränkte Wahlmöglichkeit ließen sie erkennen, daß es in manchen Situationen unmöglich ist, niemandem weh zu tun. Im Umgang mit solchen Dilemmas, sowohl in ihrem persönlichen als auch in ihrem Berufsleben, gibt sie nicht die Verantwortung zugunsten ihrer Entscheidungsfreiheit auf, sondern nimmt vielmehr das Recht für sich in Anspruch, sich selbst unter die Menschen einzureihen, die nicht zu verletzen sie für moralisch hält. Ihre umfassendere Moral enthält jetzt das Gebot, sich selbst treu zu sein, so daß sie nun über zwei Grundsätze verfügt, deren Integration sie sich noch nicht klar vorstellen kann. Sie hat jedoch erkannt, daß sowohl Integrität als auch Fürsorglichkeit in einer Moral enthalten sein müssen, die geeignet ist, die Dilemmas der Liebe und Arbeit zu umschließen, die im Erwachsenenleben auftreten.

Der Schritt zur Toleranz, der den Verzicht auf Absolutheitsansprüche begleitet, markiert nach Ansicht von William Perry (1968) die Richtung der geistigen und ethischen Entwicklung in den frühen Erwachsenenjahren. Perry beschreibt die Veränderungen im Denken, die den Entwicklungsschritt von dem Glauben, daß Wissen absolut und Antworten eindeutig richtig oder falsch sein könnten, zu einem Verständnis der kontextbedingten Relativität sowohl der Wahrheit als auch der Wahlmöglichkeiten kennzeichnen. Dieser Entwicklungsschritt und seine Auswirkung auf das moralische Urteil läßt sich an der Wandlung des moralischen Verständnisses ablesen, die sich in den fünf Jahren nach ihrem Studienabschluß sowohl bei Männern als auch bei Frauen vollzog (Gilligan und Murphy, 1979; Murphy und Gilligan, 1980). Obwohl sich beide Geschlechter in dieser Periode von den absoluten Werten wegbewegen, unterscheiden sich die absoluten Werte als solche für die beiden Geschlechter. In der Entwicklung der Frauen wird der absolute Wert der Zuwendung *(care)* – ursprünglich als Gebot, andere nicht zu verletzen, definiert – durch die Erkenntnis des Bedürfnisses nach persönlicher Integrität kompliziert. Diese Erkenntnis führt zu dem Anspruch auf Gleichberechtigung, der im Rechtekonzept verkörpert ist, welches das Verständnis von Beziehungen verändert und die Definition von Zuwendung *(care)* transformiert. Für die Männer werden die absoluten Werte der Wahrheit und Gerechtigkeit – definiert durch die Konzepte der Gleichberechtigung und Wechselseitigkeit – durch Erfahrungen in Frage gestellt, die das Vorhandensein von Unterschieden zwischen dem anderen und dem Selbst demonstrieren. Das Bewußtwerden mehrfacher Wahrheiten führt schließlich zu einer Relativierung des Gleichheitsprinzips *(equality)* in Richtung auf Gerechtigkeit im Sinn von Billigkeit *(equity)* und bringt eine Ethik der Großzügigkeit und Fürsorglichkeit *(care)* hervor. Für beide Geschlechter macht die Existenz zweier Kontexte für die moralische Entscheidung das Urteil per definitionem abhängig vom Kontext und führt zu einem neuen Verständnis von Verantwortung und Entscheidungsfreiheit.

Die Entdeckung der Realität der Unterschiede und mithin der kontextabhängigen Natur von Moral und Wahrheit wird von Alex beschrieben, einem Anwalt und Teilnehmer an der Studentenuntersu-

chung, der im Laufe seines Jurastudiums »zu erkennen begann, daß
man wirklich nicht alles weiß« und »daß man nie weiß, ob es etwas
Absolutes gibt. Ich glaube nicht, daß man je weiß, ob es etwas absolut
Richtiges gibt. Was man weiß, ist, daß man so oder so befinden muß.
Man muß eine Entscheidung treffen.«

Das Bewußtsein, daß er nicht alles wußte, wurde ihm schmerzlich
in einer Beziehung bewußt, deren Ende völlig überraschend für ihn
kam. In seiner verspäteten Entdeckung, daß sich das Erleben der Frau
von seinem eigenen unterschieden hatte, erkannte er, welche Distanz
in einer Beziehung bestanden hatte, die ihm als eng erschienen war.
Die logische Hierarchie moralischer Werte, deren absolute Wahrheit er
zuvor proklamiert hatte, erschien ihm danach eher als eine Intimität
verhindernde Barriere denn als Pfeiler der persönlichen Integrität. Als
sich seine Moralauffassungen zu ändern begannen, rückten Bezie-
hungsfragen in den Mittelpunkt seines Interesses, und seine Empfind-
lichkeit gegenüber Ungerechtigkeit wurde durch ein neues Verständnis menschlicher Bindungen kompliziert. Aus seiner Beschreibung
des »Prinzips der Bindung«, das seine Betrachtungsweise moralischer
Probleme zu beeinflussen begann, ging hervor, daß Moral nach seiner
Auffassung nicht nur auf Gerechtigkeit abzielen, sondern Beziehungs-
aspekte im Auge behalten muß:

Die Menschen haben wirkliche emotionale Bedürfnisse, sich an etwas zu binden, und das Gleichheitsprinzip gibt einem keine Bindung. Gleichheitsdenken fragmentiert die Gesellschaft und befrach-
tet jeden Menschen mit der Last, auf seinen eigenen zwei Füßen zu
stehen.

Obwohl »das Prinzip der Gleichheit eine klare Sache ist, an der man
festhalten könnte«, kann sie allein die Dilemmas der Wahlmöglichkeit, die sich im Leben ergeben, nicht adäquat lösen. Angesichts seines
neuen Bewußtseins von Verantwortung und der tatsächlichen Folgen
von Entscheidungen sagt Alex: »Man kann nicht bloß den Gleich-
heitsgedanken im Auge haben. Man muß sich ansehen, wie Leute imstande sein werden, mit ihrem Leben umzugehen.« Obwohl er die
Notwendigkeit von zwei Urteilskontexten anerkennt, findet er dennoch ihre Integration »schwer zu vollziehen«, denn »wie man sich
auch entscheidet, jemand wird darunter zu leiden haben, und jemand
wird immer darunter zu leiden haben«. »Man hat dann den Punkt
erreicht«, sagt er, »wo der Konflikt unlösbar wird« und es bei der Wahl

darum geht, »das Opfer auszuwählen«, und nicht mehr darum, das Gute zu tun. Mit der Erkenntnis der Verantwortung, die eine solche Wahl nach sich zieht, beginnt sein Urteil die psychologischen und sozialen Konsequenzen des Handelns und die Realität des menschlichen Lebens in einer historischen Welt stärker zu berücksichtigen.

Von sehr verschiedenen Standpunkten ausgehend, von den unterschiedlichen Ideologien der Gerechtigkeit und der Anteilnahme *(care)*, gelangen die an der Untersuchung teilnehmenden Männer und Frauen im Laufe ihres Erwachsenwerdens somit zu einem größeren Verständnis beider Perspektiven und dadurch zu einer stärkeren Konvergenz ihres Urteils. Sobald sie die dualen Kontexte von Gerechtigkeit und Anteilnahme erkannt haben, wird ihnen bewußt, daß das Urteil davon abhängt, in welchem Bezugsrahmen das Problem gesehen wird.

Aber in diesem Licht gesehen, hängt auch das Entwicklungskonzept als solches von dem Kontext ab, in den es gestellt wird, und das Bild der Reife verändert sich je nachdem, ob das Erwachsensein von Frauen oder von Männern dargestellt wird. Wenn Frauen über die Erwachsenenjahre sprechen, kommt die Welt der Beziehungen in das Blickfeld und wird zum Mittelpunkt der Aufmerksamkeit und des Interesses. McClelland (1975), der auf diesen Unterschied in den Machtphantasien von Frauen hinweist, bemerkt, daß »Frauen sich stärker als Männer um beide Seiten einer interdependenten (wechselseitig abhängigen) Beziehung kümmern« und »ihre eigene Interdependenz rascher erkennen« (S. 85f) Dieses Bewußtsein der Interdependenz manifestiert sich in Phantasien, in denen Macht mit Schenken und Fürsorge gleichgesetzt wird. Während Männer Stärke als Selbstbehauptung und Aggression darstellen, deuten Frauen im Gegensatz dazu Akte der Fürsorge als Anzeichen von Kraft, wie McClelland berichtet. Seine Untersuchungen über Macht beschäftigen sich, wie er schreibt, »insbesondere mit den Kennzeichen der Reife« und lassen erkennen, daß reife Männer und Frauen in unterschiedlicher Weise mit der Welt in Beziehung treten.

Daß Frauen eine andere Einstellung zur Macht haben, ist auch das Thema der Analyse von Jean Baker Miller. Sie setzt sich in erster Linie mit Beziehungen von Herrschaft und Unterordnung auseinander und stellt fest, daß die Situation der Frauen in diesen Beziehungen »einen entscheidenden Schlüssel für das Verständnis der psychologischen Ordnung« darstelle. Diese Ordnung ergibt sich aus den asymmetrischen

Beziehungen zwischen Mann und Frau bzw. Eltern und Kind, die »das Milieu – die Familie – (schaffen), in der das menschliche Bewußtsein, so wie wir es kennen, geprägt wurde« (1976, S. 1). Da diese asymmetrischen Beziehungen in den meisten Fällen einen Faktor der Ungleichheit enthalten, nehmen sie eine moralische Dimension in Hinblick auf die Art und Weise an, wie die Macht benutzt wird. Auf dieser Basis unterscheidet Miller zwischen Beziehungen von zeitweiliger und dauernder Ungleichheit, wobei erstere den Kontext menschlicher Entwicklung und letztere den Zustand der Unterdrückung repräsentieren. In Beziehungen von vorübergehender Ungleichheit, wie Eltern und Kind oder Lehrer und Schüler, wird die Macht idealerweise dazu benutzt, die Entwicklung zu fördern, welche die anfängliche Disparität beseitigt. In Beziehungen dauernder Ungleichheit zementiert die Macht Herrschaft und Unterordnung, und die Unterdrückung wird durch Theorien rationalisiert, die die Notwendigkeit ihrer Beibehaltung »erklären«.

Miller, die ihr Augenmerk in dieser Weise auf die Dimension der Benachteiligung im menschlichen Leben richtet, kommt zu dem Schluß, daß sich die eigenständige Psychologie der Frauen aus der Kombination ihrer Stellung in Beziehungen vorübergehender und dauerhafter Ungleichheit ergibt. Frauen, die in zeitlich begrenzten »Brutpflege«-Beziehungen dominieren, die sich mit dem Schwinden der Ungleichheit auflösen, nehmen in Beziehungen von permanent ungleichem sozialem Status und Macht untergeordnete Positionen ein. Obwohl sie Männern gegenüber eine sozial minderwertige Stellung haben, sind Frauen gleichzeitig mit ihnen in die intimen und intensiven Beziehungen der Erwachsenensexualität und des Familienlebens verstrickt. Die Psychologie der Frauen reflektiert somit beide Seiten von Beziehungen der Interdependenz und das ganze Spektrum moralischer Möglichkeiten, die solche Beziehungen hervorbringen. Frauen sind deshalb in einer idealen Situation, um das Potential in menschlichen Bindungen sowohl für Zuwendung als auch für Unterdrückung zu beobachten.

Dieser ganz spezielle Blickwinkel zeichnet die Arbeit von Carol Stack (1975) und Lillian Rubin (1976) aus, die sich in eine Welt begeben, die man bisher vor allem aus männlicher Sicht kannte, und die nunmehr ganz anders darüber berichten. Im schwarzen Getto der Städte, wo andere soziale Unordnung und zerbrochene Familien wahrgenommen haben, findet Stack soziale Netzwerke vor, die einen Eindruck von der in Armut lebenden schwarzen Familie geben. Rubin, die weiße Arbeiterfamilien beobachtete, räumt mit den Legenden von den »wohlhabenden und glücklichen Arbeitern« auf, indem sie die »Pein« beschreibt, die es kostet, Kinder unter Bedingungen der sozialen und wirtschaftlichen Benachteiligung großzuziehen. Beide Frauen beschreiben das Beziehungsgeflecht bei Erwachsenen, das die Familienfunktionen des Schutzes und der Fürsorge aufrechterhält, aber auch ein soziales System von Beziehungen, welche die wirtschaftliche Abhängigkeit und die soziale Unterordnung zementieren. So verdeutlichen sie, wie Klassen-, Rassen- und Volkszugehörigkeit benutzt werden, um die anhaltende Ungerechtigkeit eines wirtschaftlichen Systems zu rechtfertigen und zu rationalisieren, das manchen auf Kosten der anderen zum Vorteil gereicht.

In den separaten Bereichen ihrer Analyse stellen diese Frauen eine Ordnung fest, wo andere nur Chaos erblickten – in der Psychologie der Frauen, der schwarzen Stadtfamilie und der Reproduktion der sozialen Schichten. Diese Entdeckungen erforderten neue Methoden der Analyse und einen ethnographischen Ansatz, um Theorien ableiten zu können, die dem Erwachsenenleben, das sie vorfanden, Ordnung und Bedeutung verleihen konnten. Solange Stack »Familie« nicht neu definiert hatte als »das kleinste organisierte, dauerhafte Netzwerk von Verwandten und Nichtverwandten, die täglich miteinander umgehen, die häuslichen Bedürfnisse der Kinder erfüllen und ihr Überleben gewährleisten« konnte sie in der Welt der »Flats« keine »Familien« finden. Erst die »kulturspezifischen Definitionen bestimmter Begriffe wie Familie, Verwandte, Eltern und Freunde, die sich im Laufe dieser Untersuchung herauskristallisierten, machten einen Großteil der späteren Analysen möglich ... Ein willkürliches Festhalten an weithin akzeptierten Definitionen der Familie ... blockiert das Verständnis dafür, wie die Bewohner der Flats die Welt, in der sie leben, beschreiben und ordnen« (S. 31).

In ähnlicher Weise fordert Miller »eine neue Psychologie der Frauen«, die den unterschiedlichen Ausgangspunkt für die weibliche Entwicklung anerkennt, die Tatsache, daß »Frauen mit einem Kontext der Bindung und Zusammengehörigkeit mit anderen verbunden bleiben, darauf aufbauen und sich in diesem entwickeln«, daß sich »das Selbstgefühl der Frauen sehr stark um die Fähigkeit organisiert,

Bindungen und Beziehungen herzustellen und dann aufrechtzuerhalten«, und daß »viele Frauen den drohenden Bruch einer Bindung schließlich nicht bloß als den Verlust einer Beziehung wahrnehmen, sondern als etwas, das einem totalen Selbstverlust nahekommt«. Obwohl diese psychischen Strukturen inzwischen aus Darstellungen der weiblichen Psychopathologie vertraut sind, hat man nicht erkannt, daß »dieser psychische Ausgangspunkt die Möglichkeit zu einem völlig andersartigen (und fortgeschritteneren) Herangehen an das Leben enthält ..., (bei dem) Bindung einen ebenso hohen oder noch höheren Stellenwert erhält als Selbstverwirklichung« (S. 83). Miller verweist somit auf eine Psychologie des Erwachsenseins, welche anerkennt, daß Entwicklung nicht auf Kosten bestehender Bindungen erfolgen muß und daß sie an der Wichtigkeit der Zuwendung in Beziehungen nichts verändert.

Die Grenzen der bisherigen Maßstäbe und die Notwendigkeit einer kontextbezogeneren Interpretationsweise gehen auch aus Rubins Ansatz hervor. Rubin räumt mit der Illusion auf, daß das Familienleben überall gleich sei oder daß subkulturelle Unterschiede unabhängig von den sozioökonomischen Realitäten der Schichtzugehörigkeit bewertet werden können. Demnach »reproduzieren sich Arbeiterfamilien nicht, weil sie irgendwie unbegabt oder von der Kultur abweichend sind, sondern weil die meisten ihrer Kinder trotz der Mobilitätslegende, die wir so eifrig hätscheln, keine Alternativen haben« (S. 210f). Aus der vorübergehenden Unterlegenheit eines Kindes der Arbeiterklasse wird die dauernde Unterlegenheit des Erwachsenen der Arbeiterklasse, der in einem toten Winkel sozialer Mobilität festsitzt, in dem die Qualität des Familienlebens zerstört wird.

Ebenso wie die Geschichten, in denen sich die Machtphantasien der Frauen aussprechen, vermitteln auch die weiblichen Darstellungen der Erwachsenenjahre ein anderes Gefühl ihrer sozialen Realität. In ihrer Schilderung von Beziehungen ersetzen die Frauen die männliche Neigung zur Abtrennung durch eine Darstellung der Interdependenz des Selbst und der anderen, sowohl in der Liebe als auch in der Arbeit. Durch die Verlagerung des Brennpunkts des Entwicklungsinteresses von der persönlichen Leistung auf Beziehungen voll wechselseitiger Fürsorge bezeichnen Frauen Bindungsfähigkeit als den Weg, der zur Reife führt. Fortschritte auf dem Weg zur Bindungsfähigkeit werden somit zu Parametern der Entwicklung.

Die Implikationen dieser Verlagerung werden deutlich, wenn man die Situation von Frauen in der Lebensmitte betrachtet. Angesichts der Tendenz, die unvertrauten Gewässer der Erwachsenenentwicklung mit den vertrauten Markierungen der Ablösung und des Wachstums in der Adoleszenz zu kennzeichnen, können die mittleren Jahre im Leben der Frau leicht als eine Zeit der Rückkehr zu den unerledigten Konflikten der Jugend erscheinen. Diese Interpretation hat sich deshalb so stark aufgedrängt, da die Beschreibungen des Lebenszyklus, die überwiegend von Untersuchungen an Männern abgeleitet wurden, eine Perspektive nahelegten, aus der Frauen, soweit sie sich davon unterscheiden, als rückständig in ihrer Entwicklung erscheinen. Besonders ausgeprägt ist die weibliche Entwicklung in den Jugendjahren abgewichen, in denen die Mädchen insofern Identität mit Intimität zu verwechseln scheinen, als sie sich durch Beziehungen zu anderen definieren. Das Vermächtnis, das diese Art der Identitätsdefinition hinterläßt, ist, wie man annimmt, ein Selbst, das der Ablösungsproblematik, die sich in der Lebensmitte aufs neue stellt, schutzlos ausgeliefert ist.

Aber diese Sichtweise enthüllt die Beschränktheit einer Darstellung, welche die weibliche Entwicklung an männlichen Maßstäben mißt und die Möglichkeit einer anderen Wahrheit ignoriert. In diesem Licht wirkt die Beobachtung, daß die Einbettung der Frauen in ein Leben voll Beziehungen, ihre Hinnahme der wechselseitigen Abhängigkeit, die Tatsache, daß sie persönliche Leistungen geringer bewerten als Zuwendung und Fürsorge, und ihre Konflikte mit Erfolg in Konkurrenzsituationen sie in der Lebensmitte persönlich gefährdet erscheinen lassen, mehr als ein Kommentar über die Gesellschaft denn als ein Problem der weiblichen Entwicklung.

Die Interpretation der Lebensmitte in Begriffen der Adoleszenz, als eine ähnliche Krise der Identität und Ablösung, ignoriert die Realität dessen, was in den Jahren geschehen ist und zerreißt die Entwicklungsgeschichte der Liebe und der Arbeit. Den Beginn der Generativität in der Lebensmitte anzusetzen, wie Vaillants Daten über Männer nahelegen, erscheint aus weiblicher Sicht zu spät für beide Geschlechter, wenn man bedenkt, daß die Geburt und Aufzucht der Kinder überwiegend in den vorangehenden Jahren stattfinden. Im übrigen wird das Bild der Frau, die kindhaft und abhängig von anderen in die Lebensmitte eintritt, durch ihren aktiven Beitrag zur Pflege und Aktivität der Familienbeziehungen widerlegt. Es scheint sich somit um ein Problem der Interpretation zu handeln, eine Frage der Beurteilung und nicht der »Wahrheit«.

Angesichts der Beweise, daß Frauen die soziale Realität anders wahrnehmen und interpretieren als Männer und daß diese Unterschiede vor allem Bindungs- und Trennungserlebnisse betreffen, ist zu erwarten, daß Entwicklungsstadien, die zwangsläufig mit solchen Erfahrungen verbunden sind, von Frauen anders erlebt werden. Und nachdem das Integritätsgefühl der Frauen mit einer Ethik der Anteilnahme verknüpft zu sein scheint, so daß Frau-Sein bedeutet, sich in einem Zustand der Verbundenheit zu erleben, dürften die großen Entwicklungsschritte im Leben der Frauen mit Veränderungen im Verständnis von und in Akten der Anteilnahme / Zuwendung / Fürsorge einhergehen. Zweifellos vollzieht sich beim Übergang von der Kindheit in das Erwachsenenalter eine grundlegende Neudefinition des Begriffs der Anteilnahme. Sobald die Unterscheidung zwischen Helfen und Gefälligsein den Akt der Fürsorge von dem Wunsch nach Billigung durch andere befreit, kann die Ethik·der Verantwortung zu einem selbstgewählten Anker der persönlichen Integrität und Stärke werden.

In ähnlicher Weise können jedoch auch die Ereignisse der Lebensmitte – das Klimakterium und Veränderungen in Familie und Beruf – die Fürsorglichkeit einer Frau in einer Weise verändern, die sich auf ihr Selbstgefühl auswirkt. Wenn die Lebensmitte ein Ende der Beziehungen mit sich bringt, des Gefühls der Verbundenheit, auf das sie sich stützt, sowie jener Handlungen der Fürsorge, nach denen sie ihren Wert bemißt, dann kann die Trauer, die jeden Entwicklungsschritt des Lebens begleitet, einer Melancholie der Selbstentwertung und Verzweiflung weichen. Die Ereignisse der Lebensmitte spiegeln somit für eine Frau die Interaktion zwischen den Strukturen ihres Denkens und der Realität ihres Lebens.

Wenn man zwischen neurotischen und realen Konflikten differenziert und das Zögern zu wählen von der Realität, keine Wahl zu haben, unterscheidet, dann wird es möglich, klarer zu erkennen, inwiefern uns die Erfahrung der Frauen einen Schlüssel zum Verständnis zentraler Wahrheiten des Erwachsenenlebens liefert. Statt davon auszugehen, daß ihre Anatomie ihr eine Wunde der Minderwertigkeit geschlagen hat (Freud, 1931), begreift man, daß sie Erfahrungen mit sich bringt, die eine Realität erhellen, welche beiden Geschlechtern gemeinsam ist: die Tatsache, daß man im Leben niemals alles sieht, daß unsichtbare Dinge zeitlichen Verwandlungen unterworfen sind, daß es mehr als einen Weg zur Zufriedenheit gibt und daß die Grenzen zwischen dem Selbst und den anderen weniger deutlich umrissen sind, als es manchmal den Anschein hat.

So erreichen Frauen die Lebensmitte nicht nur mit einer anderen psychologischen Geschichte als Männer und sind in dieser Periode einer anderen sozialen Realität mit anderen Möglichkeiten für Liebe und für Arbeit konfrontiert, sondern sie erleben und deuten die Dinge aufgrund ihres Wissens über menschliche Beziehungen auch anders. Da die Realität der Bindung von Frauen als gegeben vorausgesetzt und nicht als Konsequenz einer freien Entscheidung angesehen wird, gelangen sie zu einem Verständnis des Lebens, das die Grenzen von Autonomie und Herrschaft reflektiert. Die Folge ist, daß die Entwicklung der Frauen nicht nur den Weg zu einem gewaltfreieren Leben vorzeichnet, sondern auch zu einem Zustand der Reife, die sich durch Interdependenz und Fürsorglichkeit auszeichnet.

In seinen Untersuchungen des moralischen Urteils von Kindern beschreibt Piaget (1932/1965) eine dreistufige Entwicklung, in deren Verlauf Zwang durch Kooperation abgelöst wird und Kooperation durch Großzügigkeit. In diesen Studien weist Piaget darauf hin, wie lang es dauert, bis Kinder, die dieselbe Schulklasse besuchen und täglich miteinander spielen, sich über die Regeln ihrer Spiele einig werden können. Diese Einigung signalisiert dann jedoch den Abschluß einer wichtigen Neuorientierung des Handelns und Denkens, in deren Verlauf sich die Moral des Zwanges in die Moral der Kooperation wandelt. Aber er stellt auch dar, wie das Erkennen von Unterschieden zwischen den anderen und ihnen selbst bei den Kindern zu einer Relativierung des Gleichheitsdenkens in Richtung auf Fairneß führt, Zeichen einer Verschmelzung von Impulsen der Gerechtigkeit und der Liebe.

Gegenwärtig scheint es nur eine teilweise Übereinstimmung zwischen Männern und Frauen in bezug auf das Erwachsenenalter zu geben, das sie gemeinhin miteinander teilen. Da ein wechselseitiges Verständnis fehlt, verlaufen die Beziehungen zwischen den Geschlechtern unter mehr oder weniger starker Ausübung von Zwang, Manifestation des von Piaget geschilderten »Paradoxes der Egozentrik«, wobei alle trotz eines fast mystischen Respekts für Regeln mehr oder weniger spielen, wie es ihnen gefällt, ohne sich um ihren Nachbarn zu kümmern (S. 61). Damit das Verständnis des Lebenszyklus die Entwicklung von Beziehungen im Erwachsenenalter – gekennzeichnet durch Kooperation, Großzügigkeit und Zuwendung – einschließen kann, müssen die Lebensläufe von Frauen ebenso wie die von Männern in Betracht gezogen werden.

Zu den dringendsten Fragestellungen der Forschung im Bereich der Erwachsenenentwicklung zählt die Darstellung der Erfahrungen von Frauen im Erwachsenenalter *in deren eigenen Begriffen*. Meine eigene Arbeit in dieser Richtung deutet darauf hin, daß die Einbeziehung der weiblichen Erfahrungen das Verständnis der Entwicklung um eine neue Sichtweise von Beziehungen erweitert, welche die Grundthesen der Interpretation verändert. Der Identitätsbegriff erweitert sich, um das Erlebnis der wechselseitigen Verbundenheit einzuschließen. Die moralische Domäne erfährt eine ähnliche Ausweitung durch die Einbeziehung von Verantwortung und gegenseitiger Fürsorge *(care)* in Beziehungen. Und die zugrundeliegende Erkenntnistheorie verläßt demgemäß das griechische Ideal des Wissens als Übereinstimmung von Geist und Form und nähert sich der biblischen Auffassung vom Wissen als einem Prozeß menschlicher Beziehungen.

Angesichts der Evidenz unterschiedlicher Perspektiven in der Darstellung des Erwachsenenalters durch Frauen und Männer ist Forschungsarbeit nötig, die die Auswirkungen dieser Unterschiede auf die Ehe-, Familien- und Arbeitsbeziehungen klärt. Meine eigenen Untersuchungen deuten darauf hin, daß Männer und Frauen verschiedene Sprachen sprechen, dabei aber glauben, daß es dieselbe sei, das heißt, sie benutzen ähnliche Worte zur Darstellung disparater Erfahrungen des Selbst und der sozialen Beziehungen. Da diese Sprachen ein überlappendes moralisches Vokabular miteinander gemein haben, verführen sie zu systematischer Fehlübersetzung und schaffen Mißverständnisse, welche die Kommunikation behindern und das Potential für Kooperation und Zuwendung in Beziehungen einschränken. Gleichzeitig stehen diese Sprachen jedoch auch in einer wesentlichen Wechselbeziehung zueinander. So wie die Sprache der Verantwortung die Vorstellung eines Beziehungsgeflechts an die Stelle einer hierarchischen Ordnung setzt, die sich mit der Einführung der Gleichberechtigung auflöst, so unterstreicht die Sprache der Rechte die Wichtigkeit, nicht nur den anderen, sondern auch das Selbst in das Netz der gegenseitigen Fürsorge einzubeziehen.

Nachdem wir jahrhundertelang auf die Aussagen der Männer und die Entwicklungstheorien gehört haben, die auf ihren Erfahrungen basierten, haben wir in jüngerer Zeit angefangen, nicht nur die Stummheit der Frauen zu bemerken, sondern auch die Schwierigkeit zu verstehen, was sie sagen, wenn sie sprechen. Doch in der anderen Stimme der Frauen liegt die Wahrheit einer Ethik der Anteilnahme, die Verknüpfung zwischen Beziehung und Verantwortung und die Ursprünge der Aggression im Scheitern von Bindungen. Das Versäumnis, die andere Realität des Lebens der Frauen zu sehen und die Unterschiede in ihren Aussagen zu hören, stammen zum Teil von der Annahme, daß es einen einzigen Modus sozialer Erfahrung und Interpretation gebe. Geht man hingegen von zwei unterschiedlichen Erlebnisweisen aus, so gelangt man zu einer komplexeren Auffassung von der menschlichen Erfahrungswelt, die die Wahrheit über Trennung und Bindung aus dem Leben von Frauen und Männern keltert und die anerkennt, daß diese Wahrheiten von unterschiedlichen Sprachen und Denkweisen getragen werden.

Zu verstehen, daß die Dialektik der menschlichen Entwicklung durch das Spannungsverhältnis zwischen Verantwortung und Rechten vorangetrieben wird, heißt, die Integrität zweier unterschiedlicher Erlebensweisen zu begreifen, die schließlich miteinander verbunden sind. Während eine Ethik der Gerechtigkeit von der Prämisse der Gleichberechtigung ausgeht, daß alle gleich behandelt werden sollten, basiert eine Ethik der Anteilnahme / Zuwendung / Fürsorge auf der Prämisse der Gewaltlosigkeit, daß niemand Schaden erleiden sollte. In ihrer Auffassung von Reife konvergieren beide Perspektiven in der Erkenntnis, daß genau so wie sich mangelnde Gleichberechtigung auf beide Partner einer asymmetrischen Beziehung negativ auswirkt, auch Gewalt für alle Betroffenen zerstörerisch ist. Dieser Dialog zwischen Fairneß und Fürsorge verhilft uns nicht nur zu einem besseren Verständnis der Beziehungen zwischen den Geschlechtern, sondern ermöglicht auch eine umfassendere Darstellung der Arbeitswelt und der familiären Beziehungen des Erwachsenen.

So wie Freud und Piaget unser Augenmerk auf die Unterschiede im Fühlen und Denken der Kinder lenken und uns befähigen, Kindern mit größerer Rücksicht und Achtung zu begegnen, so erweitert die

Erkenntnis der Unterschiede in den Erfahrungen und im Bewußtsein der Frauen unsere Vorstellung von Reife und macht uns auf die Abhängigkeit aller Aussagen über Entwicklung vom jeweiligen Kontext aufmerksam. Durch diese Erweiterung der Perspektive erhalten wir eine erste Vorstellung davon, wie wir durch eine Verknüpfung der Erwachsenenentwicklung, so wie diese heute dargestellt wird, und der weiblichen Entwicklung, so wie sich diese abzuzeichnen beginnt, ein neues Verständnis der menschlichen Entwicklung insgesamt und eine fruchtbare Sicht des menschlichen Lebens gewinnen könnten.

Danksagung

Zunächst möchte ich den Frauen, Männern und Kindern danken, die sich an den einzelnen Untersuchungen beteiligten, über die ich hier berichte. Die Nachdenklichkeit, mit der sie über sich und ihr Leben sprachen, die Geduld, mit der sie Fragen über Moral beantworteten, die Bereitschaft, mit der sie ihre Erfahrungen in bezug auf moralische Konflikte und Entscheidungen erörterten, bilden das Fundament dieses Buches. Ich möchte insbesondere den Frauen danken, die an der Abtreibungsuntersuchung teilnahmen; sie taten dies in der Hoffnung, daß ihre Erfahrungen für andere hilfreich sein könnten.

Sämtliche Untersuchungen wurden in Teamarbeit durchgeführt; ich schulde daher auch meinen Mitarbeitern Dank – Mary Belenky für die Abtreibungsuntersuchung; Michael Murphy für die Studentenuntersuchung und Michael Murphy, Sharry Langdale und Nona Lyons für die Rechte-und-Verantwortung-Studie. Sie führten viele Interviews durch; in unseren Diskussionen entstand eine Fülle von Ideen. Der Aufbau der Untersuchungen zeugt von ihren Anregungen, die Durchführung von ihrem Engagement und Fleiß. Auch Michael Basseches, Suzie Benack, Donna Hulsizer, Nancy Jacobs, Robert Kegan, Deborah Lapidus und Steven Ries trugen Entscheidendes zu dieser Arbeit bei. Susan Pollak, meine Mitarbeiterin an der Untersuchung über Gewaltphantasien, machte eine Beobachtung, die den Anstoß zu dieser Studie gab.

Die finanzielle Unterstützung, die diese Arbeit ermöglichte, kam von der Spencer Foundation, die die Mittel für die Abtreibungsuntersuchung in Form eines Zuschusses an die Harvard Universität bereitstellte; weitere Mittel kamen vom William F. Milton Fund und der Small Grants Section of The National Institute for Mental Health (Grant Nr. RMH31 571) für die Studentenuntersuchung sowie vom National Institute of Education für die Rechte-und-Verantwortung-Untersuchung. Ein Stipendium der Mellon Foundation ermöglichte mir einen einjährigen Aufenthalt am Center for Research on Women am Wellesley College.

Unterstützung anderer Art wurde mir von meinen Kollegen an der Harvard Universität zuteil: von Lawrence Kohlberg, der mir das Studium der Moral erhellte und der mir seit vielen Jahren ein guter Lehrer und Freund ist; von David McClelland und George Goethals, die ebenfalls seit Jahren meine Arbeit inspirierten und mich nachhaltig ermutigten; von Beatrice Whiting, die mir neue Impulse gab; von William Perry, dessen Forschungsarbeit meine eigene befruchtete. Ich bin Patricia Spacks und Stephanie Engel für ihre Unterstützung meiner Lehrtätigkeit dankbar, durch die sich meine Einsichten klärten und erweiterten, Urie Bronfenbrenner, Matina Horner, Jane Lilienfeld, Malkah Notman, Barbara und Paul Rosenkrantz und Dora Ullian für Anregungen, welche diesem Werk neue Aspekte eröffneten; Janet Giele für ihre redaktionelle Inspiration; Jane Martin für ausführliche Kommentare zu früheren Fassungen; und Virginia LaPlante für ihre vielen klugen Vorschläge, die der Endfassung den letzten Schliff gaben.

Frühere Versionen des 1. und 3. Kapitels erschienen in der *Harvard Educational Review;* ich danke den Studenten des Redaktionsstabs für ihre Sorgfalt und Hilfe. Der Social Science Research Council gestattete mir freundlicherweise den Abdruck von Teilen des 6. Kapitels, die in veränderter Form in einem Buch erscheinen werden, das vom Council herausgegeben und von Janet Giele ediert werden wird.

Eric Wanner von der Harvard University Press bin ich tiefen Dank schuldig; er unterstützte meine Konzeption dieses Buches und prägte sie mit. Ich möchte auch einige Freunde nennen, deren Hilfe ich besonders stark in Anspruch nahm. Für ihre Bereitschaft, zuzuhören und zu lesen und für die Vielfalt ihrer Stellungnahmen danke ich Michael Murphy, Nona Lyons, Jean Baker Miller und Christina Robb. Auch meinen Söhnen Jon, Tim und Chris bin ich dankbar – für ihr Interesse und ihren Enthusiasmus, für ihre Ideen und Anmerkungen und für ihre beständige Ermutigung und Unterstützung. Und schließlich danke ich meinem Mann, Jim Gilligan – für seine klugen Ideen und die Klarheit seiner Kommentare, für seine Hilfe, seinen Humor und seine Weitsicht.

Bibliographie

Alle Zitate aus Schriften Sigmund Freuds stammen aus: *Gesammelte Werke*, Frankfurt a. M. 1960. Alle weiteren, im amerikanischen Original zitierten Autoren wurden ins Deutsche übersetzt.
Quellenverweise im Text beziehen sich – mit Ausnahme der Freud-Zitate – auf die in dieser Bibliographie aufgeführten englisch-amerikanischen Ausgaben der Werke.

Belenky, Mary F. »Conflict and Development: A Longitudinal Study of the Impact of Abortion Decisions on Moral Judgments of Adolescent and Adult Women.« Ph. D. Diss., Harvard University, 1978.

Bergling, Kurt »Moral Development: The Validity of Kohlberg's Theory, Stockholm Studies in Educational Psychology 23. Stockholm, Schweden: Almqvist und Wiksell International, 1981.

Bergman, Ingmar »Wild Strawberries« (1957). In: Four Screen Plays of Ingmar Bergman, übers. Lars Malmstrom und David Kushner. New York: Simon and Schuster, 1960.

Bettelheim, Bruno »The Problem of Generations«, in: *Erikson* (Hrsg.) »The Challenge of Youth«, New York: Doubleday, 1965.

– »The Uses of Enchantment«, New York: Alfred A. Knopf, 1976.

Blos, Peter »The Second Individuation Process of Adolescence,« in: A. Freud (Hrsg.) »The Psychoanalytic Study of the Child«, Bd. 22, New York: International Universities Press, 1967.

Broverman, I., *Vogel*, S., *Broverman*, D., *Clarkson*, F. und *Rosenkrantz*, P. »Sex-role Stereotypes: A Current Appraisal«, in: *Journal of Social Issues* 28 (1972): S. 59–78.

Chodorow, Nancy »Family Structure and Feminine Personality«, in: M. Z. *Rosaldo* und L. *Lamphere* (Hrsg.) »Woman, Culture and Society«, Stanford: Stanford University Press, 1974.

– »The Reproduction of Mothering«, Berkeley: University of California Press, 1978.

Coles, Robert »Children of Crisis«, Boston: Little, Brown, 1964.

Didion, Joan »The Women's Movement«, *New York Times Book Review*, July 30, 1972, S. lf., 14.

Douvan, Elizabeth und *Adelson*, Joseph »The Adolescent Experience«, New York: John Wiley and Sons, 1966.

Drabble, Margaret »The Waterfall«, Hammondsworth, England: Penguin Books, 1969.

Edwards, Carolyn P. »Societal Complexity and Moral Development. A Kenyan Study«, *Ethos* 3 (1975): S. 505–527.

Eliot, George »The Mill on the Floss«, (1860), New York: New American Library, 1965.

Erikson, Erik H. »Childhood and Society«, New York: W. W. Norton, 1950. Deutsche Ausgabe: Kindheit und Gesellschaft, 2. Aufl., Stuttgart 1976.
- »Young Man Luther«, New York: W. W. Norton, 1958. Deutsche Ausgabe: Der junge Mann Luther, München 1965.
- »Insight and Responsibility«, New York: W. W. Norton, 1964.
- »Identity: Youth and Crisis«, New York: W. W. Norton, 1968. Deutsche Ausgabe: Jugend und Krise, 2. Aufl., Stuttgart 1974a.
- »Gandhi's Truth«, New York: W. W. Norton, 1969.
- »Reflections on Dr. Borg's Life Cycle«, *Daedalus* 105 (1976): S. 1–29. (Auch in: *Erikson* (Hrsg.) »Adulthood«, New York: W. W. Norton, 1978.)

Freud, Sigmund »Drei Abhandlungen zur Sexualtheorie« (1905d), Ges. Werke, Bd. 5, S. 27.
- »Die ›kulturelle‹ Sexualmoral und die moderne Nervosität«, (1908d), Ges. Werke, Bd. 7, S. 141.
- »Zur Einführung des Narzißmus«, (1914c), Ges. Werke, Bd. 10, S. 137.
- »Einige psychische Folgen des anatomischen Geschlechtsunterschieds«, (1925j), Ges. Werke, Bd. 14, S. 17.
- »Die Frage der Laienanalyse«, (1926e), Ges. Werke, Bd. 14, S. 207.
- »Das Unbehagen in der Kultur«, (1930a [1929]). Ges. Werke, Bd. 14. S. 419.
- »Über die weibliche Sexualität«, (1931b), Ges. Werke, Bd. 14, S. 515.
- »Neue Folge der Vorlesungen zur Einführung in die Psychoanalyse«, (1933a [1932]). Ges. Werke, Bd. 15.

Gilligan, Carol »Moral Development in the College Years«, in: A. Chickering (Hrsg.) »The Modern American College«, San Franzisco: Jossey-Bass, 1981.

Gilligan, Carol und *Belenky,* Mary F. »A Naturalistic Study of Abortion Decisions« In: R. *Selman* und R. *Yando* (Hrsg.) *Clinical-Developmental Psychology.* New Directions for Child Development, Nr. 7. San Franzisco: Jossey-Bass, 1980.

Gilligan, Carol und *Murphy,* John Michael »Development from Adolescence to Adulthood. The Philosopher and the 'Dilemma of the Fact'«, in: D. *Kuhn* (Hrsg.) »Intellectual Development Beyond Childhood«, New Directions for Child Development, Nr. 5, San Franzisco: Jossey-Bass, 1979.

Haan, Norma »Hypothetical and Actual Moral Reasoning in a Situation of Civil Disobedience« *Journal of Personality and Social Psychology* 32 (1975): S. 255–270.

Holstein, Constance »Development of Moral Judgment. A Longitudinal Study of Males and Females«, *Child Development* 47 (1976): S. 51–61.

Horner, Matina S. »Sex Differences in Achievement Motivation and Performance in Competitive and Noncompetitive Situations«, Ph. D. Diss., University of Michigan, 1968. University Microfilms Nr. 6912135.
- »Toward an Understanding of Achievement-related Conflicts in Women« *Journal of Social Issues* (1972): S. 157–175.

Ibsen, Henrik »A Doll's House«, (1879), in: »Ibsen Plays«, übers. Peter Watts. Hammondsworth, England: Penguin Books, 1965.

Joyce, James »A Portrait of the Artist as a Young Man«, (1916), New York: The Viking Press, 1956.

Kingston, Maxine Hong »The Woman Warrior«, New York: Alfred A. Knopf, 1977.

Kohlberg, Lawrence »The Development of Modes of Thinking and Choices in Years 10 to 16«, Ph. D. Diss., University of Chicago, 1958.

– »Stage and Sequence. The Cognitive-Development Approach to Socialization«, in: D. A. *Goslin* (Hrsg.) »*Handbook of Socialization Theory and Research*,« Chicago: Rand McNally, *1969*.

– »Continuities and Discontinuities in Childhood and Adult Moral Development Revisited«, in: Collected Papers on Moral Development and Moral Education. Moral Education Research Foundation, Harvard University, 1973.

– »Moral Stages and Moralization. The Cognitive-Developmental Approach«, in: T. *Lickona* (Hrsg.) »Moral Development and Behavior: Theory, Research and Social Issues«, New York: Holt, Rinehart and Winston, 1976.

– »The Philosophy of Moral Development«, San Franzisco: Harper and Row, 1981.

Kohlberg, L. und *Gilligan*, C. »The Adolescent as a Philosopher. The Discovery of the Self in a Post-conventional World«, *Daedalus* 100 (1971): S. 1051–1086.

Kohlberg, L. und *Kramer*, R. »Continuities and Discontinuities in Child and Adult Moral Development«, *Human Development* 12 (1969): S. 93–120.

Langdale, Sharry and *Gilligan*, Carol »Interim Report to the National Institute of Education«, 1980.

Lever, Janet »Sex Differences in the Games Children Play«, *Social Problems* 23 (1976): S. 478–487.

– »Sex Differences in the Complexity of Children's Play and Games« *American Sociological Review* 43 (1978): S. 471–483.

Levinson, J. »The Seasons of Man's Life«, New York: Alfred A. Knopf, 1978.

Loevinger, Jane und *Wessler*, Ruth »Measuring Ego Development«, San Franzisco: Jossey-Bass, 1970.

Lyons, Nona »Seeing the Consequences. The Dialectic of Choice and Reflectivity in Human Development«, Qualifying Paper, Graduate School of Education, Harvard University, 1980.

Maccoby, Eleanor und *Jacklin*, Carol »The Psychology of Sex Differences«, Stanford: Stanford University Press, 1974.

May, Robert »Sex and Fantasy«, New York: W. W. Norton, 1980.

McCarthy, Mary »Memories of Catholic Girlhood«, New York: Harcourt Brace Jovanovich, 1946.

McClelland, David C. »Power. The Inner Experience«, New York: Irvington, 1975.

McClelland, D. C., *Atkinson*, J. W., *Clark*, R. A. und *Lowell*, E. L. »The Chievement Motive«, New York: Irvington, 1953.

Mead, George Herbert »Mind, Self, and Society«, Chicago: University of Chicago Press, 1934.

Miller, Jean Baker »Toward a New Psychology of Women«, Boston: Beacon Press, 1976.

Murphy, J. M. und *Gilligan,* C. »Moral Development in Late Adolescence and Adulthood. A Critique and Reconstruction of Kohlberg's Theory«, *Human Development* 23 (1980): S. 77–104.

Perry, William »Forms of Intellectual and Ethical Development in the College Years«, New York: Holt, Rinehart and Winston, 1968.

Piaget, Jean »The Moral Judgment of the Child«, (1932), New York: The Free Press, 1965. Deutsche Ausgabe: Das moralische Urteil beim Kinde, Frankfurt 1973.

– »Six Psychological Studies«, New York: Viking Books, 1968. Deutsche Ausgabe: Sechs psychologische Studien. In: J. Piaget: Theorien und Methoden der modernen Erziehung, Frankfurt 1974, S. 151–278.

– »Structuralism«, New York: Basic Books, 1970. Deutsche Ausgabe: Der Strukturalismus, Olten u. Freiburg 1973.

Pollak, Susan und *Gilligan,* Carol. »Images of Violence in Thematic apperception Test Stories«, *Journal of Personality and Social Psychology* 42, Nr. 1 (1982): S. 159–167.

Rubin, Lillian »Worlds of Pain«, New York: Basic Books, 1976.

Sassen, Georgia »Success Anxiety in Women. A Constructivist Interpretation of Its Sources and Its Significance«, *Harvard Educational Review* 50 (1980): S. 13–25.

Schneir, Miriam (Hrsg.) »Feminism. The Essential Historical Writings«, *New York: Vintage Books,* 1972.

Simpson, Elizabeth L. »Moral Development Research. A Case Study of Scientific Cultural Bias.« *Human Development* 17 (1974): S. 81–106.

Stack, Carol B. »All Our Kin«, New York: Harper and Row. 1974.

Stoller, Robert J. »A Contribution to the Study of Gender Identitiy« *International Journal of Psycho-Analysis* 45 (1964): S. 220–226.

Strunk, William Jr. und *White,* E. B. »The Elements of Style«, (1918), New York: Macmillan, 1958.

Terman, L. und *Tyler,* L. »Psychological Sex Differences«, in: L. *Carmichael* (Hrsg.) »Manual of Child Psychology«, 2. Ausg. New York: John Wiley and Sons, 1954.

Tolstoj, Sophie A. »The Diary of Tolstoy's Wife, 1860–1891«, übers. Alexander Werth, London: Victor Gollancz, 1928. (Auch in: J. *Moffat* und C. Painter[Hrsg.] »Revelations«, New York: Vintage Books, 1975.)

Vaillant, George E. »Adaptation to Life«, Boston: Little, Brown, 1977.

Whiting, Beatrice und *Pope,* Carolyn »A Cross-cultural Analysis of Sex Differences in the Behavior of Children Age Three to Eleven« *Journal of Social Psychology* 91 (1973): S. 171–188.

Woolf, Virginia »A Room of One's Own«, New York: Harcourt, Brace and World, 1929.

Personen- und Sachregister

Abhängigkeit, 17, 90, 91, 103–104
Absolutheit, moralische, 73, 201–202
Abtreibung, 76–78, 84, 88, 90, 95–96, 126, 131, 134–135, 154–157, 163–165, 176
Abtreibungsentscheidungsuntersuchung, 11, 91–95, 133–135
Adam und Eva, 14
Adoleszenz: Frauen und, 12, 20–21, 23, 66, 68–69, 97, 142–143, 149–150; Wachstum in der, 20–21, 53–54, 85, 89, 92–93, 122–123, 185; Männer und, 68, 199–200
Aggression, 57–64
Anteilnahme (care), 27, 93, 124, 131, 199, 204, 209; (concern), 165
Autonomie, 33, 65, 90–91, 122

Bergman, Ingmar, 132
Bettelheim, Bruno, 22–23
Beziehungen, 157, 183–184, 186–187; Frauen und, 17, 26–27, 65–66, 81–82, 190–191, 203, 206–209; Männer und, 188–190
Billigkeit, 200
Bindung (attachment): Bedeutung in der weiblichen Entwicklung, 34, 191–196, 199–200, 202–203; und Lebenszyklus, 185–189, 199, 208–209; (connection) menschliche, 49, 52–53, 62–66; Frauen und, 42, 54, 59, 70–72, 74–76, 98; Männer und, 57, 59–61
Blos, Peter, 20
Broverman, I., 27, 101

Chodorow, Nancy, 15–17, 20, 26
Coles, Robert, 142–143

Demeter, 33–35
Didion, Joan, 91
Drabble, Margaret, 161, 176–177, 184

Egoismus, 94, 131, 159–163, 165, 176 bis 177
Ehe, 211
Ehrlichkeit, 78–79, 108
Eliot, George, 88, 160–162, 176–177, 182–183
Entwicklung, moralische, 9–10, 15, 39 bis 40, 53–54, 88–90, 142–143, 185 bis 186; Arbeit und, 112–113, 211; bei Frauen, 27–30; Erziehung und, 37; Intelligenz und, 37; Krise und, 142–143, 151–152, 156–157. Siehe auch Adoleszenz und Erwachsenenalter
Entwicklungsverlauf bei Erwachsenen, 185–186, 189, 207–213
Equal Rights Amendment, 160
Erikson, Erik H.: über Adoleszenz, 21 bis 25, 39, 122, 199; über Gandhi, 128 bis 130, 190; über Luther, 190; über menschliche Entwicklung, 132–134, 187–188
Erwachsenenalter, 185–186, 188–189, 199–200, 204, 207–213

Fairneß, 79, 94, 138–139, 202–204
Familienbeziehungen, 22–23, 149–150, 172–175, 205–208, 211. Siehe auch Mütter
Feminismus, 180–181. Siehe auch Equal Rights Amendment; Seneca falls declaration
Freud, Sigmund: über Aggression, 62 bis 64; über Bindung, Verbundenheit, 61 bis 65; über Frauen, 14–16, 28–30, 36, 54, 62–64, 88, 90, 209–210; über Kinder, 14–16, 20–21, 212–213; über Krisen, 135
Freundschaft, 78–79, 188–189
Fürsorge (care), Ethik der, 82, 101, 104, 122, 183, 199, 201–202; in der moralischen Entwicklung der Frauen, 28, 93,

124, 131, 155–156, 163, 199, 204, 209
bis 213

Gandhi, Mohandras, 128–130, 190
Gerechtigkeit: Gleichheit und, 183, 212
  bis 213; und Hierarchie, 81–82; Män-
  ner über, 67, 93–94, 203–204; Moral
  und, 39, 43, 78, 123–125, 165–166;
  weiblicher Sinn für, 28
Geschlechtsrollenstereotypien, 27–28
Gewalt, 55–61, 81, 95, 128–130
Gilligan, Carol, 85, 125, 134, 202
Gleichberechtigung, 40, 94, 183, 200,
  202–203, 210–213
Gute, das, 104–107, 130–131, 135, 162

Haan, Norma, 89–90
Heinz-Dilemma, 37, 37–45, 72–73, 75
  bis 76, 93, 97, 119, 126, 128, 137, 141,
  196
Herrschaft, 65, 204–205
Hierarchie, in menschlichen Beziehun-
  gen, 45–47, 75, 81–82, 125, 155, 203,
  211
Holstein, Constance, 89
Horner, Matina, 24–26, 55, 79

Ibsen, Henrik, 87
Identität: und Adoleszenz, 12, 20–22, 68
  bis 69, 150, 200, 207–208; Entwicklung der, 15–19, 192–193, 199; männliche, 16–17, 21–22, 196–199; weibliche, 9, 11–12, 15–19, 192–193, 195,
  199, 211–212
Individuation, 20–21, 27, 54, 186–190
Integrität, 166–167, 171, 192–193, 200
  bis 203, 209
Intimität: Frauen und, 122, 195, 199, 208;
  Männer und, 55–58, 195, 199–200,
  203

Jacklin, Carol, 56
Joyce, James, 48, 122, 191–193, 199

Kinderspiele, 17–20, 26, 210
Kingston, Maxine Hong, 23
Kohlberg, Lawrence, 19, 28–31, 61, 72
  bis 73, 85, 93, 130; über Frauen, 28–31;
  über das Heinz-Dilemma, 41, 92; über
  Männer, 93–94; über Stadien in der

moralischen Entwicklung, 33, 37–40,
  43–44, 104
Kommunikation: Scheitern der, 42, 44;
  als Selbstbehauptung, 81; als Weg zur
  Konfliktlösung, 43
Kramer, Robert, 29, 85

Lawrence, D. H., 71
Lebenszyklus, Theorie des, 13, 22, 132 bis
  133. Siehe auch Entwicklung
Leistung, 24, 56–57, 82, 198–199, 208;
  Frauen über, 24–26, 57, 82, 195, 208
Lever, Janet, 18–20, 26
Levinson, Daniel, 185–190
Loevinger, Jane, 33
Luther, Martin, 190

Maccoby, Eleanor, 56
Macht, 34, 89, 91, 121–122, 171–172,
  192, 207
Märchen, 22–23
May, Robert, 59, 65
McCarthy, Mary, 191–192
McClelland, David C., 23–24, 33–34,
  204
Mead, George Herbert, 17, 20
Miller, Jean Baker, 27, 65–66, 204–207
Moral: konventionell, 93–94; Logik und,
  38–40, 42, 45; postkonventionell, 93
  bis 94, 124–128; präkonventionell, 93
  bis 94
Mott, Lucretia, 158
Murphy, John Michael, 125, 202
Mütter, 16–17, 34, 36, 62–63, 97. Siehe
  auch Familienbeziehungen

Nihilismus, moralischer, 152–156
Passivität, 176
Perry, William, 202
Persephone, 33–35, 68
Phantasien, ödipale, 15, 54
Piaget, Jean, 17–19, 26, 28–30, 39, 93,
  134, 210–212
Pollak, Susan, 54–56
Pope, Carolyn, 56

Rechte, Ethik der, 30, 32–33, 124–125,
  155, 167–171, 183–184, 200–202,
  211–212; und das moralische Urteil

bei Frauen, 72–73, 75–76, 93–94, 160, 163, 167–168, 172–173, 180 bis 183
Rechte-und-Verantwortung-Untersuchung, 12, 31–32, 37
Regeln, moralische, 59–60
Relativismus, moralischer, 128, 202
Rolland, Romain, 61
Rubin, Lillian, 205–207

Salomon, 130
Sassen, Georgia, 25
Schichtzugehörigkeit, soziale, 10–11, 37, 206–207
Schwangerschaft, 92, 97, 134
Schweitzer, Albert, 83
Selbstaufopferung, 87, 90, 159, 162–163, 165, 183, 193
Selbstbehauptung, 81–82, 204–205
Selbstkonzept, in der Abtreibungsentscheidungsuntersuchung, 99–100, 109–110, 115–118
Seneca Falls Declaration, 158
Shakespeare, William, 130
Shaw, George Bernard, 25
Stack, Carol, 205
Stanton, Elizabeth Cady, 158–159, 163
Stoller, Robert, 16
Strunk, William, 14
Studentenuntersuchung, 11, 54–60, 83 bis 89, 193, 195–199, 203–204

Tankred und Chlorinda, 23
Thematischer Apperzeptionstest (TAT), 24, 54–60
Tolstoj, Sophie, 153
Trennung: in der menschlichen Entwicklung, 20, 49, 65, 185–186, 190, 207 bis 208; und die weibliche Entwicklung, 190–192, 208–209; und männliche Identität, 16–17, 191, 196, 199, 207 bis 208

Troilus und Cressida, 23
Tschechow, Anton, 13

Überleben, in der Abtreibungsentscheidungsuntersuchung, 95–97, 110, 131, 136–138, 156–157
Ungleichheit, 66, 205
Unterordnung, 26–27, 101, 128
Urteil, Frauen und, 27, 85, 119–120, 124–125

Vaillant, George, 187–190, 208
Verantwortung, 83, 88, 131, 155–157, 162–163, 165, 170–171, 175–176, 200–201; und die Moralvorstellungen von Frauen, 30, 32–33, 93–94, 131, 160, 163, 209, 212–213
Verbundenheit (connection), 49, 52–53, 62–66; Frauen und, 42, 54, 70–72, 74 bis 76
Vergil, 185–187, 190
Verlassenwerden, Furcht vor, 86, 154 bis 155
Verletzung, 67, 83–84, 166, 201; Vermeiden von, 94, 110, 127, 165, 183–184, 212

Wahlmöglichkeit, in der moralischen Entscheidung, 86, 163, 176, 202; und Frauen, 86–88, 170–171, 200
Wahrheit, 105–107, 129–130, 135, 147, 170, 184, 202–203
Wechselseitigkeit, 180, 202
Weiblichkeit, 24, 89–91, 99, 120–121
White, E. B., 14
Whiting, Beatrice, 56
Wollstonecraft, Mary, 158–159, 163
Woolf, Virginia, 26–27

Zuwendung (care), 124, 130, 155–156, 163, 192–193, 199–202, 205

Bücher zum Thema

Elisabeth Badinter
Die Mutterliebe
Geschichte eines Gefühls vom 17. Jahrhundert bis heute. Aus dem Französischen
von Friedrich Griese. 2. Aufl., 19. Tsd. 1982. 336 Seiten. Geb.

Bruno Bettelheim
Gespräche mit Müttern
Aus dem Amerikanischen von Friedrich Griese. 5. Aufl., 23. Tsd. 1982.
234 Seiten. Serie Piper 155

Bruno Bettelheim/Daniel Karlin
Liebe als Therapie
Gespräche über das Seelenleben des Kindes. Aus dem Französischen
von Friedrich Griese. 1983. 256 Seiten. Serie Piper 257

Irenäus Eibl-Eibesfeldt
Liebe und Haß
Zur Naturgeschichte elementarer Verhaltensweisen. 11. Aufl., 81. Tsd. 1984.
293 Seiten mit 62 Abbildungen. Serie Piper 113

Jewgenia Ginsburg
Gratwanderung
Mit einem Vorwort von Heinrich Böll und einem Nachwort von Lew Kopelew und
Raina Orlowa. Aus dem Russischen von Nena Schawina. 3. Aufl.,
16. Tsd. 1984. 512 Seiten. Serie Piper 293 (Erscheint im Mai 1984)

Louise J. Kaplan
Die zweite Geburt
Dein Kind wird zur Persönlichkeit. Mit einem Nachwort von Margaret S. Mahler.
Herausgegeben von Reinhard Fatke. Aus dem Amerikanischen von Hainer Kober.
3. Aufl., 17. Tsd. 1984. 258 Seiten. Serie Piper 257

Prof. Dr. med. Rainer Schrage
Kinderwunsch-Sprechstunde
Ursachen und Behandlung der Kinderlosigkeit. 1984.
Ca. 240 Seiten mit zahlreichen Abbildungen. Geb.

Wolfgang Wickler/Uta Seibt
männlich weiblich
Der große Unterschied und seine Folgen. 1983. 182 Seiten. Serie Piper 285

SERIE PIPER